Aviation Security Procedure
항공보안개론

우리는 정보통신기술(ICT)의 발달로 각자의 휴대폰 검색만으로도 세계 각국에서 실시간으로 발생되고 있는 각종 정보를 손쉽게 얻을 수 있는 시대에 살고 있다.

현대인의 생활 패턴은 본인들이 열심히 일한 만큼 충분한 휴식을 갖고자 하는 워라밸(Work & Life Balance)욕구에도 충실하다.

따라서 각종 인터넷 여행정보를 활용하여 자신들만의 휴식처를 선정하고 있다.

대한민국은 세계 6위의 항공 산업 국가로서 지구촌 곳곳으로 연결되는 다양한 항공노선 망을 구축하고 있다.

그렇지만 항공기와 승객에게 가장 중요시되는 항공보안은 북한과 정치·군사적인 측면에서 불시에 보안사고가 발생할 수 있는 잠재적인 위험을 안고 있다.

또한 세계의 화약고인 중동에서는 아프카니스탄의 탈레반 및 이슬람 극단주의(IS)등이 아직도 자신들과 정치적인 대결을 하고 있는 서방 국가들에 대하여 각종 테러로 수많은 인명들을 살상하고 있다.

그 대표적인 예로, 2001년 9월 11일에 빈 라덴의 지령을 받은 알카에다의 테러범 들에 의해 납치된 미국의 아메리칸 항공과 유나이티드 항공사 소속 4편의 항공기가 이들의 자살 공격으로 미국 뉴욕의 무역센터(WTC) 쌍둥이 빌딩과 워싱턴의 국방부 건물인 펜타곤에 돌진, 폭파되는 참사로 항공기 승객 및 일반 시민 등이 3,000여명의 사상자가 발생하였다.

이 사건 이후, 미국의 항공보안체계는 더욱 강화되었고 미연방항공청(FAA)은 ICAO의 항공보안기준에 미흡한 국가의 항공기는 미국에 취항할 수 없도록 조치하였다.

우리 정부는 이러한 국제기준에 부합하기 위하여 꾸준한 노력한 결과, ICAO 등으로부터 항공안전과 항공운송 서비스의 분야에 우수한 평가를 받고 있다.

따라서 본서는 우리나라의 한국보안 능력을 더욱 향상시키고 항공보안 분야에 취업을 희망하는 학생들의 실무지식을 향상시키기 위하여 저술되었다.

저자들은 공항을 관리 운영하는 한국공항공사에서 30년 이상 근무하면서 취득한 실무지식과 대학 교수로 재직하면서 취업준비생들과 산업체에서 파악한 각종 자료를 저술에 활용하였다.

향후 항공보안 분야에서 근무하게 될 여러분들에게 취업과 실무에 도움이 되면서, 승객과 항공기의 안전에 이바지 할 수 있기를 기원한다.

아울러 본서의 발간을 위하여 수고해주신 한올 출판사의 임순재 사장님과 최혜숙 실장님을 비롯한 편집부 실무진과 황영주 부장님께 감사드린다.

2020년 7월

대표 저자

contents

AVIATION SECURITY PROCEDURE

제1장
항공보안

AVIATION SECURITY PROCEDURE

제1절

항공보안의 배경

01

국제적 배경

항공보안의 필요성을 갖게 된 국제적 배경은 1931. 12. 21. 남아메리카 페루에서 세계 최초로 항공기 납치(hijacking)사건이 발생한 이후, 1960년대 팔레스타인에 의해 현대적 테러가 발생하였고, 1968년도를 기점으로 대규모 국제 테러리즘이 시작되었다.^{위키백과에서 인용} 특히, 일본 "적군파"에 의한 국제테러가 타 국가로 수출되기도 하였으며, 1968년 이후 테러로 인해 많은 사람들이 희생당한 미국을 중심으로 주요 국가들이 항공테러에 대한 대책을 강구하기 시작하였다. 이에 국제민간항공기구(ICAO)에서도 항공테러로부터 민간항공기를 보호하기 위하여 다음과 같은 강력한 국제협약을 체결하게 되었다.

❶ 비행 중인 항공기내에서 범한 범죄 및 기타행위를 처벌하기 위한 협약
    (1963. 9. 14. 동경협약)

❷ 비행 중인 항공기를 불법(무력)으로 장악, 납치하는 행위를 처벌하기 위한 협약
    (1970. 12. 16. 헤이그협약)

❸ 민간항공의 안전에 대한 불법적 행위를 억제하기 위한 협약 (1971. 9. 23. 몬트리올협약)

❹ 국제민간항공에 사용되는 불법적 폭력행위의 억제를 위한 협약 보충의정서
    (1988. 2. 24. 몬트리올협약 보충의정서)

❺ 가소성폭약의 탐지를 위한 식별조치에 관한 협약 (1991. 3. 1. 몬트리올협약)

❶ 1972년에는 테러에 가장 큰 피해를 보았던 미국이 항공사와 공항에 대해 항공 보안계획을 수립하여 "항공법령"을 제정한 이후에 1973. 11. 6.부터 항공기 탑승객과 휴대품에 대한 100% 보안 검색을 받도록 하는 법령을 공포하면서 법적으로 보안 검색이 이루지기 시작하였다.
이에 따라 1973. 2. 6.부터 공항 보안 검색 현장에 사법 보안관을 파견하는 등 보안 활동을 지원한 결과, 세계적인 항공테러 행위는 현저히 감소하였다. 위키백과에서
국제민간항공기구(ICAO)에서도 항공보안의 표준과 권고사항을 국제민간항공협약(제37조)에 의거 1974.3.22. 이사회에서 Annex 17(Security)으로 채택한 후, 전 세계에 선포하고 체약국에서 준수할 것을 요구함으로써 국제적 규범으로 그 효력을 발휘하게 되었다.
1976년부터 미국을 비롯한 세계 여러 국가들에서는 수하물에 대한 보안 강화 대책들을 수립하여 화물에 대한 보안 대책도 강구하기 시작하였다.

❷ 1970~80년대 초반에 국제 테러조직이 전 세계적으로 확산되면서 서방 선진국에서도 반제국주의 테러가 빈번하게 발생하였고, 중남미, 동남아 등으로 확산되었다.

❸ 1988. 12. 21. 독일 프랑크푸르트 공항을 출발, 영국 히드로공항과 미국 뉴욕 존 F·케네디 공항을 경유하여 디트로이트 공항으로 가던 팬암 103편 항공기는 런던 히드로공항을 이륙한 지 1시간 만에 스코틀랜드 로커비 상공에서 테러범이 설치한 도시바 라디오 카세트 폭탄(약 1파운드, 450g) 이 폭발하면서 여객기가 공중에서 폭발하는 사건이 발생하였고 그로 인해 탑승객 259명과 지역 주민 11명이 사망하였다.
그 사건 이후, 미국은 항공보안위원회를 발족, 당시 대통령이던 레이건 대통령의 자문기구로 활동하면서 미국의 항공보안 대책을 대폭적으로 수정하고 강화시키는 계기가 되었다. 위키백과에서

팬암 항공 103편 (출처 : 위키백과)

❹ 1990년대에 들어서 구 소련을 비롯한 동구권이 붕괴된 이후, 민족주의와 회교 원리주의, 극우세력 등이 가담하면서 항공테러 위험이 급증하였고 광신적 사교집단에 의한 테러뿐만 아니라 마약과 연계된 크고 작은 테러도 계속되었다.

❺ 미국의 대중동 정책과 걸프전, 리비아, 이라크 및 이란, 시리아, 아프칸 공격 등으로 중동 내에서 반미, 반서방 국가에 대한 테러행위는 빈번하게 발생하였고 미국은 국적기 보호를 위하여 보안 검색을 대폭적으로 강화하였으나, 2001.9.11일. 미국 뉴욕과 워싱턴에서 발생한 세계무역 센터와 국방부 건물에 여객기가 충돌하고 피츠버그 동남쪽 130㎞지점 여객기가 추락하는 미국 역

9.11 사건 (출처 : 위키백과)

사상 최악의 대참사를 빚는 희대의 초대형 항공기 테러사건이 발생하고 말았다. 위키백과 인용

9.11 테러가 아프카니스탄에 은신하고 있는 사우디아라비아 국적의 오사마 빈라덴과 알 카에다가 조종한 것으로 확인되자, 미국 조지 부시 대통령은 "테러와의 전쟁"이라는 표현을 사용, 테러 단체와 국가에 맞서 군사적, 정치적으로 싸울 것이라고 발표하였다.

2001. 10. 7. 미국·영국 연합군은 아프가니스탄 주변에 350 여기의 항공전력을 배치하고, 아프가니스탄에 대해 전투기와

오사마 빈라덴

폭격기를 동원한 대대적인 공습을 감행하였고 아프가니스탄 북부동맹군을 앞세운 전쟁으로 2001. 11. 20. 아프가니스탄 전역을 함락시켰다. 이어 11. 22. 연합군은 반 탈레반 정권인 과도정부를 수립함으로써 탈레반과의 전쟁은 종료하였으나 이 전쟁의 목표로 삼았던 오사마 빈라덴 체포와 알카에다 테러조직 소탕에는 실패하였다.

9.11 테러이후 잠적한 오사마 빈라덴을 제거하기 위해 추적하던 미국 정부는 2009. 12. 오사마 빈라덴에 대한 정보를 입수, 2011. 4. 소재를 파악, 체포하기 위해 철저하게 준비한 끝에 2011. 5. 1. 오바마 대통령이 서명한 비밀 작전에 의해 파키스탄 아보타바드에서 미국 네이비실 대원들이 오사마 빈라덴을 사살하였다. 위키백과 인용

❻ 다른 한편으로는 2003. 3. 20. 미국은 이라크의 대량 살상무기 보유를 이유로 유엔 안전보장이사회 결의(제1441호)에 따라 이라크를 사찰했으나 이에 협력하지 않자, 이라크가 대량살상 무기를 보유하였다고 하여 이라크 대상으로 전쟁을 시작하였고 20일만에 후세인 정부를 함락시키고 새로운 과도정부를 출범시켰다.

2011. 12. 15. 이라크 정국이 안정화되고 미군이 철수를 하자 반미를 주장하던 이라크

내 이슬람세력에 의해 내전이 발생하였다. 급기야, 2014. 6. 29. 알바그다디가 이슬람국가 건설을 표방하며 칼리프 국가수립을 선포하고 2015년까지 이라크 전역과 시리아지역 일부를 점령, 이슬람국가를 건설하려고 하였다. 위키백과 인용

빈라덴 체포작전 당시 (출처 : 위키백과)

이에 미국과 러시아가 주도한 연합군은 2016년. 반 이슬람극단주의에 대한 공격을 개시하였고 2017. 10. 이슬람국가의 자칭 수도인 라까와 최대 도시인 모술을 함락시켰고 2019. 3. 23. IS조직원들이 마지막까지 버티던 이라크 남부도시 바구즈시를 연합군이 지원하는 쿠르드군(SDF)이 장악하면서 이 전쟁은 종결되었다.

그러나 이슬람국가 건설을 주도했던 알바그다디는 이미 잠적한 상태였고 인터넷과 라디오 등으로 자신이 살아있음을 알리며 지하드를 계속할 것을 촉구하였다. 하지만 2019.

알바그다디

10. 26. 그의 은신처를 알아낸 미국이 델타포스를 투입, 공격을 하자 그는 스스로 폭탄을 터트려 가족들과 함께 사망하였다(2019. 10. 27. 22:20. 트럼프 미국 대통령이 알바그다디 사망 사실 발표). 하지만, 이들의 테러 행위는 여기서 끝나지 않을 것으로 보인다. IS는 2019. 11. 1. 처음으로 지도자가 사망하였음을 인정함과 동시에 새로운 후계자인 이브라힘 알하셰미 알쿠라 이시를 내세워 미국에 대한 복수를 다짐하였다. 위키백과 인용

❼ 알카에다와 IS뿐만 아니라 전 세계의 크고 작은 테러 단체들이 항공기에 대한 테러 위협을 계속적으로 가하고 있다. 이에 국제기구를 비롯한 전 세계 각국에서도 항공테러 대응 대책을 수립, 적극적으로 대응하고 있으며 미국을 비롯한 전 세계 각 국가에서도 항공보안을 강화하는 계기와 기회로 삼고 적극적으로 대응하고 있다.

인천공항 보안 검색 강화

02
국내적 배경

❶ 국내적으로는 1958. 2. 16.(11:45). 부산 수영 공항 발 서울행 대한국립항공(KNA) 소속 쌍발여객기(DC-3형) 창랑호가 승객 29명, 승무원 4명을 태우고 운항하던 중 평택 상공에서 괴한 7명에 의해 북한으로 납치되는 국내 최초의 사건이 발생하였다. 발생원인은 여객기 탑승객에 대한 보안 검색을 하지 않았고, 무기 휴대자의 통제대책도 마련되어 있지 않아 발생하였던 것으로 그 사건 이후, 무기 등을 소지하고 여객기를 탑승하는 승객에 대한 단속권한을 경찰에게 부여하고 여객기에 대한 보안을 강화하도록 조치하였다. 나무 위키에서 인용

❷ 1969. 12. 11.(12:25). 강릉 공항 발 서울행 대한항공(KAL) 소속 여객기(YS-H)가 승객 47명, 승무원 4명을 태우고 이륙한 지 11분 만에 괴한 3명에 의해 북한으로 납치되는 사건이 발생하고 말았다. 1970. 2. 14. 승객 39명은 판문점을 통해 귀환하였으나 나머지 12명의 승객과 항공기는 억류되고 말

았다. 그 원인은 여객기 탑승객에 대한 신원확인과 보안 검색을 형식적으로 하는 바람에 발생한 것으로 드러났고 비행장 근무 경찰에게 보안 검색 감독권을 부여하고 비행금지선 남하 및 항로에 대한 통제와 승무원에 대한 신원조회를 강화하는 한편, 탑승객 검문검색 후 기록 유지, 조종석과 객실의 이중 분리장치 설치 등을 보완하기에 이르렀다.

사고기와 동일기종 (출처 : 위키백과)

사고기와 동일기종 F-27
(출처 : http: www.zap16.com)

❸ 1971. 1. 23.(13:07)에는 승객 60명과 승무원 5명을 태우고 속초 공항을 이륙, 서울로 향하던 대한항공(KAL) 소

속 F-27여객기를 괴한 1명이 납치 시도하자, 탑승하고 있던 기내 보안요원이 납치범을 사살하였으나 그가 소지하고 있던 폭탄이 터지면서 조종사가 희생되고 여객기에 큰 구멍이 생겼다. 그러나 또 다른 조종사의 노력으로 강원도 고성 초도리 해안에 불시착하면서 이 사건은 종료되었다. 나무 위키에서 인용 그 후 원인을 조사한 결과, 보안 장비 활용 및 보호구역 출입통제를 소홀한 것으로 드러나 이후 국내선 여객기에 무장보안관(2명)을 탑승시켜 운항하도록 하였으며, 금속탐지기 및 검색요원을 증가·배치하고 여객기 탑승객에 대한 보안 검색을 강화하기에 이르렀다.

❹ 1987. 11. 29.(05:57). 승객 95명과 승무원 20명을 태우고 이라크 바그다드 공항을 출발, 서울로 향하던 대한항공 858기(B-707)가 1차 경유지인 아부다비에서 북한 공작원(2명)이 객실에 두고 내린 고성능 폭발물에 의해 인도양 상공에서 공중 폭발하는 사건이 발생하였다. 발생 원인으로 여객기 탑승에 대한 보안 검색이 부실하였고, 특히 가전제품 배터리를 기내에 반입토록 하였으며, 여자승객의 소지품에 대한 검색도 소홀하여 발생한 것으로 추정되었다. 그 이후 모든 국제선 여객기는 중간 기착지에서 기내에 두고 내린 소지품에 대한 보안 검색도 철저히 하도록 하는 조항이 ICAO 부속서 17에 신설되었다.

마유미 영화 재현 사진 (출처 : 나무위키)

❺ 1986. 9. 14.(15:12)에는 공항에서 폭발물이 폭발하는 사건이 발생하였다.

김포공항 구 국제선 1터미널(현 국내선 터미널) 5~6번 게이트 사이 쓰레기통에서 원인 불명의 폭탄이 폭발, 5명이 사망하고 32명이 중경상을 입은 사건이었다. 사건 발생 이후 보안기관에서 조사한 결과, 86아시안게임과 88올림픽 경기를 방해할 목적으로 북한의 사주를 받은 테러범이 자행한 것으로 추정하였다.

이 사건이후 공항에서 이루어지는 국가중요 행사시에는 여객터미널 주변지의 감시활동을 강화하게 되었고 공항내 무장위력 순찰과 터미널 출입문 보안 검색은 물론 일반지역에 대한 검문검색을 강화하는 계기가 되었다. 나무 위키에서 인용

　　지난 2001. 9. 11. 미국에서 발생한 9.11테러사건을 계기로 전 세계적으로 민간항공의 안전을 확보하기 위하여 항공기 탑승객과 공항 구역에 대한 보안 검색이 대폭 강화되면서 이를 용인해야 했던 항공업계는 항공여행 감소에 따른 경기 불황의 한파를 맞았다. 하지만 향후 이와 유사한 사건이 발생할 기회를 주어서는 안되기 때문에 항공보안은 전대미문의 엄격성과 완전성을 지향하면서 관련법과 체제 및 조직을 대폭 정비하게 되었다. 우리나라도 남북 대치라는 특수상황에 놓여있는 만큼 항공기 납치와 폭발 등에 관련한 큰 사고는 빈번하지 않았으나 세계화의 움직임 한 가운데서 항공보안의 중요성을 인식, 기 제정하여 운영하고 있던 항공기 운항안전법(1974. 12. 26. 제정)을 항공안전 및 보안에 관한 법률로 개정(2002. 1. 26.)하기에 이르렀다.

　　법률 개정 후, 국내 항공보안 수준을 국제적 기준에 맞게 재정립하는 등 항공보안을 체계적으로 운영하기 시작하였고 지속적인 투자와 개편을 통해 오늘에 이르렀다. 하지만 새롭게 나타나는 여러 형태의 테러행위로 인해 풀어야 할 많은 과제는 현재 진행형으로 계속해서 나타날 것으로 예상이 된다.

제2절

항공보안(Aviation Security)

01 항공보안의 정의

국제민간항공협약 부속서 17(Security) 제1장에서 항공보안은 '민간항공의 안전을 유지하기 위하여 인명 및 재산의 안전에 위해를 가하거나 항공업무를 수행하는데 중대한 영향을 미치는 불법 방해 행위로부터 승객, 승무원, 지상요원, 일반인과 민간항공업무에 사용되는 항공기 및 공항시설 그리고 기타 시설들을

보호하는 것'으로 정의하고 있고, 항공보안법에서는 '불법 방해 행위로부터 항공기내에서의 불법행위를 방지하고 승객과 승무원, 지상요원 등 민간항공의 보안을 확보하는 것'이라고 규정하고 있다. ICAO Annex17 및 국가항공보안계획 참조

따라서 이를 종합하면 항공보안(Security)이란 지상이나 공중에서 일어나는 불법 방해 행위로부터 공항의 승객, 승무원, 지상요원, 일반대중 및 시설 등을 보호하고 민간항공의 안전을 보장하기 위하여 행하여지는 일체의 수단과 방법을 통칭하는 것으로 정의할 수 있다.

❶ 항공보안(Security)

항공기 테러 등 불법 방해 행위*로부터 승객 등 사람·항공기·공항시설 등을 보호하기 위한 각종 대책을 말하며,_{불법 방해 행위 : 민간항공과 항공운송 안전을 위협하는 행위 또는 이를 시도하는 행위}

❷ 항공안전(Safety)

넓은 의미로는 보안을 포함하고, 좁은 의미로는 항공기 운항 및 공항운영과 관련한 인적, 기계적, 전자적 결함을 예방하는 것을 의미함.

02
항공보안의 목적

국제민간항공협약 부속서 17(Security) 제2장(2.1)에는 항공보안의 목적을 각 체약국은 '민간항공에 대한 불법 방해 행위로부터 민간항공의 보호와 관련된 모든 사항에 있어 승객, 승무원, 지상요원 및 일반 대중의 안전을 주요 목표로 해야한다'라고 규정하고 있고 ICAO 보안지침에는 '민간항공보안 관련 체약국의 주목적은 지상이나 공중에서 일어나는 불법 방해 행위로부터 국제공항의 승객, 승무원, 지상요원, 일반대중, 항공기 및 시설 등을 보호하는 것'이다.

이러한 목적은 '국제, 국내공항의 인적 및 물적 요소의 결합 및 보안 대책 절차 등을 통하여 이행될 수 있으며, 보안정책의 시행은 각 분야에 수립된 보안 프로그램들을 기초하여야 한다'라고 명시하고 있다.

국내 항공보안법에서는 '국제민간항공협약 등 국제협약에 따라 공항시설, 항행안전시설 및 항공기 내에서의 불법행위를 방지하고 민간항공의 보안을 확보하기 위한 기준·절차 및 의무사항 등을 규정함을 목적으로 한다'라고 규정하고 있고, 국가 항공보안프로그램에는 '민간항공에 대한 불법 방해 행위로부터 승객·승무원·항공기 및 공항시설 등을 보호하기 위한 대책을 수립함으로써, 민간항공의 안전성·정시성 및 효율성을 확보하는 등 항공 보안을 유지하는데 그 목적이 있다'라고 명시하고 있다._{ICAO Annex17 및 항공보안법에서 발췌}

03
불법 방해 행위

국제민간항공협약 ICAO 보안지침서(Doc 8973)상 에서의 불법 방해 행위(Acts of Unlawful Interference)란 민간항공과 항공운송 안전을 위협하는 아래의 행위 또는 이를 시도하는 행위 모두를 포함하는 것을 불법 방해 행위로 정의하고 있다.

❶ 지상 또는 공중에서의 항공기 납치 (불법억류 포함)

❷ 지상 또는 공중에서의 운항 중인 항공기의 파괴

❸ 탑승 항공기 또는 공항에서 벌이는 인질극

❹ 항공기, 공항 또는 항행시설에 대한 무력 불법 침입

❺ 범죄를 저지를 목적으로 공항 또는 항공기 내로 무기, 위험장치 또는 물품을 반입하는 행위

❻ 사망 또는 중상에 이르게 하거나 재산이나 환경에 심각한 피해를 끼칠 목적으로 운항중인 항공기를 사용하는 행위

❼ 공항 또는 민간항공시설 내에 있는 운항 또는 주기중인 항공기, 승객, 승무원, 지상조업 요원 등과 일반인의 안전을 위협하는 거짓정보를 제공하는 행위

국내 항공보안법(제2조 제8호) 및 국가항공보안계획에서는 "불법방해행위"란 항공기의 안전운항을 저해할 우려가 있거나 운항을 불가능하게 하는 다음 각 호의 행위로 정의하고 있다. 항공보안법 및 국가항공보안계획에서 인용

❶ 지상에 있거나 운항 중인 항공기를 납치하거나 납치를 시도하는 행위

❷ 항공기 또는 공항에서 사람을 인질로 삼는 행위

❸ 항공기, 공항 및 항행안전시설을 파괴하거나 손상시키는 행위

❹ 항공기, 항행안전시설 및 공항 보호구역을 무단 침입하거나 운영을 방해하는 행위

❺ 범죄의 목적으로 항공기 또는 보호구역 안으로 폭발물 및 무기류와 도검류 등의 위해물품을 반입하는 행위

❻ 지상에 있거나 운항 중인 항공기의 안전을 위협하는 거짓정보를 제공하는 행위 또

는 공항 및 공항시설 내에 있는 승객·승무원과 지상근무자 안전을 위협하는 거짓 정보를 제공하는 행위

❼ 사람을 사상에 이르게 하거나 재산 또는 환경에 심각한 손상을 입힐 목적으로 항공기를 이용하는 행위

❽ 그 밖에 항공보안법에 따라 처벌받는 행위

04

일반원칙

민간항공보안과 관련하여 체약국에서는 항공보안의 목적을 달성하기 위해 항공편의 운항안전, 정시성 및 효율성을 고려하여 불법 방해 행위로부터 민간항공을 보호하기 위한 조직과 규정, 관행 및 절차를 개발하고 구현하여야 하며 그러한 조직과 규정, 관행 및 절차를 통해 다음 목표를 달성할 수 있도록 보장하여야 한다.

❶ 불법 방해 행위로부터 민간항공과 승객, 승무원, 지상 직원 및 일반 대중의 안전과 보보호가 행해지는 모든 사항

❷ 민간항공을 위협하는 상황 발생 시 신속하게 대응하기 위한 사항

또한 항공보안의 수행방법을 알고 정해진 임무를 가진 광범위한 조직과 법적 구조가 수립되어야 하고 제대로 된 법률을 통해 국가는 항공보안의 광범위한 정책의 개발과 이행 그리고 유지를 책임질 제대로 된 당국을 선정하여야 한다. 당국의 정책은 부속서 17(Security) '항공 보안 표준에 적합한 조치를 통해 항공보안의 표준화된 수준으로 이행되어야 하며, 부속서 에 나와 있는 표준과 권고사항을 반영하여야 하는 것이 바람직하다'라고 규정하고 있다.

05

적용대상

항공보안의 적용범위는 국제민항공협약에 따라 운항하는 모든 민간항공기와 공항에 적용하여야 한다. 민간항공을 운영하는 각 체약국은 국내선과 국제선 항공기가 운항하는 모든 공항과 항공기에 대하여 표준지침(Standards)과 권고사항(Recommendation Practices)을 적용하여야 한다.

또한 민간항공의 불법 방해 행위에 대한 보안 대책도 항공보안 당국과 국가기관 등에서 수행한 위협평가 결과에 근거하여 실행 가능한 범위 내에서 국내선에도 표준으로 적용하여야 한다. 출처 : 국가항공보안계획

❶ 적용 대상 : 국내선 및 국제선을 운항하는 모든 공항 및 항공기

❷ 적용 규정 :

- 국제법 : ICAO 부속서17(항공보안) 및 불법행위 방지 관련 국제협약(5개)
- 국내법 : 항공보안 법령, 국가항공보안계획, 고시·훈령·예규 등 행정규칙

06

항공보안 관련 법규

01 ● 국제 법령

국제민간항공조약 등 국제협약에 따라 제정한 부속서 17(Security)에는 공항 시설, 항행 안전시설 및 항공기 내에서의 불법행위를 방지하고 민간항공의 안전을 확보하기 위한 기준·절차 및 의무사항을 규정하고 있다. 출처 : ICAO Annex17

국제민간항공협약 부속서 17(Security) 주요 내용

➤ 항공기 탑승 승객, 휴대물품 및 위탁수하물 검색방법, 검색주체, 위해물품의 휴대 금지 등의 전반적인 항공보안에 관한 사항을 규정

➤ ICAO 부속서 17(Security) - 1974년 3월 22일 ICAO 이사회에서 채택

➤ 불법 방해 행위로부터 민간항공 보호를 위한 표준* 및 권고**

* 국제표준(International standards): 통일적 적용이 필요한 사항
** 권고사항(Recommended practices): 안전과 질서에 바람직한 사항

민간항공 대상 불법행위 방지 관련 주요 국제협약

➤ 항공기 내에서 범한 범죄 및 기타 행위에 관한 협약 (동경 협약)

➤ 항공기의 불법납치 억제를 위한 협약 (헤이그 협약)

➤ 민간항공의 안전에 대한 불법적 행위의 억제를 위한 협약 (몬트리올 협약)

➤ 국제공항에서의 불법행위 억제에 관한 의정서 (몬트리올협약 의정서)

➤ 가소성 폭약의 탐지용 식별에 관한 협약 (몬트리올 협약)

02 국내 법령

국내 항공보안은 1961. 3. 7. 제정(1961. 6. 8. 시행)된 항공법에 근거를 두고 있으며, 국내에서 발생한 항공기 납치사건과 미국에서 발생한 9.11테러 사건 이후 항공기 내의 보안을 강화하고 국제민간항공협약의 규정과 동 조약 부속서로서 채택된 표준 방식을 준수하기 위해 제·개정한 항공보안법에 따라 국내를 운항하는 모든 항공기와 공항시설, 항행안전시설 및 항공기 내에서의 불법행위를 방지하고 민간항공의 안전을 확보하기 위한 기준·절차와 의무사항을 규정하고 있다. 출처 : ICAO Annex17

1973. 12. 3. 항공기 납치 사건이 국내에서 발생하자 국회의원들이 항공기납치 방지 법안을 발의, 1974. 12. 26. 항공기 운항안전법 제정하였다. _{법제처 항공보안법 개정연혁에서 발췌}

1961년 항공법 제정 당시 주요내용 (항공법 제66조 : 폭발물 등의 수송 또는 휴대의 금지)

➤ 폭발성 또는 연소성이 높은 물건 및 기타 타인에게 위해를 주거나 다른 물건을 손상할 우려가 있는 물건으로서 교통부령으로 정하는 것은 이를 항공기로 운송하지 못한다.

➤ 항공운송업자는 수송품 중에 전항에 해당하는 물건의 유무를 확인하기 위하여 그 지정한 직원으로 하여금 그 수송을 기탁하기 전에 이를 점검하게 하여야 한다.

➤ 누구든지 무기 또는 제1항의 물건을 항공 기내에 가지고 들어가서는 아니된다.
단, 교통부령이 정하는 바에 의하여 특정한 직무를 행하기 위한 때에는 예외로 한다.

➤ 전항 단서규정에 의하여 무기를 휴대하려는 자는 탑승 전에 이를 당해 항공기의 기장에게 보관시키고 목적지에 착륙한 후 이를 반환받아야 한다.

➤ 비행장에 파견된 경찰관은 여객 중에 전항의 물건을 가지고 타는 여부를 확인하기 위하여 그 신체 또는 물건을 검색 또는 점검할 수 있다.

➤ 항공기에는 무기, 도검류, 폭발물, 독물, 연소성이 높은 물건을 휴대하고 탑승하거나 탑재할 수 없도록 함(제4조 금지사항).

➤ 운송업자는 항공기 탑승 및 탑재 전에 여객의 몸을 검색하거나 휴대품 및 화물을 개봉·검색할 수 있도록 함(검문검색 권한을 부여).

➤ 기장은 운항 중인 항공기의 안전과 인명·재산의 보호를 위하여 법이 정하는 바에 따라 사법경찰관리의 직무를 수행할 수 있도록 함(제5조 기장의 권한).

➤ 항공기 운항 중 범죄를 범한 범인을 인도할 때에는 기장이 직접 또는 관계공무원을 통하여 경찰관에게 인도(제6조 범인의 인도·인수).

➤ 벌칙을 다음과 같이 규정함.
   ◎ 항공기 납치 ⇨ 무기 또는 7년 이상 징역 (미수범도 처벌)
   ◎ 항공기 납치 치사상 ⇨ 사형 또는 무기징역
   ◎ 항공기 납치 예비 또는 음모 ⇨ 5년 이상의 징역 (이르기 전 자수자 1년 이상 10년 이하 징역)
   ◎ 항공기운항저해 ⇨ 1년 이상 10년 이하의 징역
   ◎ 항공기 위험물건 탑재(타인에게 소지하게 한 행위 포함) ⇨ 2년 이상 5년 이하의 징역

✈ 항공안전 및 보안에 관한 법률 개정(2002. 11. 27)배경 <small>법제처 항공보안법 개정연혁에서 발췌</small>

- 국제민간항공기구(ICAO)와 미국연방항공청(FAA)에서 제정한 항공 및 교통안전법
- 1991. 3. 1. ICAO에서 채택
- 2001. 12. 20. 대한민국 국회 비준 '가소성 폭약의 탐지용 식별에 관한 협약'

2002년 항공안전및보안에관한법률 (전부 개정) 주요골자

➤ 법률 제명을 "항공기운항안전법"에서 "항공안전 및 보안에 관한 법률"로 법제명 변경

➤ 이 법 또는 항공법에서 정한 항공안전·기술 등에 관한 업무를 전담하는 항공안전조직을 대통령령이 정하는 바에 의하여 중앙행정기관의 조직과 달리 설치·운영할 수 있도록 함(법 제6조).

➤ 항공안전 및 보안에 관한 정책협의를 위하여 항공안전협의회를 두도록 하고, 지방항공청장은 관할 공항별로 항공안전 및 보안사항을 협의하기 위하여 공항안전운영협의회를 두도록 함(법 제7조 및 제8조).

➤ 항공안전 및 보안에 관한 기본계획을 관련행정기관과 협의하여 수립하고, 공항운영자 등은 시행계획을 수립하여 정부 승인을 얻도록 함(법 제9조 및 제10조).

➤ 공항운영자는 공항시설 및 항행안전시설에 대한 안전 및 보안조치를 하도록 하고, 정부의 승인을 얻어 공항시설의 보호구역을 지정하도록 함(법 제11조 및 제12조).

➤ 항공운송사업자는 승객의 안전 및 항공기의 보안을 위하여 필요한 조치를 취하도록 하고, 승객이 탑승한 항공기를 운항하는 경우 항공보안요원을 탑승시켜야 하며, 조종실 출입문 안전강화 등 항공기 안전조치를 취하도록 함(법 제14조).

➤ 항공운송사업자는 항공기가 공항에 도착한 때에는 통과 또는 환승 승객이 휴대물품을 가지고 내리도록 하고 보안 검색을 완료한 후 탑승하도록 하여야 함(법 제17조).

➤ 공항운영자 또는 항공운송사업자는 보안 검색실패 등의 경우, 정부에 즉시 보고 하도록 하고, 정부는 해당 항공기가 도착하는 국가의 관련기관에 그 사실을 즉시 통보하도록 함(법 제19조).

➤ 사법경찰관리 등 호송공무원은 수형인 등을 호송하는 경우 사전에 해당 항공운송사업자에게 통보하도록 하고, 항공운송사업자는 항공기·승무원 및 승객의 안전에 위협이 된다고 판단되는 경우에는 사법경찰관리 등 호송공무원에게 적절한 안전조치를 요구할 수 있도록 함(법 제24조).

우리나라 항공보안법의 제정 및 개정 경위 법제처 연혁법령 제.개정 이유에서 발췌

❶ 1961. 3. 7. 항공법 제정(법률 제591호, '61.3.7) → 항공상 위험 예방

❷ 1973. 12. 3. 항공기납치방지법(안) 입법 발의(국내 여객기 납치 사건 발생)

❸ 1974. 12. 26. 항공기운항안전법으로 법제명 변경, 제정(법률 제2742호, '74.12.26)

❹ 2002. 1. 26. 항공기운항안전법 개정(국제 협약 비준)

❺ 2002. 8. 26. 항공안전 및 보안에 관한 법률로 법제명 변경, 전부 개정(항공보안강화)

   * 항공안전 및 보안에 관한 법률에서 위임한 사항과 시행에 필요한 사항을 규정

❻ 2013. 4. 5. 항공보안법 법제명 변경, 개정

03 국가항공보안계획

1. 근거 : 항공보안법 제10조 및 동법 시행규칙 제3조의 2

2. 목적 :

❶ 불법 방해 행위로부터 승객·승무원·항공기 및 공항시설 등에 대한 보호 및 대한민국 안에서 민간항공의 안전성 정시성 및 효율성을 확보 국가항공보안계획에서 일부 발췌

❷ 국제협약에 따라 민간항공의 안전을 확보하기 위한 기준·절차·의무사항 규정

   - 공항시설, 항행안전시설 및 항공기 등 물적 자산과 승객, 승무원 및 지상근무자 등에 대한 불법행위를 방지

   - 원활한 민간항공운송 환경 조성·항공기의 불법납치, 폭파

   - 기내에서의 인질극, 불법침입, 무기 또는 위험장치의 반입, 안전 위협 거짓정보 제공 방지

   - 불법 방해 행위(Acts of unlawful interference) 대응

   - 국제협약 등 국제법에 따라 항공기 및 항행안전시설 등 민간항공 보호 제반활동

   - 인적·물적 자원의 적절한 대응조치 및 결합 국가항공보안계획에서 일부 발췌

> **국가항공보안계획 수립(항공보안법 제10조)**
>
> ➤ 항공보안 업무를 수행하기 위하여 국가항공보안계획을 수립·시행하여야 한다.(1항)
> ➤ 공항운영자등은 국가항공보안계획에 따라 자체 보안계획을 수립하거나 수립된 자체 보안계획을 변경하려는 경우에는 정부의 승인을 받아야 한다.(2항)
> ➤ 수립하는 국가항공보안계획과 자체 보안계획의 세부 내용 및 수립절차 등에 관하여 필요한 사항은 정부령으로 정한다.(3항)

07
국제협약의 준수

우리나라 민간항공의 보안을 위하여 항공보안법에서 규정하는 사항 외에는 아래 국제협약에 따르도록 하고(항공보안법 제3조) 있으며, 아래 협약 이외 다른 국제협약에 항공보안에 관련된 협약이 있는 경우에는 그 협약을 따르도록 규정하고 있다(법 제3조).

❶ 항공기 내에서 범한 범죄 및 기타 행위에 관한 협약

❷ 항공기의 불법납치 억제를 위한 협약

❸ 민간항공의 안전에 대한 불법적 행위의 억제를 위한 협약

❹ 민간항공의 안전에 대한 불법적 행위의 억제를 위한 협약을 보충하는 국제민간항공에 사용되는 공항에서의 불법적 폭력행위의 억제를 위한 의정서

❺ 가소성 폭약의 탐지를 위한 식별조치에 관한 협약

그 밖에 민간항공의 보안을 위하여 국내법령 및 국제협약에서 규정하는 사항 외에는 국제민간항공기구의 부속서「국제민간항공협약부속서」 2·6·8·9·10·11·13·14·17·18 및 지침서「국제민간항공협약 부속서(Annex) 하부 문서 (doc)」에 따르도록 하고 있다. 또한, 출발지에서 효과적인 보안통제를 적용하여 확보된 보안성과 대등성 확인을 기반으로 체약국가 간 불필요한 보안통제의 중복을 피함으로서 항공보안의 효율성을 높이도록 하고 있다.「국가항공보안계획에서 발췌」

08
국제민간항공기구 및 타 국가와의 협력

　국가는 항공보안 관련 책임기관을 지정하여 국제민간항공기구에 통보하여야 하며, 책임기관이 변경될 경우에도 신속하게 그 사실을 국제민간항공기구에 통보할 의무가 있으며, 국제민간항공협약 체약국의 요청으로 항공보안평가 결과 및 조치사항을 체약국에 제공할 경우에도 국제민간항공기구에 통보하도록 하고 있다.

　국제 항공보안을 향상, 유지시키기 위해 타 국가로부터 우리나라 국가항공보안계획의 제공을 요청받은 경우, 이를 제공할 수 있으며, 관련 국가와 유대관계를 갖고 국가항공보안프로그램을 적용 시에는 관련 국가와 협력토록 하고 있다. 또한 관련 국가로부터 특정 항공편에 대해 특별보안 대책을 요구받은 경우, 해당공항에 다음 사항을 협조하도록 요구할 수 있다.

❶ 해당 항공기 경비 강화
❷ 위험성이 높을 경우 다른 항공기와 격리하여 주기
❸ 위협분석에 따라 승객·수하물에 대한 정밀 보안점검 실시
❹ 위험성이 높은 승객이 있는 경우 별도 출입지역으로 통과

　아울러, 해당국가에서 특별 보안 대책을 요구한 사항에 대하여 조치 가능 여부와 조치 내용 등을 관련 국가에 통보하여야 하며, 해당공항에서 특별한 보안 대책을 실행함에 따라

발생한 비용은 해당 국가에 청구할 수 있다.

그 외 민간항공의 위협정보를 수집·분석하는 과정에서 체약국의 위협정보를 수집하였을 경우에는 해당 국가에 그 내용을 제공하여야 하며, 수집한 위협정보는 국내 관련 공항 등에도 통보하여 대응 대책을 수립하여야 한다. 또한 해당국가와 보안정보를 교환하는 경우 「보안업무규정」에 따라 조치를 한 후 제공하여야 하며, 보안정보를 제공하기 전, 체약국의 보안관리에 대한 대책을 파악하여 적절한 경우, 해당 자료를 제공할 수 있으며, 역으로 관련국가로부터 민간항공 위협정보를 제공받은 경우, 그 정보를 제공한 체약국에서 요구하는 수준으로 보호하여야 한다.

기타, 국가항공보안 프로그램, 수준관리 프로그램 및 교육훈련 프로그램을 개발하거나 관련 정보를 공유할 필요가 있는 경우 관련 체약국과 협력하여야 하며, 국제민간항공기구의 항공보안평가 결과 및 조치사항 제공을 문서로 요청받은 경우 적절한 수준에서 제공하고 협력하여야 한다._{국가항공보안계획에서 발췌}

09
국가의 책무 및 협조사항

국가는 민간항공의 보안에 관한 계획 수립, 관계 행정기관 간 업무 협조체제 유지, 공항운영자·항공운송사업자·항공기취급업체·항공기정비업체·공항상주업체 및 항공여객·화물터미널운영자 등의 자체 보안계획에 대한 승인 및 실행점검, 항공보안 교육훈련계획의 개발 등의 업무를 수행하고(법 제4조) 공항운영자, 항공운송사업자, 항공기취급업체, 항공기정비업체, 공항상주업체, 항공여객·화물터미널운영자, 공항이용자, 그 밖에 국토교통부령으로 정하는 자는 항공보안을 위한 국가의 시책에 협조하여야 한다(법 제5조)._{항공보안법} 에서 발췌

10

국제항공보안평가
(International Aviation Security Audit Program : IASP)

01 ICAO 항공보안평가(ICAO Universal Security Audit Programme : USAP)

❶ 전 세계 ICAO 체약국을 대상으로 항공보안분야 국제기준의 이행실태를 종합적으로 평가하는 제도이다. 이를 위하여 ICAO가 인증한 기관의 담당자가 정부, 공항운영자, 항공사 등 관련 기관 및 업체들을 방문하여 ICAO의 국제 기준 준수 여부를 확인하고 있다.

❷ ICAO 부속서 17 항공보안업무와 관련하여 불법 방해 행위(Unlawful Inter - ference)로부터 민간항공과 그 시설을 보호하기 위한 조치에 관한 표준 및 권고(SARPs) 사항을 규정하고 있으며 별도로 접근이 제한된 매뉴얼ICAO Doc 8973 (항공보안지침서, ICAO Annex 17 하부문서)을 제공하고 있다. 2001년 9.11 테러 이후에는 민간항공에 부상하고 있는 위협들에 대처하기 위하여 이에 대한 개정 및 항공보안평가(USAP)에 중점을 두고 있다. 9.11 테러는 전례없이 대형 민간항공기를 불법 방해 행위의 수단으로 사용한 테러로 항공보안의 대처 방법에 대한 매우 큰 변화를 가져왔다.

❸ 이와 관련하여 ICAO에서는 이후 개최된 총회에서 민간항공기를 테러행위 및 파괴무기로 오용하는 것을 방지하는 선언에 대한 결의안을 채택하였다.

이어 ICAO 이사회에서는 ICAO 항공보안활동계획의 시행을 채택하였으며, 이에 따라 2002. 11.부터 ICAO 항공보안평가(USAP)가 시작되었다.

❹ 모든 국제민간항공협약 체약국은 항공보안평가 대상이 된다. 체약국에 대한 항공보안 제1차 평가는 2002. 11.부터 시작하여 2007년에 종료하였다.

02 미국 FAA 항공안전평가

　미국 연방항공청(FAA:Federal Aviation Administration)에서 미국에 취항하는 타국의 항공기가 소속된 항공사와 해당 국가가 국제민간항공기구(ICAO : International Civi Aviation Organization)에서 설정한 항공기의 운항·정비를 위한 표준과 권고절차(Standards & Recommended Practices)를 준수하는지 그리고 준수능력이 있는지를 평가하는 제도이다. 미국에 취항하는 항공사의 소속된 국가를 2년 주기로 방문하여 평가를 실시하며, 해당국가의 평가 결과가 미흡하다고 판단되면, 추후에 재평가를 실시한다. 이는 미국에 취항하는 항공기의 안전성을 확보하여 자국민을 보호하려는 정책의 하나로 시행하고 있다.

　주요 평가 내용은 항공사 주관 정부부처의 직제 및 관리 감독 능력과 지침, 해당 공무원의 공인 자격 및 항공사의 운항증명(AOC : Air operator Certificate) 및 교육계획 등이 그 평가대상이다. 평가 결과는 다음과 같은 등급으로 평가된다.

구 분	결 과	제 재 조 치	비 고
CAT I	- 수검국가의 항공사 관리 능력 인정	- FAA 제재 없이 미국 항로 운항	ICAO 기준 이행 국가
CAT II	- 수검국가의 항공사 관리 능력 부정	- 미국적항공사와 코드쉐어 금지 운항 증편 금지	ICAO 기준 미 이행 국가

03 유럽 연합 제재대상 (European Union Black List)

　EU회원 국가를 취항하는 외국의 항공사에 대해 ICAO 제정 표준 및 권고절차에 부합하는 항공안전 점검을 실시하여 기준에 미흡한 국가의 항공사에 대해서는 EU회원 국가의 운항을 제한하는 제도이다. 유럽위원회(European Commission)의 홈페이지에 해당 항공사 목록을 주기적으로 게재하고 평가 결과에 따라 항공사를 Annex A와 Annex B로 분류하여 관리한다.

04 대한민국의 항공안전 평가

외국항공사의 대한민국 취항 허가 심사기준에, 취항 신청 항공사의 항공안전 능력이 ICAO의 표준 및 권고절차(Standards & Recommended Practices)에 부합되는지를 평가한 후, 각 기준을 충족하는 항공사에게 운항을 허가한다.

평가 시 주요 착안사항은 국제민간항공조약 부속서(ICAO Annex)를 기준으로 해당 정부가 취항 심사 항공사에 발행한 운항증명 및 운영기준과 운항 규정과 정비 규정, 아울러 정부가 국제민간항공기구(ICAO)로부터 수검받은 항공안전종합평가(USOAP : Universal Safety Oversight Audit Programme)결과를 참조하여 대한민국 항공기 운항허가 여부를 판단한다. 심사 기준은 취항 항공사의 지연, 결항율 및 국제민간항공기구와 미국, 유럽 등 심사대상 항공사가 취항하는 외국 정부의 안전평가결과 또한 포함하여 평가도 실시를 한다.

우리나라는 ICAO로 부터 1999년부터 2004년까지 1차로 정부 및 인천국제공항이 대상이 되어 정부 조직, 법령·규정분야, 공항시설·장비분야, 공항보안 검색 및 경비분야, 항공기 보안 분야, 유사시의 비상조치 상황 등 시카고협약 부속서 17 (Annex 17)의 표준 항목에 대한 적합성 여부를 평가받았으며, 2차 평가는 2008년에서 2012년까지 국가 보안체계, 항공보안 감독활동 및 미비점에 대한 개선절차 등을 집중적으로 평가하였다. 또한 부속서 17(항공보안) 뿐만 아니라 부속서 9(출입국간소화)의 보안분야까지 평가 범위를 확대하였으며, 우리나라는 2014년 우수한 이행율로 수검을 완료하였다. 이를 통해 우리나라는 ICAO에서 정한 표준과 적합 하게 보안체계 및 운영실태가 운영되고 있고 국제민간항공협약 부속서 9와 17에서 정한 국제기준을 준수하고 있음을 증빙하게 되었고 우리나라의 국가 항공보안체계가 세계적 수준임을 인정받는 계기가 되었다.

AVIATION SECURITY PROCEDURE

제3절

항공안전(Aviation Safety)

01

항공안전의 정의

항공안전이란 항공기를 안전하게 운항하기 위하여 항공안전 계획을 수립하고, 잠재적 위험관리, 안전증진 활동을 통하여 항공사고를 미연에 방지하며, 만일의 사고를 대비하여 비상대응 활동과 재발방지 대책을 강구하고 지속적인 안전관리를 통해 운항활동에 장애를 유발하는 각종 사고로부터 인적·물적 재산에 대한 피해를 방지하는 것은 물론 재산을 보호하는 상태를 의미하는 것으로 정의하고 있다.

오늘날 일상생활에서까지 안전(safety)이라는 의미를 강조하면서 보안(security)이라는 용어도 종종 사용하고 있는데 보안이라는 용어는 국가 안위를 위한 군사적 내지 전략적 개념을 말하는 것으로 항공에서 보안이라고 할 경우, 의도적인 위해(intentional harm)로부터 항공안전을 지킨다는 것이며 안전이라고 할 경우, 사고로 인한 위해(accidental harm)로부터 항공안전을 지킨다는 것을 의미로도 볼 수 있다.

항공에서의 '안전'은 보안의 의미를 포함할 뿐만 아니라 의도적인 범죄행위에 의한 사고와 더불어 단순한 실수, 의도하지 않은 오류나 착오 등에 의한 항공사고 모두를 경계 대상으로 볼 수 있다.

01 근거 : 국제민간항공기구(ICAO) 부속서(Annex 17)

❶ 돌발적인 사고위험(accidental harm)으로부터의 방지

❷ 항공기 사고를 방지하는 것과 항공기 승객에게 항공안전 정보를 제공하는 것

❸ 항공사 등이 항공기 주변에서 발생할 수 있는 사고 위험을 통제 가능하도록 하는 것

❹ 각국 항공법의 법원이 되는 시카고협약 부속서 에서 정한 표준 및 권고방식(SARPs : Standards and recommended practices)

02 ICAO 부속서의 편성 : 19개 내용

❶ 항공안전부문에 해당 부속서 : 부속서 19

항공안전관리시스템(SMS, Safety Management System)외 17개

❷ 항공안전 제외 부속서 : 2개 - Annex 9 출입국간소화(Facilitation), Annex 17 항공보안(Security)

03 항공안전 저해 3가지 위험 요인 ICAO Annex 19 (항공안전)

❶ 인적, 물적 피해 위험이 없는 상태

❷ 위험정도가 수용이 가능하도록 줄어든 상태

❸ 위험요인을 통제할 수 있는 상태

항공안전과 항공보안이 함께 고려되기는 하나 일반적으로 항공안전 기준은 항공보안 기준을 제외한 분야로 한정하고 있고 항공기 운항과 관련하여 직접 지원 시, 항공활동과 관련된 위험상태가 수용 가능한 수준으로 줄어들거나 통제가 가능한 상태를 유지함을 말하고 있다.

02 항공안전 관련법

01 국제 항공법

❶ 목적

- 국제민간항공에게 적용하는 규정
- 세계 국가 간 민간항공에 있어 불편과 충돌을 제거
- 세계 각국의 영공에 대한 국가 주권의 확립
- 국제간의 항공기 사용, 비행 규제, 국제항공 체계 확립

❷ 법원

- 국제민간항공협약을기초로 다자간의 조약, 양자협정, 국제법의 일반 원칙
- 국내법, 법원 판결, 유럽연합(EU) 적용 법률
- IATA 등을 포함, 국제민간기구 규정 기반
- 항공사들 간의 계약, 항공사와 승객 간의 계약
- 기타 항공운송과 항행 관련 당사자들 간의 계약
- 국제적으로는 타국 영공 통과 시 발생하는 공역주권 규율에 대한 국제협약

❸ 항공보안 관련 주요 국제 협약

- 시카고협약 (채택 1944.12.7.)(발효 1947.4.4.)
- 동경협약 (채택 1963.09.14.)(발효 1969.12.04)(한국발효1971.05.20)
- 헤이그협약 (채택 1963.09.14.)(발효 1969.12.04)(한국발효1971.05.20)
- 몬트리올협약 (채택 1971. 9. 23.)(발효 1973. 1. 26.)

⏱ 국제민간항공협약 제정

국제민간항공협약은 1944년 시카고 국제회의에서 채택된 민간항공 운영을 위한 기본조약으로 당시 연합국과 중립국 52개국이 참가하여 체결, 제정하였으며, 시카고 조약 또는 시카고협약이라고도 부른다.
  - 체결일자 : 1944년 12월 7일
  - 발효일자 : 1952년 12월 11일
  - 체결징소 : 미국 시카고
  - 체결목적 : 국제민간항공 발달과 더불어 각국과 국민 간 마찰 회피 및 협력 촉진
  - 참가국가 : 연합국과 중립국 52개국 대표단

⏱ 주요내용은 총 4부로 구성

❶ 제1부
  - 체약국의 영공에 대한 배타적 주권 인정
  - 출입국 규제, 항공기 등록, 세관, 출입국 수속, 사고조사 등

❷ 제2부
  - ICAO(국제민간항공기구)의 조직과 임무

❸ 제3부
  - 국제항공운송의 원활을 위한 조치

❹ 제4부
  - 1919년 파리조약과 1928년 아바나조약을 보완·대체하는 것을 규정

❺ 토의 사항
  - 하늘의 자유 권리, 형태를 국제민간항공조약(시카고조약)에 규정 논의
  - 미국 : 개방주의(자유주의) 하늘의 자유를 전면적으로 인정 주장
  - 영국 : 보호주의적 견해, 참가국의 의견 대립

❻ 회의 결과
  - 부정기 비행에 관해서만 하늘의 자유를 확정
  - 정기 국제항공업무에 관하여는 따로 국제항공 운송협정(5개의 자유의 협정)
  - 국제항공업무통과협정(2개의 자유의 협정)을 작성
  - 각국이 임의로 하나를 선택

⏱ 국제항공 운송협약(International Air Transport Agreement)

항공 위키 국제민간항공조약에서 인용

❶ 제1의 자유(The First Freedom) : 영공 통과권

착륙하지 않고 다른 국가의 영역을 가로질러 날아갈 수 있는 권리

❷ 제2의 자유(The Second Freedom) : 착륙권

어떤 국가이든 비 교통 목적(급유, 정비 등)으로 착륙할 권리

❸ 제3의 자유(The Third Freedom) : 유상 수송권

항공기의 소속국 영역에서 승인국 영역으로 여객과 화물 등을 유상으로 수송하는 권리

❹ 제4의 자유(The Fourth Freedom) : 유상 운송권

승인국에서 항공기 소속국 영역으로 여객과 화물 등을 유상으로 운송할 수 있는 권리

❺ 제5의 자유(The Fifth Freedom) : 운수권

항공사 소속국의 항공기가 운송목적으로 승인국을 출발하여 제3국을 비행하거나 제3국으로부터 제4국 착륙을 허용 받을 수 있는 권리

❻ 제6의 자유(The Sixth Freedom) : 항공사 본국 경유 수송권

두 국가의 외국지점간의 여객, 화물 등의 교통량을 항공사 본국을 경유하여 수송할 수 있는 권리

❼ 제7의 자유(The Seventh Freedom) : 타 국가간 운수 행사권

항공사가 본국을 완전히 벗어나서 허가국(Grantor State)과 타 외국간의 운수권을 행사하는 권리

❽ 제8의 자유(The Eighth Freedom) : 타 국내에서의 운송권

소속국과 타 국가내 한 지점에서 타 지점으로 운수권을 행사하는 권리

❾ 제9의 자유(The Nineth Freedom) : 타 국내에서의 운송권

항공사가 본국을 떠나 타 국가 내에서 상대국 항공사에게 운송할 수 있도록 하는 권리

1944. 12. 7. 서명된 시카고협약에 따라 국제항공항행위원회의 후임으로 독립기구가 만들어졌고 이 새로운 기관은 국제민간항공기구(ICAO)로 국제법에서 주요한 역할을 하고 있으며, 캐나다 몬트리얼에 본부를 두고 있다.

참가국 서명 (출처 : 항공위키)

02 국내 항공법

국제 민간항공 조약 등 국제 협약에 따라서 공항시설, 항공안전시설 및 항공기 내에서의 불법행위를 방지하고 민간항공의 안전 및 보안을 확보하기 위한 기준·절차 및 의무사항 등을 제50개 조항으로 분류하여 규정하고 있는 항공보안법을 기반으로 하여 항공안전 및 보안에 관한 사항 중 법에서 위임된 사항과 그 사항에 관하여 필요한 사항을 분류하여 규정하고 있는 항공보안법 시행령과 시행규칙이 있다.

그 외 항공법으로 항공사업법과 항공안전법, 공항시설법, 항공·철도사고조사에 관한 법률, 항공운송사업진흥법, 항공안전기술원법, 항공기등록령, 항공정보간행물발간규정 등이 국내 항공법에 해당된다.

03
안전관리 책임 및 안전관리시스템

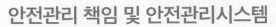

01 국제민간항공협약 (시카고협약)

❶ 제정기간 : 1944. 11. 1. ~ 12. 7.
❷ 장   소 : 미국 시카고
❸ 가입국가 : 미국 등 전 세계 190개국이 가입
❹ 주요 체결내용
　- 항공체제의 근간이 되는 양자 간 항공운수권의 배분 방법 규율
　- 국제민간항공기구(ICAO)에 의해 시행
　- 국제 항공안전에 대한 최상의 기본규범
　- 구 성 : 본문(4장 22절 96항목)
　- Part 1. Air Navigation(Article 1~42) : 공중항법

- Article 1. Territorial Sovereignty. 배타적 주권 인정
- Article 6. Scheduled Air Service 정기항공(국제 정기항공은 체약국 인가 필요 및 인가 조건 준수)
- Article 11. Applicability of air regulations. 항공법규 적용(협약 준수 조건 하에 체약국 규정 준수)
- Article 12. Rules of the air. 항공규칙(해당지역 비행규칙 준수하고 체약국은 협약에 따른 개정된 규칙과 일치시킴)
- Article 16. Search of aircraft. 항공기의 검사(불합리한 지연 없이 항공기 증명서 및 서류 점검)
- Article 18. Dual registration. 항공기 이중 등록 금지
- Article 26. Investigation of accident. 사고조사
- Article 28. Air navigation facilities and standard systems. 항행시설 및 시스템 (항행안전시설 설치 및 서비스 제공)
- Article 29. Documents carried in aircraft. 항공기 휴대 서류
- Article 30. Aircraft radio equipment. 항공기 무선장비
- Article 31. Certificates of airworthiness. 감항증명서(탑재 준수)
- Article 32. licenses of personnel. 항공종사자 자격증명(소지)
- Article 33. Recognition of Certificates. 증명서 승인(체약국간 증명서, 자격 증명의 승인)
- Article 34. Journey log books. 항공일지(항공일지 탑재 유지)
- Article 37. Adoption of international standards and procedures. 국제 표준 및 절차의 채택
- Article 38. Departures from international standards and procedures. 국제 표준 및 절차의 적용 배제
- Part 2 The International Civil Aviation Organization(Article 43 ~ 66). ICAO 명칭 및 구성(ICAO 설립근거)

✈ **표준 및 권고**(SARPs : Standards and Recommended Practices) **포함**

- 총 19개 부속서로 구성
- ICAO의 설립헌장 및 체약 당사국 간 국제 항공운송에 관한 다자협약을 채택할 법 적 근거 확보
- 구성 : 4 장, 22 절, 96 항목 및 19 부속서

02 항공안전을 위하여 체약국 간의 기준 준수

국제민간항공협약 부속서는 국제표준(International Standards)과 권고방식(Re-commended Practices)을 수록하고 있는데, 체약국은 동 부속서 내용을 준수할 의무가 있다. 이사회는 부속서를 채택하고 개정할 권한과 기능을 행사하면서 항공의 안전, 질서 및 효율에 관련한 국제질서를 수립하고 있다.

03 국제민간항공기구(ICAO)

❶ 설립 근거 및 기능
  - 국제민간항공협약 (시카고 협약)
  - 국제민간항공의 안전, 질서유지와 발전을 위해 항공기술, 시설 등 합리적인 발전을 보장 및 증진 위해 설립된 준 입법, 사법, 행정 권한이 있는 UN 산하 항공분야 전문 기구

❷ 주요 내용
  - 민간 항공의 안전을 확보하기 위하여 총 19개분야 협약서로 구성(Annex 1~19)
  - 시카고 협약에 부합되는 ICAO의 미션 및 전략목표 포함
  - 민간항공에 있어 항공안전은 가장 중요한 요소

❸ 본문 구성
  제1부 항행
  제1장 협약의 일반 원칙과 적용
  제2장 체약국 영공통과 비행
  제3장 항공기의 국적
  제4장 항행을 촉진하는 조치
  제5장 항공기에 관련 이행되어야 할 조건
  제6장 국제표준(Standards)과 권고(Recommended)
  제2부 국제민간항공기구
  제7장 조직

제8장 총회

제9장 이사회

제10장 항행위원회

제11장 직원

제12장 재정

제13장 기타 국제협정

제3부 국제항공운송

제14장 정보와 보고

제15장 공항 및 기타 항공보안시설

제16장 공동운영조직과 공동계산 업무

제4부 최종 규정

제17장 기타 항공협정 및 협약

제18장 분쟁과 위약

제19장 전쟁

제20장 부속서

제21장 비준, 가입, 개정 및 폐기

제22장 정의

❹ 협약 부속서(ANNEX)

채택 근거 : 시카고 협약

제37조(국제표준 및 절차의 채택)

제54조(이사회의 임무)

제90조(부속서의 채택 및 개정)

국제민간항공기구(ICAO)에서 채택한 부속서(Annex1-18)

Annex 1 : Personnel Licensing(항공종사자의 면허)

Annex 2 : Rules of the AIR(항공교통 규칙)

Annex 3 : Meteorology(항공기상)

Annex 4 : Aeronautical Charts(항공지도)

Annex 5 : Units odf Measurement to be used in Air and Ground Operations

(공지통신에 사용되는 단위)

Annex 6 : Operation of Aircraft(항공기 운항)

Annex 7 : Aircraft Nationality and Registration Marks(항공기 국적 및 등록 기호)

Annex 8 : Airworthiness of Aircraft(항공기 감항성)

Annex 9 : Facilitation(출입국 간소화)

Annex 10 : Aeronautical Telecommunications(항공통신)

Annex 11 : Air Traffic Service(항공교통업무)

Annex 12 : Search and Rescue(수색 및 구조)

Annex 13 : Aircraft Accident and Incident Investgation(항공기 사고 조사)

Annex 14 : Aerodromes(비행장)

Annex 15 : Aeronautical Information Service(항공정보업무)

Annex 16 : Environmental Protection(환경보호)

Annex 17 : Security(항공보안)

Annex 18 : The safe Trsansport of Dangerous Goods by Air(위험물 수송)

04

ICAO 항공안전평가
(USOAP : Universal Safety Oversight Audit Program)

 01 근거

　전 세계에서 발생되는 항공기사고를 예방하기 위해 ICAO가 각 국가의 항공 안전감독 의무이행 실태를 직접 평가하는 프로그램으로 1998. 9. 개최된 제32차 ICAO 총회에서 항공안전평가프로그램(USOAP) 설치를 의결하였다. 1999년-2004년 ICAO가 모든 국가의

항공안전감독의무 이행 실태를 강제로 평가하였고 그 평가 결과, 크게 고무되어 2004. 9. 제35차 ICAO 총회 시 1999년-2004년 실시한 강제평가 결과를 근거로 평가대상을 시카고 협약 전 부속서로 확대하는 종합평가((USOAP CSA)로 변경할 것을 의결, 각 체약국이 준수하도록 정하고 ICAO에서 이행 여부를 직접 평가하고 있다.

* USOAP : Universal Safety Oversight Audit Program
* CSA : Comprehensive Systems Approach

02 정의 및 목적

❶ 항공안전 평가의 정의

시카고 협약 체약국이 협약의 부속서에서 정한 안전관련 표준 및 권고(SARPs : Stadards and Recommended Practice)를 효율적으로 이행하는 것을 보장하는 것이라고 정의한다.

❷ 항공안전 평가의 목적

자발적으로 평가를 희망하는 체약국에 한하여, 해당 체약국이 ICAO SARPs 및 관련 절차들을 이행하는데 필요한 후속조치의 자문과 기술적 지원을 제공하는 것을 프로그램의 목적으로 한다.

03 항공안전평가 프로그램(SOP: Safety Oversight Program)의 3대 원칙

❶ 모든 국가는 영토와 그 상공에서 완전하고 배타적인 주권 소유(시카고 협약 제1조)
❷ 모든 회원국은 국제적으로 동일한 규정을 갖도록 협력할 의무(시카고 협약 제37조)
❸ 안전감독 의무는 협약 회원국의 국가 신뢰이며 회원 국가는 그들의 안전감독 책임과 의무를 재확인하여야한다.(ICAO 총회 결의 A29-13)

04 도입 배경

❶ 1990년 8월 콜롬비아의 아비앙카 항공사의 항공기 사고 이후, 미국은 미국에 취항하는 국가의 항공당국의 안전감독능력을 평가하는 IASA(international aviation safety assessment)프로그램을 설치

❷ 전 세계적인 항공안전을 확보하기 위해 미국은 1992년 제29차 ICAO 정기 총회에서 체약국들의 안전감독의무 이행을 촉구하는 결의안 발의 및 채택

❸ 개별 국가는 항공기 안전감독에 대하여 해당국가의 입장임을 재확인

❹ 체약국에게 안전감독 의무(시카고협약의 부속서 1, 6을 포함, 중요한 안전 규정)를 재 확인할 것을 요구

❺ 체약국의 안전감독 의무를 이행하는 국내법규와 실무적인 안전감독 절차에 대한 재검토를 촉구

05
항공안전 평가 주체

01 국제민간항공기구 (ICAO : International Civil Aviatin Organization)

❶ ICAO가 전 세계에 통일적으로 적용하는 국제기준의 국가별 안전관리체계 및 이행 실태를 종합적으로 평가

❷ 초기에는 항공 안전감독을 수행할 능력이 없는 회원국들이 있음을 고려하여 항공안전감독 및 평가를 위한 세부 지침 마련

❸ 항공 후진국들의 항공 안전감독을 돕기 위하여 발족 후 모든 회원국에 대한 의무평가로 전환

❹ 항공안전평가 대상 부속서를 안전 관련 모든 부속서 (16개 부속서)로 확대

❺ 평가표는 항공안전과 관련된 부속서에 대한 이행점검표(Compliance Check-list) 등을 활용

❻ 사전 평가 단계(서류심사), 현장 확인단계, 사후 평가 단계로 평가 수행

02 미 연방항공청(FAA : Federal Aviation Administraion)

1992. 8. 국제항공안전평가(IASA) 프로그램 도입하였으며, 미국을 출발 및 도착 하는 해당 항공사의 항공당국에 대하여 항공안전평가(International Aviation Safety Assessment : IASA) 실시하고 평가 결과, 해당국가의 항공안전 평가기준이 ICAO의 안전기준에 충족하면 1등급을 부여하고 미달하여 안전상의 결함이 있다고 판단되면 그 국가를 항공안전 2등급으로 분류하여 해당 국가에 속해 있는 모든 항공사에게 운항제한 및 신규 운항허가 불허 등의 실질적인 항공운항 제재를 가하고 있다.

03 유럽의 항공안전평가(SAFA : Safety Assessment of Foreign Aircraft)

유럽 내 SAFA 참가국을 운항하는 제3국의 항공기(TCA: Third country aircraft)를 점검하는 항공안전평가 프로그램으로 EU(European Union : 유럽 연합)를 포함한 SAFA 참가국을 취항하는 외국항공사를 대상으로 지속적으로 안전점검을 실시하고 있다. 프로그램의 운영 및 관리책임은 EU 집행위원회에서 가지고 있으며, 안전기준에 미달하는 국가 및 해당 항공사를 블랙리스트(Blacklist)로 선정하여 운항 허가 중지 또는 제한하는 제재를 가하고 있다.

또한 블랙리스트 현황을 Annex A, B 두 종류로 구분하여 유럽집행위원회(European Commission) 홈페이지에 등재하고 Annex A로 선정된 국가의 항공사는 EU내 운항을 금지하고, Annex B로 선정된 항공사는 기종 한정 등으로 운항을 제한한다.

초기에는 자율 프로그램으로 운영하였으나 그 이후 의무 프로그램으로 전환하였고 EU 회원국가의 공항에 착륙하는 TCA에 대하여 Ramp inspection을 실시할 의무 부과로 제3국가 항공기(TCA)점검을 위한 법적 요건을 확보하였다.

미국에서는 운항금지 및 운항제한 조치를 국가별로 제한하고 있으나, EU는 국가별로 특정하지 않고 항공사 또는 해당 항공사의 특정 기종만을 제재하고 있다.

04 **IATA의 항공안전평가**(IATA Operational Safety Audit)

시카고협약 체계에서의 항공안전기준에 따라서 항공당국이 항공사에 대하여 허가하는 운항 증명(AOC)제도 및 항공안전 국제기준 이행 여부를 평가하는 것을 뜻하며, 평가 대상인 국가안전프로그램(SSP : State Safety Programme)은 항공안전을 확보하고 안전목표를 달성하기 위한 항공 관련 제반 규정 및 안전 활동을 포함한 종합적인 안전관리체계를 말한다.

06
평가 방법

ICAO에서 정한 표준 및 권고 실행(SARPs : Standards And Recommended Pratices)에 대해 각각의 성격에 합당한 이행의무 평가하고 SARPs로 정한 기준을 고려하여 각 체약국들이 법규를 마련하여 항공안전체계가 유지될 수 있도록 관리하며, 항공안전 준비상태가 완벽하다고 판단될 때 공항운영증명서(AOC : Air Operator Certificate)를 발급한다.

항공당국은 AOC(Air Operator Certificate)를 발급한 이후에는 정기, 특별, 수시점검 등 다양한 점검활동을 통해 지속적으로 관리·감독을 하고 있다. 여기서 중점점검 대상인 안전관리시스템(Safety Management System)이란 정책과 절차, 책임 및 필요한 조직 구성을 포함한 종합적인 관리체계를 뜻한다.

구 분	내 용
개 요	- ICAO가 체약국에 대하여 항공안전관련 국제기준 이행실태 점검, 평가 - USOAP 평가 결과를 open 함으로써 간접적 제재 효과

구 분	내 용
도입배경	- 1990년 초 항공교통량 급증, 국제기준 불이행으로 인한 항공기 사고 증가, 항공안전문제 심각
도입효과	- 항공기 사고 발생률 감소 - 항공안전의식 및 항공안전감독능력 증진 - 국제기준에 대한 통일적 이행기준 및 평가체계 마련
USOAP 발전 단계	- Voluntary (1996~1998 : 부속서 1.6.8) - Mandatory (1999~2004 : 부속서 1.6.8, 2005~2010, 16개 부속서) - USOAP CMA (항공안전 상시평가) : 2년(2011~2012)간의 전환 기간 후, 2013년부터 전면 시행
USOAP CMA	- 시행근거 : ICAO와 체약국간 MOU(Memorandum of Understanding) - USOAP Audit Area : 법령, 조직, 자격, 운항, 감항, 사고조사, 관제/항행, 비행장 -USOAP Critical Elements : 법령, 규정, 조직, 자격, 기술지침

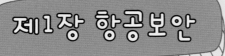

제1장 항공보안

여러분들이 학습한 과정을 객관식 또는 주관식 문제로 구성하여 출제하였으니 복습을 겸한 평가 바랍니다.

성명 :   학번 :

1. 다음은 항공보안과 관련된 국제협약을 나열하였다. 틀린 것을 고르시오?

   ① 동경협약   ② 헤이그협약
   ③ 몬트리올협약   ④ 파리협약

2. 항공테러로부터 민간 항공기를 보호하기 위한 국내적 배경이 아닌 것은?

   ① 1958년 부산 출발 서울 행 대한국립항공(KNA)소속 항공기 북한으로 납치
   ② 1971년 대한항공(KAL) 항공기 속초공항 출발하여 서울로 이동 중에부한 공작원에 의한 납치 시도
   ③ 1987년 대한항공(KAL)858기가 북한공작원 김현희 등에 의한 공작으로 폭발
   ④ 2001년 9월 미국 워싱턴과 뉴욕에서 중동 테러범에 의한 911 테러 발생

3. 다음은 항공보안의 정의에 대해 나열하였다. 잘못 표현된 것은?

   ① 불법방해행위로부터 승객 등 인명을 보호
   ② 불법방해행위로부터 민간항공의 안전을 확보하는 행위
   ③ 민간항공의 안전을 위하여 행해지는 일체의 수단과방법
   ④ 항공안전을 확보하기 위해 인명과 재산에 위해를 가하는 행위

4. 다음은 항공안전과 항공보안에 대해 설명하였다. 올바르게 표현된 것은?

① 항공기 안전운항을 위하여 전자적, 기계적 결함을 보호하는 것
② 불법행위로부터 항공보안을 확보하기 위하여 전자적 결함을 예방하는 것
③ 항공기 안전운항을 위하여 인적, 기계적, 전자적 결함을 예방하는 것
④ 항공보안을 확보하기 위해 공항시설을 개선하는 것

5. 다음은 항공안전과 항공보안에 대해 설명하였다. 올바른 것을 고르시오?

① 항공기 안전운항을 위하여 전자적, 기계적 결함을 보호하는 것
② 불법행위로부터 항공보안을 확보하기 위하여 전자적 결함을 예방하는 것
③ 항공기 안전운항을 위하여 인적, 기계적, 전자적 결함을 예방하는 것
④ 항공보안을 확보하기 위해 공항시설을 개선하는 것

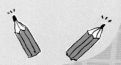

+ memo

AVIATION SECURITY PROCEDURE

제2장
테러 및 테러 방지

제1절

테러의 정의

테러(Terror)란 정치·사회·종교·기타 등의 목적으로 공포를 조장하거나 사람들로부터 관심을 불러일으키고 목적을 달성하기 위하여 무차별적으로 파괴 또는 협박하는 행위로 표현할 수 있다. 이러한 행위를 영어로는 테러리즘(terrorism)이라 부르고 실제 일어나는 테러 행위와는 구분하고 있으나, 우리나라에서는 구분 없이 모두를 테러로 표현하고 있

2017.10.15.일 소말리아 모가디슈 차량
폭탄 테러

다. 따라서 테러라는 말은 우리에게는 친숙하게 통용되고 사용되어 왔지만 아직 그 정의에 대해서 확실하게 규정된 바가 없으며 나라마다 시대에 따라 다른 정의가 내려져 왔다.

먼저 테러라는 용어는 공포를 야기하며 무섭고 두려운 일이라는 뜻으로 쓰지만 오늘날에는 정치, 사회, 종교적인 이유로 폭력을 가하므로써 사회에 큰 관심을 불러일으키기 위한 파괴 행위라는 의미로 쓰고 있다. 프랑스 혁명 당시, 공화파가 자신들의 집권을 위해 왕권 복귀를 꾀하던 왕건파를 무자비하게 처형했던 공포 정치(Reign of terror)에서 유래하고 있다. 좀 더 거슬러 올라가 보면 정치적 목적을 위해 줄리어스 시저의 암살 또한 테러라고 볼 수 있다.

이렇듯 긴 역사를 가진 테러는 왜 아직 사라지지 않고 있는 것일까?

왜 테러리스트들은 자신들의 생명을 내놓으면서까지 테러를 자행하고 있는가?

테러의 4 가지 요건

❶ 미리 계획된 고의적인 폭력 행위
❷ 정치적 동기에서 유발된 폭력 행위
❸ 민간인을 공격 목표로 하는 폭력 행위
❹ 국가의 정규 군대가 아닌 조직이나 단체에 의해 수행되는 폭력 행위

또한, 정치적 목적 달성을 위해 직접적인 공포 수단을 이용하는 행위나 주의 그리고 정책을 포함하기도 한다. 이에 대해 1937년, UN 테러의 방지와 처벌에 관한 회의에서는 테러의 정의를 '한 국가에 대하여 직접적인 범죄 행위를 자행하거나, 일반인 또는 군중들의 마음속에 공포심을 일으키는 것'이라 규정하기도 하였다.^{항공위키에서 인용}

테러는 수많은 특징 행위를 가지고 있으며 국제기구 및 세계 국가와 학자들에 따라서 다양한 정의를 내리고 있기도 하다. 그러나 테러(Terrorism)에 대한 정의는 매우 중요한 요건인데, 특히 테러행위를 저지른 자를 명확히 구분하여 이에 대한 처벌을 위해서 테러행위에 대한 정확한 개념을 규정하는 것이 반드시 선행되어야 한다. 즉, 테러에 대한 명확한 정의가 내려져 있지 않으면 이러한 테러행위에 대한 대응, 테러 행위 규명, 처벌, 법적 조치 등을 적절히 할 수 없기 때문에 테러에 대한 정의는 가장 선결되어야 할 과제이기도 하다.

그러나 각국에서 테러에 대한 개념을 다양하게 정의하고 있어 명확하게 정의하기 어려운 실정이다. 1972년, UN총회에서 테러에 대한 개념을 정의하기 위해 특별위원회를 구성, 회의를 한 적 있으나 결론을 내리지 못하였다. 미국 국방성에서는 "직접적인 피해 당사자 및 국경을 넘어서 광범위하게 어떤 집단이나 사회에 구성원들의 태도와 행태에 영향을 주려는 의도"라고 정의하기도 했다.

지금까지 세계 각국에서 사용되어 오거나 정의된 내용을 종합하여 테러의 개념을 정의하면 국가 혹은 특정 단체가 정치·사회·종교 및 민족주의의 목표 달성을 위해 조직적이고 지속적으로 폭력을 사용하거나 폭력적 협박을 통해 공포분위기를 광범위하게 조성함으로써 개인이나 단체, 공동체 사회와 정부 등에게 심리적 또는 상징적으로 가하는 폭력 '행위의 총칭'으로 정의할 수 있다.

출처 : 위키백과에서 인용

01

테러의 역사

테러의 역사는 서양에서는 그리스 로마시대부터 동양에서는 중국 춘추 전국시대로 거슬러 올라간다. 이처럼 긴 역사를 가진 이유는 테러라는 수단이 약자의 입장에서 군사적, 경제적, 물리적으로 우월한 강자에게 적은 비용으로 큰 타격을 줄 수 있는 방법이었기 때문이다.

1900년대-1950년대까지는 주로 국가주의 테러리즘과 반제반식민지 테러리즘이 주도해왔다. 이러한 테러의 양상은 주로 자국 정부의 독재나 식민치하에서의 독립이라는 목적을 갖고 이루어졌고 특정한 지역이나 국가의 테두리 안에서 활동하는 경우가 많았다. 또한 과학기술과 정보통신의 제약으로 대단위 인명 살상이나 시설파괴 등의 테러활동을 하기가 어려웠다.

1960년부터 1970년대에 주로 이념적 지향을 가진 테러리즘 활동이 활발했으며 일정 수준의 과학기술과 정보통신의 발달로 테러의 파괴력과 방법들이 더욱 다양해졌던 시기였다. 이 시기에 이탈리아의 붉은 여단 이탈리아의 극좌파 비밀 테러 조직 : 1970년대초 납치, 살인, 사보타주 등으로 악명을 떨침, 독일 적군파(RAF) 독일 통일 전, 서독의 극좌파 무장단체, 일본 적군파(JRA) 1969년 조직된 일본의 공산주의 무장단체, 콜롬비아 좌익반군(FARC) 1964년 콜롬비아 공산당 산하, 콜롬비아 무장 혁명군으로 탄생한 공산주의 혁명 게릴라 조직 등이 활발하게 활동하였다.

이들은 소련, 쿠바, 동독, 북한 등 반서방적 자세를 갖고 있는 국가의 정보기관들로부터도 물적, 자금적 지원을 받아 왔었다. 하지만 이들의 테러 활동은 1980년대에 들어서서 서방권의 급속한 경제성장과 동구권의 몰락으로 인해 점점 이들 간의 네트워크 조직이 붕괴되고 또한 경제력을 갖춘 서방권과 국제사회의 대응강화로 점차 몰락하기 시작하여 90년대에 들어서는 콜롬비아 좌익반군을 제외하고는 거의 자취를 감추게 되었다.

붉은 여단 조반니 신차니

02

테러의 목적

테러는 정치, 종교, 사상적 목적으로 공포감과 불안감을 조성하기 위해 폭력을 행사하는 경우가 대부분이다. 군인, 정치인 등 특정 인사만을 노리기도 하고 민간인에게 무차별적으로 공격하여 해를 가하기도 하는데, 일단은 일반적으로 둘 다 테러라고 부른다.

군인들이 전선 후방에서 기반시설을 파괴하고, 민간인들에 대한 폭력을 행사하는 것도 테러로 분류된다. 대부분의 경우, 불특정 다수를 희생자로 삼기 때문에 효과적으로 대중의 관심을 끌고 심리적 영향을 크게 끼칠 수 있어 작은 힘으로도 충분히 위협을 가할 수가 있다. 그렇기 때문에 힘없고 가난한 자들이 강자에게 대항할 수 있는 유일한 수단이 된다.

9.11 테러 이후, 미국이 한동안 우경화된 것을 봐도 알 수 있듯 테러는 사람의 원초적인 공포심을 자극하기에 굉장히 많은 것을 바꾼다. 그것은 표면적으로 테러리스트의 요구가 아니지만 은연중에 테러리스트들이 기대하는 효과이기도 하다. 국가 간, 이념 간, 종교 간의 대립이 강해질수록 강경주의자, 근본주의자들이 지지를 얻기 때문. 또한 엄청난 경제적 손해도 동반하는데, 9.11 이후 강화된 안전조항 때문에 추가로 고용한 인력과 공항에 일찍 가서 대기해야 하는 사람들의 시간 낭비를 생각해본다면 간단하다.

이슬람 극단주의자들
2016년 7월 2일자 방송 영상 인용

과거에는 분리주의자 등에 의해 일어나는 경우가 많았지만, 2010년대 들어선 종교 극단주의자에 의한 테러가 더 많아졌다고 한다. 하지만 학계에서는 순수하게 종교 때문이라기보다는 종교를 포함해 다양한 원인들이 복합적으로 작용했다고 보는 시각이 주류다. 분리주의자들이 주로 내세우는 민족주의나 일부 극단주의자들이 내세우는 종교나 결국 크게 보면 사상, 이념 문제라고 할 수 있을 것이다. 위키백과에서 인용

90년대에 들어서는 주로 풍부한 자금력과 종교의 끈으로 강하게 뭉친 신념의 바탕으로 한 레바논의 헤즈볼라, 하마스, 팔레스타인 해방전선, 알카에다 등 아랍계 테러리스트들의 활동이 과거보다 더욱 활발해졌고 2000년대에 들어서는 이러한 이들의 테러 활동은 절정에 달하게 되었다. 이 당시 아랍계 테러조직의 수장 격이라고 할 수 있는 알카에다가 2001년 9.11 테러 등을 통해 전 세계에 자신들의 존재를 알리게 되었다.

현대의 테러는 주로 중동과 아프리카 지역에서 발생한다. 예전에는 뚜렷하게 미군을 공격 목표로 삼았지만 요즘은 대중을 무차별적으로 노리는 경향이 짙어지고 있다. 이에 대해 9.11 테러 이후, 테러에 대한 학술적 연구에 관심이 대단히 높아졌으며, 사회, 정치, 심리, 종교 등의 많은 분야에서 학자들이 지대한 관심을 갖고 테러에 대하여 파헤치고 있는 중이다. 특히나 IS의 연속적인 유럽권 테러로 인해 이와 같은 사회적 가치 연구는 더더욱 올라가고 있는 중이다.

제2절

테러의 특성 및 현황

01

테러의 특성

테러와 일반 범죄가 구분되는 여러 특징이 있는데 일반 범죄는 가능한 범죄가 알려지는 것을 두려워하지만 테러범 또는 테러조직은 테러범죄를 저지른 것을 타 조직이나 언론에 적극적으로 알리려고 하는 특성을 지니고 있다.

그들은 자신들의 조직력을 과시하며 테러 대상 조직에 대하여 공포를 조장하기 위하여 테러행위를 저지르기 때문이다. 그러나 일반 범죄는 특정 대상에 대하여 범죄를 일으키지만, 테러행위는 특정 대상과 무관하게 불특정 일반인을 대상으로 한다는 특징이 있다.

01 ▶ 테러의 4가지 특성

❶ 개인적인 욕구를 충족하기 위한 수단이 아닌, 정치·사회·종교적인 목적을 달성하기 위하여 범죄를 유발하고 있다.

❷ 물리적인 폭력행위를 사용하거나 폭력위협이 수반되어야 한다. 폭력과 위협을 사용하지 않는 경우에는 테러 행위로 간주하기가 어렵다.

❸ 국가의 체제를 붕괴시키거나 약화하기 위하여, 의도적으로 공포(fear)를 조장하고 심

리적 충격과 공포심을 유발시킬 수 있는 폭력을 사용하는 것이다.

❹ 체제를 무너뜨리기 위한 구체적인 목표나 요구가 있어야 한다.

02 ● 테러의 개별 특성

테러행위를 활동 성격별로 분류하여 보면 첫째는 분리주의적 테러 활동 둘째는 종교적 테러 활동 셋째는 정치적 테러 활동 넷째는 국가지원 테러 활동 등 4가지 형태로 구분할 수 있다.

❶ 분리주의적 테러 활동

다수가 장악하고 있는 조직 또는 국가 내에서 소외되고 있는 소수 단체가 그룹 내에서 자신들의 입지를 개선·확보하고 국·내외에 자신들의 정당성을 제고하기 위한 수단으로 테러행위를 일으키는 것을 말한다. 이러한 대표적인 스페인 바스켈란트 독립운동이다.

❷ 종교적 테러 활동

중동, 인도, 필리핀 등, 특수 종교지역에서 본인들이 신봉하는 종교에 대한 확고한 신념에서 비롯된 테러 활동을 말한다. 자신들의 목적을 달성하기 위하여 주요 국가시설의 파괴 및 폭파를 비롯한 암살과 방화 등으로 자신들의 정당성을 주장하고 목표를 달성하고자 한다.

❸ 정치적 테러 활동

정치적인 사상과 이념이 비슷한 단체 및 조직들이 성향이 유사한 다른 조직들과 연계하여 자신들의 공동 목표를 달성하기 위하여 테러를 감행하는 것이다. 이들은 세계인들의 관심을 끌기 위하여 주요 국제 스포츠 개최지 등에서 의도적으로 테러를 감행한다. 따라서 행사 주관 국가에서는 성공적인 행사의 진행을 위하여 사전에 이러한 단체에 대한 첩보의 수집과 사고를 방지하기 위하여 국제 공조를 더욱 강화한다.

❹ 국가지원 테러 활동

특정 국가에서 자신들의 정치적인 목적을 달성하기 위하여 국가가 주도하여 테러계획을 수립하고 실시하는 것을 말한다. 대표적인 사례는 북한에 의해서 이루어진 1983년

버마의 아웅산 국립묘지 폭파사건 및 1988년 김포공항 쓰레기통 폭파 사건과 1987년 미얀마 안다만 해역 상공에서 공중 폭파된 대한항공 858기 사건 등이 대표적이다.

03 공격 형태와 무기

공격 형태

❶ 불법 방해 행위 & 테러

테러는 정치적 목적 달성 또는 협박과 강요, 몸값 등의 이익을 취할 목적으로 사람이나 재산에 대해 무력으로 폭력을 가하는 것을 말하며, 테러의 위협은 현대 생활에서 가장 불안한 측면 중 하나가 되었다. 이러한 테러의 행위에는 폭탄 위협, 폭탄 테러, 암살, 납치, 사이버 공격(컴퓨터 기반), 화학, 생물학 및 방사능 공격의 위협과 사용 등 여러 다양한 방법이 포함되기도 한다.테러 행위의 대표적 표적은 주로 공항과 항공기, 군과 경찰, 정부시설, 유명 관광지, 대규모 공공시설, 식수 및 식량공급 시설, 다중 집합시설 등이 그 대상이다. 이러한 장소를 대상으로 발생하고 있는 여러 공격 중, 대표적인 공격 형태는 자살 테러 공격이다. 자살 테러 공격은 현대 테러리스트들이 선호하는 가장 치명적이고 무서운 전술 중 하나로 2000년 이후, 터키, 레바논, 쿠웨이트, 이집트, 사우디아라비아, 이스라엘, 이라크, 스리랑카, 인도, 파키스탄, 인도네시아, 케냐, 미국, 영국, 러시아, 프랑스, 벨기에 등 많은 나라들이 이러한 자살 테러의 목표가 되어 왔다. 이들 외에 일부 나라에서는 이러한 자살 테러가 실행되기 전 계획 단계에서 해당 국가의 정보 당국에서 적발하여 예방을 하였다.

자살 폭탄 테러는 자신의 몸에 폭발장치를 설치하고 목표물에 몰래 접근하여 폭발장치를 작동시키는 방법이다. 이들은 자신의 목숨을 담보로 하여 자살 폭탄 테러를 선택하는 가장 큰 이유는 많은 사상자와 목표물의 파괴를 극대화하기 위해 최적의 장소를 자유로이 선정할 수 있고 최적의 타이밍에서 폭탄 장치를 작동시킬 수 있기 때문이다. 이러한 공격은 2008년 2. 1. 이라크에서 처음으로 일어났는데, 테러리스트들은 2명의 정신 장애 여성 몸에 폭발물을 부착하여 군중 속으로 잠입하게 한 뒤 폭발시켜 70명 이상을 사망케 한 사건이었다.

자신 몸에 폭탄을 설치하여 가하는 공격 방법외에 2001년 9. 11. 발생한 테러는 폭발물이 없어도 자살 테러 공격을 감행할 수 있다는 사례를 단적으로 보여줬다. 항공기를 탈취하여 미사일처럼 사용하는 공격을 가하였을 때 유발되는 공포와 언론의 관심은 대단했다. 그것을 본 테러리스트들에게는 항공기만큼 매력적인 대상이 없다는 것을 다시 한 번 확인했을 것이다.

1960년대 후반부터 항공운송 발전과 더불어 늘어나는 항공테러를 막기 위해 강력한 보안조치가 시행되어 왔으나, 40년이 지난 2001. 9. 11. 발생한 사건에서 입증되었듯 항공분야는 여전히 테러에 취약했다. 과거 사례를 볼 때 테러범들이 항공테러를 선호하는 가장 큰 이유가 여객기는 다른 어떤 테러 대상 목표물보다 많은 인질을 확보할 수 있고 항공기라는 통제가 가능한 특수한 환경하에 있기 때문이다.

또한, 지상에서의 폭탄 공격으로 불과 몇 명만 살상할 수도 있는 작은 폭발물로도 고도로 비행하는 항공기를 쉽게 파괴할 수 있고 가압된 항공기 환경은 폭발 효과를 극대화할 수 있어서 공중에서 수백 명을 사망에 이르게 하는데 큰 효과가 있다는 것을 알고 있기 때문이다. 그 대표적인 예가 2004. 8. 러시아에서 일어났던 테러 사건이다. 모스크바 도모데도보 국제공항에서 이륙한 러시아 국적 여객기 2대에 2명의 여성 체첸 자살 테러범이 탑승하여 자신이 휴대하고 있던 폭발물(IED)을 폭발시켜 항공기가 이륙도중 공중에서 폭발·추락하여 탑승자 전원이 사망한 사건이다.

항공기를 공격하는 테러범들이 사용하는 수법은 보안검사를 통과하기 위해 다른 사람들의 짐 속에 폭발물을 숨기고는 자신들은 보안검사에서 조금도 초조한 기색을 보이지 않고 검색대를 통과하는 전술을 많이 사용하며, 또 다른 경우는 여객기에 탑승하는 다른 승객에게 선물을 주는 행위도 서슴치 않는다. 일반 물품으로 보이는 그 선물은 실제로 폭발물이나 총기 등 항공기로 반입해서는 안되는 위험물품들이 들어 있다.

이러한 테러 위협들은 테러리스트들의 뿐만 아니라, 범죄자, 정신질환자, 심지어 불만에 찬 전직 직원과 같이 복수의 동기를 가진 사람들의 의해 민간항공에 가해지는 위험도 적지 않다.

또한, 아무런 위험도 없는 일반인들이 위험한 물건을 가지고 비행기를 탑승한다면 잠재적 위협요인이 될 수도 있다. ECAC, ICAO 및 EU 금지품목을 보면 총기, IED, 블레이드, 독성 화학물, 가연성 물질 및 기타 위협 물품을 포함하여 일반 물품이지만 공격에 사용될 수 있는 위험품들이 많이 있다.

❷ 급조 폭발물 (IED : Improvised Explosive Devices)

우리가 일반적으로 알고 있는 폭발물은 군용 폭탄으로 공중에서 투하되는 탄도 모양의 물체이다. 목표물에 도달하여 충돌 시에 폭발하도록 설계되어 있다. 그러나 테러리스트들이 사용하는 폭발물은 그들이 만든 것으로 폭발장치 또는 "IEDs"라고 불리며, 테러에 광범위하게 사용되고 있다. 이 때문에 X-Ray 검색기로 총이나 도검과 같은 날카롭고 위험한 물건뿐만 아니라, 폭발물(IED)이 될 수 있는 일반물품들도 집중해서 탐지해야 한다. 폭발물은 전적으로 테러범들이 설계하여 만들기 때문에 검색에 집중하지 않으면 적발하기 어렵고 종종 식별하기까지 어려움을 겪는 경우가 많다.

테러리스트들은 폭발물과 테러 공격에 사용할 물품들을 항공기로 반입하기 위해 다음의 방법을 많이 사용하고 있다.

- 화물로 위장하여 운송하는 방법
- 항공기를 탑승하는 사람에게 강요하는 방법
- 휴대품에 숨기는 방법
- 위탁 수하물에 숨기는 방법
- 누군가를 속여, 폭발물을 항공기에 탑재하는 방법 (때로는 선물로 위장)
- 인질을 잡고 강제로 항공기에 탑승시키는 방법

1988. 12. 스코틀랜드 로커비에서 270여 명의 생명을 앗아간 공중 폭파 사건은 소량의 강력한 플라스틱 폭발물(SEMTEX)을 카세트 녹음기 안에 숨겨서 반입한 결과물이었다. 냄새가 나지 않는 SEMTEX는 예측 가능한 폭발물 형태로 만들지 않기 때문에 X-Ray 검색기로 폭발물(IED)을 식별하는 것은 총기나 일반적 무기를 탐지하는 것보다 훨씬 어렵다. 이러한 폭발물들은 액체 또는 기체이거나 혹은 임의의 형태로 만든 모양가진 물체 안에 고체 또는 액체형태로 설치할 수도 있다. 폭발물은 일반적으로 다이너마이트와 알람시계(입체 폭탄은 거의 사용하지 않음)를 포함한 폭발물 형태가 아니라, 가방 내부의 프레임 혹은 내외부 마감재를 포함하여 주변 물체들과 서로 몰딩될 수 있는 플라스틱 폭발물을 많이 사용한다.

여기에 사용하는 플라스틱 폭발물들은 밀도가 높고 특성이 있어 위협이 없는 여러 가지 유기물질(플라스틱, 가죽, 고무, 종이, 섬유 및 음식물 등)과 유사하게 보이기 때문에 기내로 반입되는 수하물 검사에서 적발하기가 어렵고 발견하기까지 매우 복잡하다. 그 이유는 이러한 폭발물들이 포장된 가방 속에 있다면, 그것들은 밀도가 높은 다른 무해한 일반물품들에 의해 완전히 가려져 버리기 때문이다. 이렇듯 폭발물에 대한 디자인은 테러리스트들에 의해 끊임없이 변화하고 발전하고 있다.

폭발물을 구성하는 기술적 측면에서의 폭발장치는 일반적인 일상용품으로 만들어낸 폭탄에서부터 디지털 부품을 사용하여 매우 정교하게 만든 장치에 이르기까지 다양하다. 이러한 폭발물을 공격무기로 선택하여 사용하는 테러리스트들은 폭탄 형태를 디자인하고 설치하는 데 창의적인 기술을 가지고 있다. 지금까지 이들이 만든 대표적인 폭발물이 비디오 카세트, 장난감, 에어로졸 캔, 포장된 선물상자 등이었으나, 최근에 와서는 일상용품들을 개조하여 폭발물이나 위험품들을 감추는데 적극적으로 활용하고 있다. 예를 든다면, 트렁크 가방 또는 상자 자체에 플라스틱 폭발물을 시트로 만들거나 안감으로 만들어 넣는 방법으로 폭발물을 제작하여 설치하는 방법으로 바뀌었다. 그 외에도 폭발물은 종종 전기 또는 전자제품 내의 숨기기도 한다. 노트북, 헤어드라이기, 디스크, 라디오, 카메라, 휴대폰 등과 같이 다양한 일상용품의 구성품 내의 작은 공간에 설치하기 때문에 X-Ray 검색기로 탐지, 식별하기까지 어려움이 크다.

폭발물은 폭약의 양, 폭발 물질의 유형, 장치의 구성 방법, 그리고 이 장치가 배치되는 위치나 가방 종류와 유형에 따라 각 폭발물의 폭발력과 관련이 있다. 작은 폭발력을 가진 폭발물로도 목표물 가까운 곳에서 사용하거나 고도로 비행하는 가압된 비행기의 객실에서 폭발시킬 경우 상당히 파괴적일 수 있다.

테러리스트들의 폭발물 공격을 선택하는 주요 이유는 폭발이 일어났을 때, 그들의 증거를 인멸할 수 있고, 폭발 전에 현장으로부터 멀리 떨어진 곳까지 이동할 수 있기 때문이며, 또한 고도의 기술적 장치와 부비트랩 등을 이용하여 원격으로 작동할 수 있도록 만드는 능력도 있기 때문이다.

항공 테러범들이 개발하여 사용하는 여러 공격 무기중 하나는 기압 폭탄이다.

기압 폭탄은 기폭장치가 고도 또는 기압계와 연결되어 있어 일정 고도나 기압에 도달하면 폭발이 일어난다. 영국 로커비 상공에서 팬암 103편 항공기를 폭발시킨 폭발물은 타이머에 기압 센서가 부착된 기폭장치로 항공기가 특정 고도에 도달하여 정해진 시간동안 그

고도에서 비행한 후에 작동하게 만들었다. 이러한 폭발장치들을 완벽하게 검사해내기 위해서는 CBT시스템을 이용하여 반복적 교육을 통해 폭발물과 폭발의 구성품과 익숙해지는 것이 가장 중요하다. X-Ray 판독과 같이 시스템에서 많은 종류의 폭발물 이미지를 보여주는 CBT 시스템을 이용하면 포장된 가방 속에 들어있는 폭발물의 존재를 식별할 수 있는 색, 밀도, 모양, 크기에 대한 탐지·판독능력을 향상시킬 수 있고 X-Ray 장비를 이용한 실물 판독을 병행하면 교육의 효과는 훨씬 더 크게 나타난다.

02 공격 무기

01 폭발물

폭발물은 열, 충격, 마찰 또는 발화와 같은 외부 자극을 가하면 극적인 화학적 분해를 겪는 화학 화합물 또는 혼합물이다. 가장 기본적인 수준에서 폭발물은 단지 짧은 시간에 많은 열과 가스를 생산하면서 매우 빨리 연소되거나 분해되는 것이다. 이 화학반응은 대량의 에너지를 갑자기 방출하는 결과를 초래한다. 고성능 폭발물의 경우, 폭발하면 원래 부피보다 1만2,000~1만5,000배, 섭씨 3,000~4,000도의 온도를 발생시키고 가스를 방출한다. 그 가스는 음속보다 빠르게 팽창하면서 강력한 충격파를 일으킨다. 이 팽창 압력은 단단한 금속물질을 조각내면서 엄청난 속도로 바깥쪽으로 밀어낼 수 있기 때문에 그 폭발 효과로 사람을 살상하거나 구조물을 파괴할 수 있다.

● 폭발물(IED)

폭발물에 사용되는 폭약은 군용, 상업용 또는 사제 폭약의 조합일 수 있다. 테러범들이 주로 사용하는 폭발물의 종류는 RDX, C4, SEMTEX 등 강력한 군사용 폭발물뿐만 아니라 PETN, TNT, 다이너마이트, 블랙 파우더(화약 : 총알의 추진체)가 있으며, 그리고 사제 폭발물을 만드는 데 필요한 혼합물 등도 있다. 이러한 혼합물에는 질산암모늄과 왁스, 오일, 파라핀, 설탕과 같이 쉽게 구할 수 있는 가정용 재료가 사용된다. 사제로 만드는 폭발성 혼합물은 종종 극도로 휘발성이 강하며, 충격이나 마찰 또는 열에 의해 쉽게 폭발하기도 한다.

사제 폭발물에 비해 군용 플라스틱 폭발물은 더 안정적이기 때문에 테러리스트들이 광범위하게 사용하고 있다. 플라스틱 접합 폭발물이라고도 불리는 플라스틱 폭발물은 폭발물과 플라스틱 바인더 소재를 결합하여 만든 것이다. 바인더 소재는 두 가지 중요한 역할을 한다.

❶ 폭발성 물질을 코팅해주어 충격과 열에 덜 민감하다. 이런 이유 때문에 비교적 안전하게 취급할 수 있다.

❷ 폭발성 물질을 매우 유연하게 만든다. 그러한 특성 때문에 그것을 감추기 위해 다른 모양으로 만들어질 수도 있고 심지어는 폭발의 방향도 바꿀 수도 있다.

⬤ 폭발 물질(C-4 등 플라스틱 폭발물)

❶ C-4는 폭약중에서 가장 유명한 폭약으로 정식 명칭은 제4형 복합 폭발 물질(Composition-4)이다. 생산과정이 TNT보다는 안정적이고 폭발 위력은 더욱 강력한 RDX를 기본베이스로 한 폭약으로, 군용 폭약으로서 현재도 널리 사용되고 있다.

C-4는 점토와 유사한 형태로 반죽하여 사용하며, 비교적 안정적인 고형 폭약으로 위장된 폭발물을 제작할때 어떤 물건에도 쉽게 몰딩할 수 있어 테러범들이 테러에 자주 사용하는 이상적인 폭발물이다.

TNT보다 적은 양으로도 같은 위력을 낼 수도 있고 물에 녹지 않기 때문에 수중에서도 사용가능하며, 필요시 떼어내 비상 연료로 사용할 수도 있다. 잘라내는 크기와 부착하는 형태에 따라 폭발 효과가 다르고 폭파대상의 표면에 완전히 밀착시킬 수 있는 특성을 가지고 있어 TNT보다는 더 큰 효과를 줄 수 있다. 폭발할 때 C-4는 완전히 분해되어 질소와 탄소산화물 가스를 방출하는데 이 가스는 초당 약 8,000m의 속도로 팽창하여 주변 모든 곳에 엄청난 파괴력을 가진

힘을 가한다.

C-4는 특성상 안전성을 가지고 있어 숨기기에 좋고, TNT비해 좋은 위력을 지니고 있기 때문에 이것이 테러리스트들 손에 들어가게 되면 큰 문제가 발생할 수 있는 물건 중 하나다. 그러나 RDX와 합성을 해서 사용하는 것으로 개인이 합성하는 것은 대단히 어렵다. 때문에 테러리스트들은 테러 현장에서는 만들어서 사용하는 것이 아니라 대부분 군용으로 제작된 것을 입수하여 사용하는 경우가 많다.

또한, 특성상 탐지장비와 탐지견으로도 탐지가 용이하지 않다. 이에 국제기구에서는 제조 시에 휘발성을 가진 물질을 섞어 탐지가 가능하게 제조하도록 하고 규정하고 각 제조국가에서는 그 규정에 따라 제조하는 것이 또 하나의 특징이기도 하다.

그 외 C-4와 매우 유사한 플라스틱 폭탄인 Semtex가 있다. 샘텍스는 PTEN, RDX, 항산화물질, 염료 등을 혼합하여 만든 것으로 체코슬라바키아에서 만들어졌고 리비아와 중동 이슬람 무장세력 등에 전 세계 주요 테러 현장에서 이 Semtex가 사용되어졌다.

❷ 플라스틱 폭발물은 두께 5mm 정도의 얇은 시트를 포함해 무한히 다양한 형태로 몰딩될 수 있기 때문에 테러범들에게 매우 매력적이다. 또한 접착력이 뛰어나고 깨어지지 않으며, 길고 가는 가닥으로 늘어나게 할 수도 있다. 얇은 시트 형태의 폭발물을 제외하고 X-Ray로 보는 많은 플라스틱 폭발물들의 뚜렷한 특성은 종이, 나무, 플라스틱과 같은 다른 일반적인 유기물질에 비해 상대적으로 높은 밀도가 될 수 있다. X-Ray 장비의 이미지는 군용 및 상업용 폭발물 모두 유기물색

인 오렌지색으로 표출이 된다. 육안상 식별할 수 있는 색상은 C-4는 미색을 띠고 있고, Semtex는 붉은색 또는 아주 진한 주황색을 띠고 있다.

◐ 전원 장치(배터리 등)

모든 폭발물은 기폭장치인 뇌관을 작동시키기 위한 전원이 필요하며, 이 기폭장치 작동을 위해 대부분 상용 배터리를 사용하고 있다. 이러한 배터리는 일반적으로 대부분의 전

자 장치에 있기 때문에 폭발물 제조 시 이를 활용하고
있다. 또한 테러리스트들은 폭발물에 충분한 전력을 공
급하기 위해 여러 개의 배터리를 필요로 할 수 있는 경
우, 다른 유형의 배터리를 테이프로 고정하여 사용하는
경우도 있다.

그러므로 폭발물에 활용하는 배터리는 많은 모양과
형태를 취하고 있는 것이 특징이다. 일반적인 배터리는
금속케이스 내부에 탄소로 가득 채워져 있다. 배터리의
탄소는 유기체지만, 배터리는 밀도가 매우 높고 금속으
로 싸여져 있기 때문에 X-Ray 이미지는 일반적으로 오
렌지색의 유기물 색상이 아닌 파란색(청색)이나 녹색으
로 나타난다.

폭발물에서 전원(배터리)은 가장 눈에 띄는 구성 요소들 중 하나이다.

주의 : ❶ 비디오 테이프 내부에 예상하지 못하는 배터리가 있는 경우.

❷ 품목에 맞지 않는 형태와 크기의 배터리가 존재하는 경우

　　 → 예를 들어, 부피가 매우 큰 배터리가 들어있는 노트북

❸ 품목 대비 배터리가 너무 많은 경우.

❹ 전자제품 내에 적합하게 배치되지 않은 배터리

❺ 불규칙한 배선이 있고 부착하는 납땜 덩어리가 있는 배터리.

● 기폭장치(뇌관, 도화선 등)

대부분의 폭발물에는 주 폭약의 폭발을 유발하기에 충분한 에너지를 공급해주기 위해
기폭장치를 사용한다. 이러한 기폭장치는 그 자체만으로도 폭발장치로 간주되기도 한다.
뇌관(Detonators)과 도화선 등 1차 폭발 기폭장치들은 주 폭약의 2차 폭발을 유발하는 에너
지를 가지고 있다.

기본적으로 기폭장치는 도화선과 전기식 뇌관, 두 종류가 있다. 두 종류 모두 구리, 유리
또는 알루미늄 튜브로 만들어지며, 한쪽 끝은 막혀 있다. 이러한 기폭장치는 일반적으로 지

름이 약 6mm, 길이가 25~150mm인 매우 섬세한 구조로 되어 있다.

전기 기폭장치는 작은 전기를 사용하여 기폭장치의 중앙과 끝 부분에 있는 소량의 폭발성 물질을 방출한다.

크기가 작고 상대적으로 밀도가 낮기 때문에 기폭장치를 탐지하는 데는 어려움이 있다. 그러나 X-Ray 화면 이미지상에서 뇌관을 탐지하는 데 필요한 몇 가지 방법이 있다.

❶ 전선이 갑자기 종단하거나 끝나는 이미지는 판독에 유용한 지표이다.

❷ 기폭장치에는 납이 들어 있어 부분적으로 X-선이 불투명하기 때문에 X-선 이미지로는 기폭장치 중앙에 어두운 부분이 종종 보인다.

이런 방법은 작은 튜브가 기폭장치를 인지 식별하는 유용한 방법이다.

◑ 스위치

스위치는 복잡한 전자부품이거나 두 개의 교차 와이어처럼 간단하게 식별할 수 있으며, 일반적으로 여러 유형에 따라 폭발물을 구성하는 필수 매커니즘이기도 하다. 취급방지 스위치는 폭발물을 들어 올리거나 움직이거나 열거나 교란할 때 활성화되도록 설계되어 있고 타이머 또는 감지 스위치는 시계, 디지털, 열, 화학 또는 전기 화학적 메커니즘에 의해 폭발하도록 시간을 정할 수도 있다. 그리고 이러한 스위치들은 원격 제어로 폭발물이 폭발하도록 작동시킬 수도 있다.

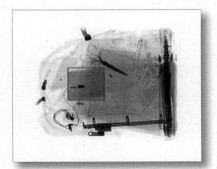

스위치는 잘 위장된 폭발물의 작은 구성 요소

중 하나일 수 있지만 X-Ray 검색시 "여기에 금속성분이 있어야 하는가?"라고 반문하면서 판독을 하면 스위치를 쉽게 탐지하고 식별할 수 있다. 예를 들어, 비스킷 상자 속에는 금속이 표시되지 않아야 하며 초콜릿 상자에도 금속이 없다는 것을 우리는 일상 생활에서 알고 있기 때문에 이런 점을 염두에 두고 잘 활용한다면 X-Ray 검색 시 나타나는 이미지를 쉽게 분석하고 쉽게 탐지해낼 수 있다.

●● 전선

폭발물의 구성요소를 결합하려면 전선은 반드시 필요하다. 폭발물을 활성화시키는 뇌관과 전원을 연결해야 하기 때문이다. 테러리스트들은 종종 그 물건 모양에 관계없이 다양한 길이의 전선을 사용한다. 배선 품질이 품목의 품질과 일치하지 않을 수 있으며 제품의 크기에 비해 많은 배선이 있을 수도 있다. 어떤 경우는 와이어가 물품으로부터 밖

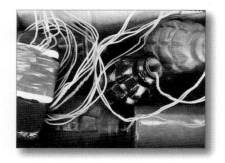

으로 튀어나와 있을 수도 있다. 이것은 이미지 분석을 통해 전기 또는 전자제품이 변조되었다는 중요한 단서를 포착할 수 있기 때문이다. 폭발물에 사용하는 전선은 가늘기 때문에 X-Ray 검색 시 집중하지 않으면 탐지해내기가 쉽지 않다. 그래서 폭발물을 탐지할 때는 X-Ray 검색에서 먼저 폭약, 뇌관, 배터리 등 폭발물 구성요소가 있는 지 분석한 다음, 이들 간에 연결된 전선이 있는지 분석하면 쉽게 적발할 수 있다.

●● 타이머 장치

가장 간단한 지연 매커니즘은 천천히 타는 도화선이다. 기계식 시계와 손목시계를 이용하는 것도 테로이스트 장치에서 폭발을 지연시키는 보편적이며 효과적인 방법이다. 테러리스트들이 일반적으로 사용하는 아날로그 손목시계는 회전하는 원리를 이용하여 전기회로를 완성시키므로써 폭발물에 전원을 공급하여 폭발시킨다. 이러한 기술들을 습득한 오늘날의 테러리스트들은 디지털 및 전자 타이머를 주로 사용하여 폭발물을 만들어내고 있다.

● 폭발물의 식별

폭발물은 일반적으로 검색과정에서 볼 수 없기 때문에 이것에 대한 전문교육이 없으면 식별하기가 매우 어렵다. 따라서 보안요원은 교육시 어떤 형태이던 병이나 용기내에 액체와 같이 은밀하게 숨겨지거나 위장된 폭발물의 구성요소를 인식하고 있어야 한다.

예를 들어, 전기·전자제품 등은 내부가 정형화 또는 일관되어 있다. 그런데 정형화 되어 있지 않거나 비정상적인 부품이 추가로 장착되거나 내부에 존재하고 있는 경우, 폭발물일 가능성이 높으므로 의심하여야 한다. 이것은 폭발물을 식별하고 탐지하는 데 매우 중요한 포인트다. 유기물 덩어리와 전선이나 배터리가 들어있는 가방에 전기 또는 전자적인 물건이 같이 있을 경우, 폭발물일 가능성을 예상하고 추가검색에 임하여야 한다.

검색대에서 근무할 때는 수상한 사람뿐만 아니라 수상한 물건에 대해서도 주의를 해야 한다. 테러리스트들은 폭발물을 숨기는 데 매우 교활하다. 잘 알려진 "신발폭탄"사건이 좋은 예이다. 리차드리드라는 테러리스트는 파리에서 마이애미로가는 아메리칸항공의 여객기를 비행 중에 신발폭탄으로 폭파하려고 했었다. 그가 신고있었던 신발 뒤꿈치에는 폭발물이 가득 차 있었다. 이 사건을 조사했던 조사관들은 이와 똑같은 신발폭탄을 만들어 폭파시켜 보았다. 그 결과는 놀라웠다. 만약 이 폭탄장치가 비행기 안에서 폭발했더라면 동체에 큰 구멍을 뚫었을 것이고 비행기는 추락하여 탑승했던 사람들을 모두 사망하였을 것이었다. 그러므로 보안 검색 시에는 항상 탑승객과 탑승객이 제시하는 가방과 소지품들을 하나도 놓침없이 검색하고 확인하여야 한다. 만약 의심스러울 경우, 추가 검사를 통해 이 의문을 해소하여야 하며, 이를 위해 개봉할 것인지 폭발물 반응검사를 할 것인지 판단하고 선택한 후 검사에 임하여야 한다.

대부분 1차 보안검사에서 사용하는 X-Ray 장비는 탑승객이 소지한 물품들을 적극적으로 탐지할 수 있기 때문에 보안기술을 조정하는 조정자와 함께 운영하면 그 보안시스템은 가장 안정적이고 효과적으로 작동하게 된다. 이러한 기술을 사용하면 보안은 더욱 강화할 수 있고 검색대상자의 처리량을 늘일 수 있다. 그러나 폭발물을 X-Ray 장비에서 짧은 시간 내에 탐지하기는 어렵기 때문에 그것들을 찾는 것을 돕기 위한 교육훈련을 계속하는 것은 물론 기술 기법을 연구, 개발하여 계속적으로 지원할 필요가 있다.

⬤ 다른 유형의 폭발장치와 폭발물 구성 요소

❶ 파이프 폭탄

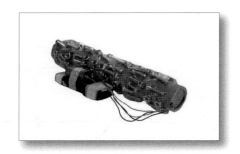

파이프 폭탄은 테러에 가장 흔하게 사용하는 폭탄 중 하나이다. 널리 사용되는 강철과 철, 알루미늄 또는 구리 파이프가 사용되며, 내부에 저속 폭발물을 가득 채워 단단하게 고정하면 되기 때문이다. 파이프가 강할수록 파열 전 폭발을 더 잘 억제할 수 있어 폭발위력을 더욱 강력하게 할 수 있다.

파이프 폭탄은 치명적이나 검색에 있어 불안정한 장치이기 때문에 수하물이나 포장된 물건을 검색하는 과정에서 금속 배관이 있는 물체가 있다면 항상 추가로 확인을 해야 한다. 테러리스트들은 최근 문형금속탐지기를 적발되지 않고 성공적으로 통과하도록 고안한 비금속 파이프 폭탄을 만들어냈다. 이들은 PVC 파이프를 몸체로 하여 플라스틱 엔드 캡은 PVC 시멘트로 끝 부분을 고정하고 유리파편을 파이프 몸체에 테이핑하여 치명성을 증가시킨 비금속 파이프 폭탄은 PVC 파이프가 금속 파이프만큼 폭발성 가스를 포함할 수 없기 때문에 폭발위력이 금속파이프 폭탄의 반경보다 강력하거나 파괴적이지는 않지만 몇 미터의 폭발 반경 내에서는 치명적인 상처를 입힐 수 있도록 만들었다. 따라서 비금속 파이프 폭탄 장치는 검색과정에서 우연히 발견할 가능성도 있기 때문에 항상 염두에 두어야 한다.

❷ 파편

테러리스트들은 때로는 희생자들에게 더 큰 부상을 입히기 위해 그들은 폭발물에 못, 너트, 볼트, 강철 볼 베어링 등과 같은 금속제품인 파편을 포함시킨다. 폭발 시, 이 파편은 시간당 6,000km의 속도로 이동하며 끔찍한 부상을 입힐 수도 있다. 가방에 작은 금속 물체의 용기는 항상 의심을 갖고 최종적으로 확인해야 한다.

❸ 대인지뢰

테러 공격에 사용하기 위해 수하물을 감추기에 적합한 크기의 군용 폭탄은 거의 없을 것이다. 이런 일반적의 예의 예외는 대인지뢰이다. 이 대인지뢰는 종종 테러리스트들에 의해 폭발물로 개조되기도 한다. 대인지뢰는 금속, 복합 플라스틱, 세라믹 및 유리의 조합으로 구성되는 경우도 있다. 이러한 금속 조각이나 유리 파편들은 테러 대상자들에게 더 큰 부상을 입히기 위해서 사용을 한다. 대인지뢰는 전세계 50여 개국에 의해 350여 종이 생산되었다. 그것들은 담배 한 갑 크기만큼 작을 수 있고, 무게도 가벼워서 50g까지 나갈 수 있다. 대인지뢰가 들어있을 수 있는 작은 크기의 물체에 밀도가 높은 디스크나 볼 또는 큐브를 항상 극도로 경계하고 탐지하여야 한다.

군사용 포탄과 연결한 지뢰

❹ 생화학 방사능 무기

화학, 생물학 또는 방사능 물질이 장치의 파괴력과 심리적인 효과를 더하기 위해 테러용 폭발물에 포함하여 사용될 수 있다는 실질적인 위험이 존재하고 있다.

❺ 차량 폭탄

VBIED는 차량 폭탄 또는 트럭 폭탄이다. 차량 폭탄은 암살자나 테러리스트들에게 인기가 있으며, 건물과 다른 재산에 피해를 입히는 것뿐만 아니라 살해와 불구를 만드는 데 사용되기도 한다. 그들은 배달용 트럭을 이용하여 많은 양의 폭발물을 운반할 수도 있고 또한 도로 위의 엄청난 수의 차량들 때문에 거의 의심도 받지 않는다는 장점이 있다. 게다가, 인터넷 등 포털사이트에는 차량 폭탄을 만드는 인기사이트가 많이 있다. 이 때문에 범죄자와 테러 단체들은 차량에 폭탄을 구축하는 효과적인 방법과 노하우와 전문지식을 습득하고 그들 간에 서로 공유하고 있기 때문에 제작하는 데는 큰 어려움 없다는 것을 알 수 있다.

폭탄 차량으로 공격하는 형태는 돌진(차량 이동 중)과 정지(차량 주차 위치)의 두 가지 유형이 있다. 어떤 경우는 폭탄 차량을 목표물에 정차시켜 놓고 테러범들은 어느 정도 떨어진 안전한 장소에서 미리 폭파할 수도 있다.

가스통, 차량 연료를 실은 폭탄 차량

군사용 포탄을 실은 폭탄 차량

폭발물은 차량의 적재공간에 설치할 수 있으며, 섀시 또는 패널 뒤 또는 맥주통, 더스트 빈 또는 휠리 빈과 같은 하나 이상의 용기에 숨길 수도 있다. 때로는 사상자를 극대화하기 위해 못이나 다른 파편들이 차 안에 놓기도 한다. 폭탄 차량은 차량 자체의 파괴를 통해 추가적인 파편을 만들뿐만 아니라 차량 연료를 연동 무기로도 사용하는 경우가 많다.

대형 폭탄차량은 폭발물을 가득 실은 트럭이 대표적이다. 이런 대형 차량은 몇 톤 또는 몇 십톤 정도 되는 매우 많은 양의 폭발물을 목표물에 운반할 수 있게 해주며, 폭파를 통해 수백 미터 범위에 걸쳐 있는 많은 사상자와 파괴를 일으키게 할 수 있기 때문이다.

대표적인 예를 보면, 1995년 오클라호마시티 연방 정부청사를 차량폭탄으로 테러를 감행하여 168명이 숨지게 한 티모시 맥베이는 급조된 비료 기반의 폭발성분을 실은 화물차를 이용했다. 폭발위력을 극대화하기 위하여 소형 폭발장치(UVIED)인 '부비 트랩'을 차량 내부와 위 그리고 아래쪽에 설치하여 차량이 이동할 때 동시에 폭발하도록 설계하였다. 그로인해 연방청사 건물의 약 1/3이 파괴되었다. 차량폭탄과 도로변 폭탄들은 거의 동일하며, 폭발 메커니즘에 부착된 포탄이나 박격포와 같은 군사용으로 구성할 수 있다.

오클라호마시티 연방정부 차량폭탄 테러

이러한 폭탄 차량의 식별 방법은 다음과 같다.

❶ 차량이 장시간 중앙/전략적 위치에 주차되어 있는 경우

❷ 차량 후방이 하중을 받는 것으로 보이는 경우

❸ 도난, 비 매칭 번호판 또는 번호판이 없는 경우

❹ 배선, 번들, 회로보드, 전자부품, 차량에서 볼 수 있는 비정상적인 용기, 장치 또는 재료 등이 있는 경우

❺ 차량 아래에서 알 수 없는 액체 또는 물질 누출, 강한 화학 물질 또는 가솔린 냄새가 나는 경우

❻ 비정상적인 부착물이 차체에 부착되어 있는 경우

02 · 총기 / 화기 (Firearms)

"총기"는 일반적으로 모든 발사, 총알 또는 미사일이 방출될 수있는 치명적인 총신을 가진 무기를 의미한다. 많은 국가에서 법률에 따라 "총기"라는 용어에는 실제로 실탄을 발사할 수 있는지 여부에 관계없이 총기 모양의 물품도 총기의 범주에 포함하고 있다.

대부분의 공항에서는 항공기내로 반입을 금지하고 있으며, 그 품목은 다음과 같다.

발사체를 쏠 수 있거나 부상을 입을 수 있는 것으로 보이는 물체 :

❶ 모든 종류의 총기(피스톨, 리볼버, 소총, 엽총 등)

❷ 모형 총기 및 모조 총기

❸ 총기 부품

❹ 공기 권총, 공기 소총 및 펠릿 총

❺ 신호용 권총

❻ 경기용 권총, 모든 종류의 장난감 총

❼ BB 총

❽ 산업용 볼트 및 네일 건

❾ 석궁

❿ 스피어 총기 및 가축도살용 총기

⓫ 레이저 권총과 같은 충격적인 장치

⓬ 총기 모양의 라이터 등

테러리스트들은 제조된 총기와 급조된 총기 모두, 테러 시 사용한다. 제조된 총기는 무

리볼버 권총

3D플라스틱 권총

기 공장에서 전문적으로 만들어진 총기를 가리키는 반면, 급조된 총기는 비전문 무기 제조 업체 또는 3d 플라스틱 총기와 테러리스트들이 직접 제조한 총기를 말한다.

급조된 총기는 크기가 다양하고 모양이 다양할 수 있고, "총"의 특징적인 모양이 없기 때문에 X-Ray에서 탐지하기가 어렵다. 총기는 심지어 보행용 막대기로 위장한 일부 총기는 제조업체로부터도 구할 수 있으며 총기는 펜, 열쇠 고리, 플라스틱 장난감 등과 그리고 많은 다른 일상용품처럼 보이는 것으로도 제조되고 있다.

범테러리스트들은 때때로 총기의 몸통과 개머리판을 잘라내어 총기를 더 짧고 더 숨길 수 있게 만들며, 권총이 들어있는 가방을 X-Ray 장비의 컨베이어에 놓을 때, 탐지가 어려운 각도로 놓거나 총기를 식별하기 어려운 물건으로 둘러싸서 넣기 때문에 식별하기가 더욱 어려운 상황이다. 총기를 식별하는 데 영향을 미칠 수 있는 요소와 총기를 보는 각도와 같은 다른 모든 금지물품에 대한 인식과 함께 총기를 구성하는 재료에 대한 판독기법을 숙지하여야 한다.

테러리스트들은 테러 공격을 할 때 "권총"을 많이 사용하는데, 그 이유는 쉽게 구할 수 있고 휴대가 가능하며 휴대품 가방이나 포장된 케이스의 다른 물건들 사이에 쉽게 은닉할 수 있기 때문이다.

권총의 주요 분류는 피스톨과 리볼버로 나뉜다. 리볼버는 역사상 가장 인기 있는 총기 중 하나이며, 매우 간단하고 너무 단순해서 사용시 장애를 일으키거나 불발탄을 발생시키지 않는 특징이 있다. 권총은 일반적인 모양과 크기가 다를 뿐만 아니라 금속, 플라스틱, 복합 재료, 목재 버트나 그립으로 제작할 수 있다. 모든 총기는 특정 탄약이나 실탄을 사용하도록 설계되어 있으나 테러리스트에 의해 제조되거나 급조된 대부분의 총은 탄환이나 엽총 카트리지를 사용할 수도 있다. 총탄과 엽총 탄창은 다시 다양한 크기로 제조되고 있다.

이에 보안 검색을 할 때 항상 펜과 막대기를 포함한 겉보기에 순수한 것으로 보이는 일반 물품들 속에 존재하여서는 안되는 총알이나 엽총 탄창 등이 있는지 항상 주의를 기울여야 한다.

가방 속에 있는 권총을 X-Ray 검색으로 식별하는 것은 어려울 수 있는데, 특히 "총"의 형태가 덜 명확한 측면이나 옆면의 영상을 보거나 다른 밀도가 있는 물건들 뒤에 감추거나 위나 아래에서 볼 경우에는 더욱 식별하기가 어렵다.

또한 테러리스트들은 총기를 해체하여 부분적으로 휴대하거나 휴대물품 속에 넣고 검색대를 통과할 수 있기 때문에 X-Ray 검사나 신체검색에서 보안요원이 총기의 구성 부품으로 인식하기 어렵게 만들 수 있다.

따라서 X-Ray와 CBT 시스템을 통해 정기적으로 반복적으로 연습하여 총기 구성품 뿐만 아니라 총기 부품의 외관을 충분히 습득하여야 한다.

●● 칼 등 날카로운 물품

악의적인 사람들에 의해 무기로 사용될 수 있는 날카로운 물건들이 많이 있기 때문에, 이들 물품은 대부분의 공항에서 항공기내로 반입이 금지되고 있다.

여기에는 포함되는 반입금지물품들은 다음과 같다.

❶ 주방 칼, 손잡이가 부착된 접는 칼, 자동 칼, 날카로운 도구 및 의료용 칼

❷ 도끼

❸ 화살

❹ 등산용 아이젠

❺ 작살 및 투창

❻ 곡괭이와 피켈

❼ 갈퀴

❽ 날이 넓은 무거운 칼

❾ 면도기 및 면도날 (안전 또는 밀폐된 일회용 면도기는 제외)

❿ 사브르, 검 및 통조림용 칼, 당구큐대

⓫ 수술용 메스

⑫ 날 길이가 6cm 이상인 가위

⑬ 스키, 폴 및 워킹 스틱

⑭ 표창

⑮ 무기로 사용될 수 있는 찌르거나 절단하는 공구(드릴, 박스 절단기, 톱, 스크루드라이버, 크라우드바, 해머, 플라이어, 렌치, 스패너 등)

⑯ 스케이트

칼은 다양한 크기와 모양으로 나오며 칼날은 금속, 도자기 또는 복합 플라스틱으로 만들어질 수 있다. 플라스틱, 유리, 나무로 된 날카로운 물체도 많아 칼로 쓸 수도 있다. 이러한 물품들은 X-Ray 검색 시 매우 희미한 저밀도로 나타나기 때문에 판독하기가 매우 어렵다.

2001. 9. 11. 납치범들은 이러한 공항 보안 검색대의 약점을 예측했는데, 그 때 특히 폭발물 등의 밀도가 높은 물품의 탐지에만 집중하고 있다는 것을 알아냈다.

그래서 그들은 상대적으로 검색이 느슨하고 적발하기 어려운 소형 커터 칼을 휴대품에 숨겨서 항공기로 들어가는 방법을 찾아냈고 테러 당일 이를 감행하여 항공기 조종석을 탈취하고 통제권을 잡는데 성공할 수 있었다. 이들은 마침내 목표물을 공격하기 전에 소형 커터 칼을 이용하여 몇 명의 승객과 승무원을 다치게 하고 조종사를 살상하는데 사용했다.

납치범들이 공격용으로 사용했던 커터 칼을 보안요원이 X-Ray 검색기에서 발견했더라도 반입을 통제하지 않았을 것이다. 칼이 길이가 4인치 미만이고 "반입금지물품"으로 포함되지 않았었고 그 당시에는 칼은 법적으로 항공기에 실릴 수 있었기 때문이다.

9.11 테러 이후부터는 위협 물품의 목록이 크게 확대되어 이제는 반입이 통제되고 있고 X-Ray 검색에서 플라스틱 칼, 종이 절단기, 손톱 가위, 면도날 그리고 다른 매우 작고 밀도가 낮은 날카로운 물건들을 찾아내고 있다. 종종 칼날과 손잡이는 대조적인 재료로 만들기도 한다. X-Ray 검색 시 측면에서 보는 칼은 크고, 밀도가 높고, 칼로 예측 가능한 물체로 나타나기 때문에 비교적 쉽게 발견할 수 있다. 그러나 위에서 또는 칼날 가장 자리를 본다면 얇은 선으로만 보일 뿐이다. 칼은 옆에서 보는 것처럼 항상 그렇게 보이지 않기 때문에 X-Ray 검색에서 식별하기가 매우 어렵다. 또한 칼은 펜 나이프, 스위치 블레이드 또는 중력 나이프와 같이 칼날이 접히거나 숨겨져 있는 경우에는 식별하기가 훨씬 어렵다.

만약 테러리스트들이 이런 날카로운 도구들을 조심스럽게 싸서 여행 가방의 가장자리에 놓거나, 여행가방의 금속 프레임으로 부분에 겹치게 하거나 랩톱 컴퓨터나 헤어 드라이기 밑에 숨겨둔다면, 일반적으로 지금까지 보아왔던 익숙한 패턴의 나이프 이미지와는 달리 판별하기가 매우 어려운 것이 현실이기 때문에 기계를 이용하여 반복적 식별 훈련을 계속하여야 한다.

◑ 무기로 사용될 수 있는 뭉툭한 물건

뾰족하고 날카로운 물건뿐만 아니라, 대부분의 공항에 휴대물품으로 운반하는 것을 금지하고 있는 "뭉툭한 물건"도 있다. 이런 물품들은 아래와 같다.
❶ 야구 및 소프트볼 배트
❷ 곤봉, 스틱 등
❸ 크리켓 배트
❹ 골프 클럽
❺ 하키 스틱
❻ 라크로스 스틱
❼ 카약 및 카누의 노
❽ 스케이트보드
❾ 낚시대
❿ 무술장비 등

◑ 우편(폭발)물 장치 (Postal Devices)

가장 악명 높은 우편(폭발)물 중 하나로 알려진 '유나밤버'를 테오도르 카친스키는 1970년대 후반부터 1990년대 중반까지 20년 동안 미국으로 보내 3명의 사망자와 28명의 부상자를 내게한 것이 시초로 알려져 있다.

오스트리아의 우편 배달원인 Franz Fuchs가 1990년대 중반까지 보낸 우편(폭발)물 장치의 폭발로 4명이 사망하고 15명이 부상을 입혔다. 1996년에는 영국 런던에서 유명가수 비외르크에게 누군가가 폭발물과 염산이 담긴 우편물을 보내어졌지만 이 장치가 비외르크에 도달하기 전에 영국 경찰에 의해 적발되었고 처리되었다.

루카스 존 헬더는 2002. 5. "미드웨스트 파이프 폭탄"으로 악명을 떨친 대학생이다. 위스콘신 대학교에 다니던 그는 정부에 대한 증오와 폭력적인 록 음악 가사에 자극을 받고 미국 전역 우편함에 우편함이 열림과 동시에 폭발하는 파이프 폭탄을 설치, 모두가 폭발할 경우 미국 지도가 웃는 얼굴 모양으로 나타나게 만들 계획을 세웠다. 그 폭발장치에는 치명적인 파편에 더해 볼베어링과 못을 가득 채웠으며, 네브라스카, 콜로라도, 텍사스, 일리노이 및 아이오와 지역의 우편함에 설치하였다. 그 후, 일리노이와 아이오와 주에서 우편함에 설치된 폭탄이 터져 4명의 우체부 직원과 2명의 주민을 포함, 6명이 부상을 당하는 사건이 발생하자 경찰은 조사에 나섰고 편지 운송업자들에게 내부를 볼 수 있도록 도로변 우편함은 열어둘 것을 요청했다. 경찰이 확인한 우편함 폭발 장치는 미국 전역 반경 3,200마일 내에 18개가 미소 모양으로 설치되어 있었고 루카스 존 헬드는 이 우편함 폭탄테러를 완성하기 전에, 네바다주 한 시골 마을에서 체포되고 말았다.

2003. 12. 로마노 프로디 유럽연합 집행위원장은 이탈리아에 있는 자신의 집에 배달된 우편물 폭발하자, 곧 바로 탈출하여 다행히 부상은 입지 않았다. 우편물은 포장된 책으로 그가 열자 마자 터지면서 주변은 불길에 휩싸였고 큰 불꽃이 발생하면서 삽시간에 집안으로 번져 가구와 카펫을 태우는 일이 벌어졌다.

2007년 1월과 2월 사이에는 여러 개의 편지 폭탄이 영국에 있는 여러 회사들과 기관들에게 보내졌는데, 모두 다 DNA 테스트와 도로 운송에 관련된 편지였다. 이 편지는 A5 크기의 지퍼 스타일의 봉투로 배달되었고 이를 열던 9명이 폭탄에 의해 부상을 당했다.

이런 우편 장치는 이제 전 세계 조직과 개인에 대한 가장 일반적인 공격의 수단 중 하나가 되었다. 역사적으로 보면 우편 폭탄의 동기는 복수나 강탈 및 테러가 목적이다. 우편물을 이용하여 장치를 쉽게 보낼 수 있고 발송인은 익명을 이용하여 악의적으로 개인들에게 치명적인 위협을 가할 수 있으며, 피해자들과 직접 대면할 필요가 없기 때문이다. 그 외 우편으로 발송되는 위험한 물품들은 폭발물 또는 발화장치, 유해화학물질, 탄저균과 같은 생물학적 작용제, 면도날과 바늘, 깨진 유리와 같은 위험한 물질들이 대부분 사용되고 있다.

우편 폭탄은 일반적으로 그것을 여는 사람을 사망하게 하거나 불구로 만들도록 제작되기도 하고 그보다 조금 더 큰 소포 폭탄은 대량 살상과 건물의 구조적 손상을 일으키도록 만든다. 일반적으로 우편 폭탄을 식별하기 위해 특별한 방법으로 열 필요는 없다. 약간의 시도로도 종종 폭발할 수 있기 때문이다.

책을 포함한 패키지 폭탄은 종종 전기 시스템에 의해 작동되도록 만들며, 편지폭탄은 전기식 대신 기계식 장치에 의해 작동되도록 제작을 한다. 예를 들면, 기폭장치와 스위치는 봉투 내부에 설치하고 플라스틱 폭약은 종이처럼 펴서 기폭장치와 스위치를 감싸게 한 다음 봉투를 포장을 한 다음 발송하면 수취자가 봉투에서 내용물을 꺼낼 때 압력이 제거되고 장치가 작동하여 폭발하도록 하는 원리다.

따라서 우편물을 취급하는 직원은 우편 폭탄의 특성에 사전에 숙지하고 예방할 수 있는 방법과 절차를 따르면 이러한 위협은 피할 수 있다.

첫 번째, 철저하게 검사하기 전에는 어떠한 편지도 열지 않아야 한다.

두 번째, 반드시 경고 표시가 있는 지 확인하여야 한다.

- 의심을 유발해야 하는 우편물의 대표적인 특징
  ① 예상치 않은 사람 또는 아는 사람이 아닌 사람이 보낸 우편물
  ② 반환 주소가 없거나 합법적인 것으로 확인할 수 있는 주소가 없다.
  ③ 개인, 기밀과 같은 제한적 보증으로 표시된 경우 또는 X-Ray 촬영 금지 등 일반적으로 다른 사람이 열어볼 수 없도록 표시되어 있는 경우
  ④ 돌출된 와이어 또는 알루미늄 호일, 이상한 냄새 또는 얼룩이 있는 경우
  ⑤ 크기가 주어졌을 때 비정상적인 무게 또는 측면 또는 이상한 모양이며, 외관상 크기보다 부피가 큰 경우
  ⑥ 위협적인 언어로 표시되어 있는 경우
  ⑦ 부적절하거나 비정상적인 라벨이 표시되어 있는 경우
  ⑧ 더 이상 회사에서 근무하지 않는 사람으로 수취인이 되어 있는 경우
  ⑨ 마스킹 테이프를 이용하여 과도하게 포장하였거나 제대로 포장하지 않는 경우
  ⑩ 이름이 틀리거나 이름없는 직함을 적은 경우
  ⑪ 특정인에게 배달되지 않도록 한 경우
  ⑫ 잘못 입력된 주소를 사용하거나, 왜곡된 글씨체로 표시한 경우

- 생화학 물질이 들어있는 것으로 의심가는 우편물이 있는 경우
  ① 우편물 취급 구역에서 식사 등 음식 섭취를 자제한다.

② 의심스러운 편지봉투나 포장물품은 다른 용기에 넣어 보관토록 한다.

③ 의심가는 경우, 냄새는 맡지 말아야 한다.

④ 용기가 없는 경우, 봉투나 포장을 이용하여 덮은 후 열지 않아야 한다.

⑤ 의심물품이 있는 장소에는 다른 사람이 들어가지 않도록 하여야 한다.

⑥ 비누와 물로 손을 씻어서 가루가 얼굴로 퍼지지 않도록 하여야 한다.

⑦ 감독자에게 보고하고 감독자는 지체없이 관계기관에 통보해야 한다.

⑧ 의심스러운 편지나 소포 등에 노출된 경우, 같이 있었던 모든 사람들을 나열하여야 한다.

• 우편물이 의심되어 내용을 확인할 수 없는 경우, 다음과 같은 조치가 필요하다.

① 개봉하지(뚜껑을 열지) 말 것

② 의심스러운 우편물은 분리하고 대피할 것

③ 책상 서랍이나 캐비닛과 같이 물이나 밀폐된 공간에 두지 말 것

④ 가스폭발 가능성 등에 대비하여 가까운 곳의 창문은 즉시 개방할 것

03 생화학, 방사능 위협

세계적으로 우파 극단주의자들과 종교 원리주의자들은 그들의 목표를 달성하고 많은 사람들을 살상하거나 사회적 혼란을 조성하기 위해 테러 행위를 서슴치 않고 행동에 옮기는 것을 많이 보아왔다. 2001. 9. 11. 발생한 항공테러 이후, 오늘날 무자비하고 혁신적인 테러리스트들에 의해 미래에는 더 많은 사상자가 발생하는 새로운 공격을 감행할 것이다라는 것에는 의심의 여지가 없다.

세계적으로 보면 생화학무기 공격을 감행한 최초의 테러조직은 타밀엘람 반군(LTTE)이다. 이 단체는 1990. 6. 염소 가스를 이용하여 스리랑카 군 캠프를 공격하였다. 9.11 테러를 감행한 테러범들도 과거에 독성 화학물질을 운반할 수 있는 면허를 취득하려 했었고 너무 위험하여 화학물질을 입수할 수 있는 기회가 없다는 것을 알고 포기를 했다. 만약, 이들에게 다시 이런 물질을 입수할 기회가 주어진다면 알카에다와 같은 테러 단체들은 향후 공격에 화학물질 사용을 주저하지 않을 것으로 본다.

화학적 공격

화학무기는 적은 양이라도 흡입 혹은 접촉 시 인체에 강하고 해로운 영향을 미치는 화학 화합물이다. 화학무기의 종류는 접촉 시 물집이 잡히고 화상을 입는 제제, 폐 손상을 일으키는 질식제, 신경계를 방해하여 사망에 이르게 할 수 있는 신경제 등이다.

화학무기의 영향은 노출 후 몇 분에서 몇 시간까지 매우 빠르게 발생한다. 그 효과는 과거에 증명되었다. 1995. 3. 일본의 종교 숭배 단체인 오움진리교 회원들은 도쿄 지하철에서 통근자들을 대상으로 사린 신경가스 공격을 개시했다. 종교인에 대해 아무런 의심도 하지 않던 통근자들에게 그것이 악몽이었다. 혼잡한 시간대의 지하 객차 안에서 승객들은 갑자기 기침을 하며, 질식과 비명을 지르기 시작했다. 목격자들의 증언에 의하면 입과 코에서 피를 흘리고 숨을 헐떡이면서 땅바닥에 누워있는 부상자들의 모습에 지하철 입구는 흡사 전쟁터나 다름 없었다고 전해진다. 이런 예상치 못한 테러로 12명이 사망하고 5천명이 병원 치료를 받아야 했다.

일본 당국의 신속하고 대대적인 비상대응 노력이 없었더라면, 그리고 특정 공격을 위해 성급하게 생산한 사린가스 농도가 약 30%였는데 만약 농도가 더 순수했다면 이 사건은 더욱 더 참혹하였을 것이다. 위의 사건을 통해 수단과 방법을 가리지 않는 소규모 테러 집단들이 화학전을 벌이는 것이 얼마나 쉬운지 여실히 보여주고 있다.

또한 화학무기의 공포가 가장 여실히 드러난 때는 1988년에 발발한 이란과 이라크의 전쟁에서다. 이란과 전쟁중이던 이라크 전투기들은 머스터드 가스와 신경작용제인 사린 가스, 타분, VX 등 화학무기를 쿠르드족 도시 할라브자 공격에 사용하였고 이 공격으로 5,000명 이상이 사망하고 7,000명이 중상을 입었다.

생물학적 공격

생물학무기는 인간에게 질병을 감염시켜 병을 유발하게 하는 병원체를 이용한 화학무기이다. 병원균은 피해자 내부에서 증식하기 때문에 적은 양의 병원균만으로도 감염을 일으키기에 충분하다. 그렇기 때문에 생물학 무기는 동등한 사상자를 내기 위한 화학무기보다 훨씬 작은 양으로 공격이 가능하며, 일반적으로 효과가 나타나기까지 오랜 시간이 걸리기도 한다. 생물학적 무기는 천연두와 같이 치명적인 질병뿐만 아니라 Q열과 같이 주로 인

간을 무력화시키는 질병도 포함된다.

어떤 생물학적 무기는 천연두와 같은 전염성 병원균으로 희생자에서 피해자에게로 이동함으로써 확산시킬 수 있는 잠재력을 통해 공격 효과를 노린다. 생물학적 무기 공격에 의한 증상은 나타나기까지 일정 시간이 걸리므로, 은밀하고 비밀스러운 생물학적 공격은 그 증상이 나타기 전에는 인식도 하지 못할 수 있다.

그리고 생물학적 전쟁은 인간을 직접 겨냥한 질병에만 국한되는 것이 아니라 사람들의 식량원인 쌀과 밀가루 그리고 곤충 등에까지 감염을 시켜 그것에 의존하는 사람들에게 최종적으로 영향이 미치게 만든다.

이러한 생물학적 무기를 만드는 방법에 대한 기밀 정보는 현재 인터넷에서도 쉽게 구입이 가능하다. 또한 1950년대와 1960년대에 처음 발간된 문서 중 일급기밀로 분류된 문서도 많이 있는데 이런 자료들은 돈을 가진 사람이라면 손쉽게 구할 수 있는 환경이 된 지 오래다.

2001년 가을. 백색 가루로 만들어진 탄저균 포자가 미국 정부와 언론사 그리고 개인들에게 우편으로 발송되었다. 우편 분류 기계와 편지 개봉은 공기 중에 포자를 흩뜨렸고 이에 노출된 사람들이 여러 명 사망하였다. 그들은 우편 서비스를 방해하고 대중들 사이에서 배달된 우편물을 취급하는 것에 대한 광범위한 두려움을 갖도록 하는 것이 목표였는데 이런 생물 작용제가 우편으로 운송되는 동안 한 번도 탐지되거나 검출되지 않았다.

즉, 테러범이 소량의 생물학적 물질을 휴대 가방이나 수하물 가방에 넣어 공항을 통해 운반하고자 했다면, 공항에서도 적발할 수 없었을 것이다. 공항에는 이러한 물질을 식별하기 위한 장비나 검사를 위한 매카니즘이 없기 때문이다. 그것을 찾는 방법은 오직 잘 훈련된 보안요원에 의한 신체검색과 프로파일러에 의한 심문일 것이다.

생물학적 전문가들은 테러범들이 강력한 항생제나 예방접종으로 자신을 보호한 후에 여객기에 탑승하여 객실의 밀폐된 공간에서 의도적으로 생물학적 물질을 방출한다면 이 여객기는 사람들을 감염시키는 이상적인 환경이 될 것이라고 했다. 또한 일부 전문가들은 테러범들이 고의적으로 자신을 감염시킨 다음 항공기를 타고 다른 사람들에게 노출시키는 시도를 할 수도 있다는 견해가 제시된 적도 있다.

그런 공격에 노출된 피해자들은 증상이 나타날 때에는 이미 원래 감염 장소로부터 멀리 떨어져 있을 것이고, 이것은 공격 근원을 식별할 수 없도록 할 수 있다는 것이다. 현재는 일반적인 생물 테러 위협이 증가하고 있으며, 생물 테러 무기의 세계적인 위협이 여기에 있기 때문에 심각한 상황이기도 하다. 승객을 대상하는 프로파일링 시스템을 구축하는 것이 생물 테러로부터 승객의 안전을 확보하는 또 하나의 방책이 될 것이다.

● 방사능 및 핵 위협

방사능 테러 장치는 미국, 영국, 러시아, 프랑스를 포함한 국가들의 핵 비소를 구성하는 것과 같이 우리가 일반적으로 알고 있기 때문에 핵 장치가 될 것 같지는 않다. 돈, 인프라, 과학자원이 있는 나라들조차 핵무기 제조는 어렵다. 핵무기는 복잡한 핵분열 반응을 수반하며, 필요한 전문지식과 물질은 어떤 테러조직도 획득하기 매우 어려운 것이 현실이다.

그러나 테러리스트들은 이미 더티한 폭탄이라고 불리는 방사능 무기를 만들 수 있다. 즉, 방사능 분산장치는 다이너마이트와 같은 재래식 폭발물과 분말이나 펠릿 형태의 방사성 물질을 결합하여 폭탄으로 이용하고 있다. 군사용, 산업용, 의료용 등 여러 종류의 방사성 물질도 이러한 폭탄을 만드는데 사용될 수 있다.

암 치료 등에 사용되는 라듐이나 특정 세슘 동위원소와 같은 의료용품도 방사능 무기로 만들 수 있다. 테러범들이 방사능 및 핵물질이 있는 폭탄을 만드는 주된 목적이 사람들을 놀라게 할 수도 있고 방사능 오염으로 오랜기간 동안 일정지역의 건물이나 토지를 사용할 수 없도록 만들 수 있기 때문이다. 방사선은 인간이 보거나, 냄새를 맡거나, 느끼거나, 맛볼 수 없다. 따라서 폭발 현장에 사람은 폭발 당시 방사성 물질에 노출되었는 지 여부를 알 수가 없다.

1995. 11. 23. 러시아 모스크바에서 체첸 테러범들은 방사성원소 세슘 137의 담긴 컨테이너를 차 안에 남겼는데 사람들에게 노출되기 전에 러시아 정부 당국에서 먼저 발견하여 처리하므로써 이런 공격을 막을 수 있었다.

2001년에는 아프가니스탄에 있는 알카에다 시설을 수색하던 미군들이 이 폭탄의 도표를 발견했는데, 손으로 그린 이 도표는 기존의 고폭탄을 감싼 고방사성 세슘 137로 만든 폭탄의 설계도였다. 미국 정보보고서에는 오사마 빈 라덴이 2001년 아프가니스탄에서 그의 동료 중 한 명이 캐니스터를 생산했을 때 방사능 폭탄에 사용할 방사능 물질이 있다고 말한 기록도 기술되어 있다 한다.

전문가들은 예를 들어, 소형의 방사성 폭탄은 암 치료에 정기적으로 사용되는 방사성 물질인 코발트-60을 재래식 폭탄에 묶어서 만들어질 가능성이 있다고 한다.

이런 종류의 폭탄은 여행 가방에도 숨겨질 수 있을 정도로 크기가 작다. 이런 폭탄을 제조하는 전문지식은 재래식 폭탄을 만드는 데 필요한 것보다 많지는 않지만 설계도와 문서들이 이미 인터넷에서 쉽게 구할 수 있다는 것이 문제다.

만약 테러범들이 만든 이 폭탄이 대도시에서 터진다면 사람들을 대규모로 대피시켜야 할 것이다. 그렇지 않는다면 많은 사람들이 방사선에 노출되기 때문이다. 또, 생화학 무기는 대중의 관심을 얻음과 동시에 공포를 심어줄 수 있는 무기이기에 테러리스트는 그것을 대단히 매력적인 무기로 여긴다. 그 때문에 테러리스트는 생화학 무기를 확보하기 위해 노력한다.

◐ 화학 물질, 생물학적 물질 또는 방사성 물질에 의한 오염

유해화학물질 또는 방사능이나 생물학적 물질에 노출된 사람이나 물품은 오염될 수 있으며 다른 사람이나 물품을 오염시킬 수 있다. 화학적 또는 생물학적 약물의 영향을 받은 사람은 누구든지 전문 의료진의 즉각적인 주의가 필요하다. 많은 위험 물질들은 맛이나 냄새가 나지 않는다는 것을 기억해야 하며, 오염에 의한 증상들을 인식하는 것을 습득해야 한다.

그 대표적인 증상은 아래와 같다.

❶ 호흡곤란

❷ 눈, 피부, 목 또는 호흡기의 자극

❸ 피부색상의 변화

❹ 머리통 또는 시야 흐림

❺ 지루함

❻ 밀도 또는 조정 부족

❼ 음악 크램프

만약, 화학물질, 생물학적 또는 방사성 물질이 함유된 항목에 손을 댔거나 오염되었다고 의심될 경우, 즉시 방사성 전문가의 도움을 받아야 한다.

❶ 자신의 손이나 옷을 냄새 맡거나 자세히 조사하지 마라.

❷ 옷과 신발을 가능한 한 많이 치우고 밀봉할 수 있는 비닐봉지에 넣고 품목이 다른 재료와 접촉하지 않도록 하며 전문가가 도착하면 그 가방을 전달하라.

❸ 손을 비누를 사용하여 씻어야 하며 따뜻한 물로 씻어 얼굴이나 피부에 잠재적으로 전염될 수 있는 물질이 퍼지는 것을 방지하여야 한다. 물을 필요로 하지 않는 항균비누는 탄저균이나 다른 위험 물질을 제거하는데 효과적이지는 않다.

❹ 눈에 자극이나 화상이 발생하면 15분 이상 깨끗하고 흐르는 물로 눈을 씻어야 한다.

❺ 빠른 시간내에 비누와 물로 샤워를 하여야 한다.

❻ 오염되지 않은 옷으로 갈아입는다.

❼ 전문 의료진의 자문 및 지원을 가능한 한 빨리 받아야 할 것이다.

❽ 의심스러운 품목 또는 오염 증상이 인식되었다면 출석한 사람의 목록과 이전에 처리했을 수도 있는 사람의 목록을 작성한다. 모든 사람이 위험한 물질에 노출되었을 수 있다는 점을 명심해야 한다.

❾ 자신의 인적사항을 보건당국에 전달해야 한다.

⬤ 급조된 방화(소이탄) 장치

IID는 폭발하는 것이 아니라 강한 열과 불을 발생시켜 파괴, 무력화, 괴롭힘 또는 주의를 산만하게 하도록 설계된 장치다. 테러리스트들은 종종 경제적 목표물을 공격하기 위해 IID를 사용해 왔다. IID는 일반적으로 수작업으로 운반되는 장치로, 소매점이나 운송과 같은 목표물에 설치하는 경우가 많다. 통상적인 의도는 대량 인명피해보다는 경제적 피해를 입히고 공신력을 약화시키는 것이다.

그러나 테러리스트들은 방화 장치를 이용한 공격이 보는 사람들을 공포로 몰아넣어 사상자를 낼 수 있다는 사실을 알고 있다. 또한, 화재 폭탄 공격은 최초 대응자들을 끌어들이는데, 그들은 급조된 폭발물(IED)로 2단계 공격의 대상이 될 수 있다. 이 전술은 1970년대와 1980년대에 북아일랜드의 IRA 공화군의 테러 방법으로 많이 활용되었다.

급조된 방화 소이탄은 테러리스트의 상상력과 창조성에 의해 만들어진다. 이 장치는 고성능 폭발물에 대한 개념으로까지 접근을 필요치 않고 간단한 종이와 성냥과 불타는 담배 정도 있으면 간단하게 만들 수 있다. 그렇게 만들어지는 IIDs에는 가연성의 액체, 또는 자극적인 불꽃을 일으키는 화학 성분을 포함시키도 한다.

대표적으로 예가 전구이다. 전구의 유리는 깨어지기 때문에 노출된 필라멘트 열선을 불꽃 폭탄의 점화기로 사용하기도 한다. 이 때문에 수화물 검색 시, 액체병 같은 것이 들어있다면 의심스러운 것으로 취급되어야 한다. 왜냐하면 그것은 IID 또는 폭발물의 구성 요소일 수 있기 때문이다. 따라서 IID는 불꽃을 일으키는 재료와 점화기로 쓸 수 있는 점화기 등이 일반적 장치가 두 개 이상 있어야 한다는 점을 꼭 기억하기 바란다.

공격자는 스프링클러 시스템의 방아쇠만 당겨도 공격을 성공한 것으로 여기게 되는데, 그 자체 만으로도 피해를 입힐 수도 있다. 이에 따라 소화기, 스프링클러, 화재경보기, 방화 담요 등을 정기적으로 점검할 필요가 있다.

만약, 의심스러운 장치를 발견한 경우 그것이 위험적인지 폭발적인 것인지 구별할 수 없기 때문에 곧바로 신고하도록 하여야 하며 미리 정해진 계획에 따라 건물 밖으로 대피할 수 있도록 하여야 한다.

● 수류탄

수류탄은 던져졌다가 잠시 후 폭발할 수 있도록 고안된 소형 휴대용 대인살상 무기이다. 수류탄은 여러 가지 모양, 크기 및 구조로 나타날 수 있다. 어떤 것들은 폭발물을 포함하고 있는 반면, 어떤 것들은 연기나 가스를 방출하도록 설계되어 만들어지는 경우도 있다. 테러리스트들의 공격과 관련된 가장 흔한 수류탄은 시간 지연에 따른 반인칭 수류탄이다. 세계 제1차대전과 제2차대전, 베트남 전과 그 밖의 많은 전쟁에서 주요한 역할을 했던 이 수류탄들은 내구성이 강하고 사용이 간단하도록 만들어졌다. 기존의 설계는 단순한 화학적 지연 메커니즘을 사용하며, 두꺼운 금속 외관에 의해 종종 케이싱되는 높은 폭발성을 포함하곤 했다. 그들의 주된 기능은 폭발할 때 분해되는 두꺼운 금속 케이스에서 치명적인 금속 파편을 흩뿌려 사람을 살상하거나 불구로 만드는 것이다.

이 수류탄들의 폭발 메커니즘은 수류탄 내부에 스프링이 탑재된 스트라이커에 의해 촉발된다. 통상 폭발은 수류탄 상단에 있는 스트라이커 레버에 의해 제자리에 고정되고 이 레버는 안전핀에 의해 고정된다. 사용자가 수류탄을 움켜잡아서 스트라이커 레버를 차체에 밀어 올려 핀을 뽑아낸 다음 수류탄을 던지면 점화 지연제에 의해 3~4초 후에 폭발한다.

안전클립과 안전핀을 뽑고 수류탄을 던져지면 내부에서 일어나는 현상은 다음과 같다.

❶ 안전손잡이가 풀리면 눌려져 있던 격철이 튕겨져 올라오면서 뇌관을 누른다.

❷ 이 뇌관은 신관을 천천히 연소하는 물질을 점화시킨다. 약 3~4초 안에 지연 물질은 끝까지 연소한다.

❸ 지연 물질의 끝부분은 더 가연성 물질로 채워진 캡슐인 기폭장치와 연결되어 있다. 지연 끝에 있는 불타는 물질은 기폭기의 물질을 점화시켜 수류탄 내부에서 폭발을 일으킨다.

❹ 폭발은 수류탄 측면의 폭발물을 점화시켜 수류탄을 산산조각 내는 훨씬 큰 폭발을 일으킨다.

❺ 외부 케이스에서 나온 금속 조각들이 엄청난 속도로 바깥으로 날아가, 주변인들의 몸에 스며들고 사정거리 안에 있는 어떤 것이든 파고 들어간다.

시간 지연 수류탄은 매우 치명적이며 예측 불가능한 문제가 될 수 있다. 일부 화학 퓨즈에서 지연 시간은 2초에서 6초까지 다를 수 있다. 핀이 당겨진 수류탄은 테러리스트가 사용할 수 있는 매우 간단한 부비트랩 장치일 수 있다. 가방에 싸인 수류탄 주변 물품들을 풀면 폭발할 것이다.

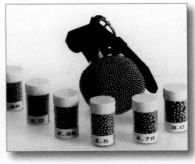

2003. 5. 요르단 알리아 국제공항 검색대에서 수류탄이 폭발해 보안요원이 사망했다. 이 사건은 한 승객의 짐을 X-Ray 검색기로 검색하는 과정에서 발생했다.

X-Ray 검색과정에서 수류탄을 발견했고 보안요원이 일본인 기자인 승객에게 여행 가방을 열어달라고 요청했고 이 보안요원이 수류탄을 수거하는 순간 폭발하여 순식간에 사망하고 3명이 부상당했다. 이 기자는 이라크에서 습득한 수류탄을 기념으

로 집에 가지고 가려 했지만 그 수류탄은 활성화되어 있었던 것이다.

수류탄은 종종 두꺼운 금속 케이스를 가지고 있기 때문에 X-Ray 검색과정에서 이미지 향상 기능을 사용하면 비교적 쉽게 식별할 수 있다. 테러리스트들은 카메라 렌즈나 랩톱 컴퓨터 같은 다른 밀도 있는 물건들 뒤나 여행가방 가장 자리 자물쇠와 경첩 근처에 감추려고 할 수도 있다. – 밀도가 높은 금속 여행가방 프레임이나 금속성 특징 때문에 눈에 덜 띄기를 바라기 때문이다.수류탄은 강철로 제작된 매우 밀도가 높은 물체이기 때문에 X-Ray 기계에 있는 "고침투"기능을 사용하여 덜 밀집된 다른 잡동사니를 제거하면 그 존재가 드러난다.

수류탄은 X-Ray 검색과정에서 측면에서 보았을 때 더 쉽게 알아볼 수 있다는 것을 기억하여야 한다. 만약, 위에서 보면 이미지로 판독한다면 식별하기가 더욱 어려울 것이다.

모든 수류탄이 손으로 던져지는 것만 있는 것이 아니다. 소총이나 특수 목적의 수류탄 발사기에서도 발사되기도 한다. 예를 들어, 폭동 진압에 사용되는 최루탄, 수류탄은 진압용 총에서 발사된다. 그리고 M203은 M4 카빈과 M16 소총과 같은 여러 종류의 소총도 수류탄을 장착하여 발사할 수 있는 발사기다.

제3절

항공테러

01
항공테러의 정의

순수한 민간인 등이 비무장 상태로 탑승한 항공기를 정치적 또는 군사적인 목적을 가진 단체 등이 폭력을 사용하여 납치 또는 폭파를 하거나, 주요 공항 시설인 활주로·관제탑·터미널 등을 의도적으로 파괴하는 것을 말한다.

02
항공기 납치(Aircraft Hi-jacking) 및 폭파 사례

01 ●── 항공기 납치 사례

◑ 최초의 항공기 납치 사건

1931년 민간항공역사상 최초로 항공기 납치사건이 페루에서 발생하였다. 무장한 페루의 혁명분자들이 그들의 혁명 행동강령을 공중 살포하기 위해 조종사 바이런 리카드스가

단독으로 조종하는 우편물 수송 비행기인 팬암(Pan Am) Trimotor 기를 납치하였다. 행동 강령 살포 후 비행기는 멀리 떨어진 외곽의 활주로에 착륙하였으며, 납치범들은 활주로를 걸어서 빠져나와 도주하였고 이와 관련된 인명피해는 발생하지 않았다.출처 : 국토교통부 항공상식 100가지에서 인용

●● 최초의 상업용 민간항공기 납치 사건

1947. 7. 25. 루마니아 민간항공기가 군장교 3명에 의해 피랍되어 터키로 정치적 망명을 하는 사건이 발생하였다. 이 과정에서 승무원 한 명이 납치범이 쏜 총에 사망하였으며, 이 납치 사건은 항공기 납치 사건 최초로 탑승객이 사망한 사건으로 기록되고 있다.출처 : 국토교통부 항공상식 100가지에서 인용

●● 최초의 테러 목적의 항공기 납치 사건

1968. 7. 23. 48명의 승객과 승무원을 태운 로마발 텔아비브행 이스라엘 엘알항공 426편이 팔레스타인 해방기구(PLO : Palestine Liberation Orga-nization) 소속 3명의 테러범에 의해 피랍되어 알제리에 착륙한 후 팔레스타인 게릴라와 인질을 교환한 사건으로 세계 최초로 발생한 테러 목적의 항공기 납치 사건이었다.출처 : 국토교통부 항공상식 100가지에서 인용

●● 중국판 9.11, 천진 항공 7554편 납치 사건

2012. 6. 29.중국의 신장 위구르 상공에서 텐진 항공 7554편에 탑승객 중 위구르족 출신 남성 6명이 항공기가 이륙한 후, 조종실로 난입하려다 승객과 기내 보안요원 제지로 조종실 진입에 실패하였다. 테러범들을 체포 후 조사한 결과, 항공기내에서 폭발물 등이 발견된 점으로 보아, 이들은 항공기를 폭파시켜서 추락시키는 것이 목적이었던 것으로 밝혀졌다. 테러범들은 리모컨을 조작하여 폭발물을 폭파시키려 하였지만 다행이 폭발물 점화장치가 작동되기 전에 승객과 보안요원이 신속히 이들을 제압하므로서 테러를 방지할 수 있었다. 테러범 중에서 1명이 장애인으로 위장한 후에 소지한 지팡이를 무기로 이용한 것으로 확인되어, 승객들의 의료 보조 장비 등에 대해서도 정밀하게 검색하여야 하는 계기가 되었다.중앙일보 2012.06.30.기사를 인용

🔵 국내선 항공기 납치 사례

또한 국내에서는 1958. 2. 16. 부산공항을 출발하여 서울로 운항 중이던 대한국립항공 소속 여객기가 평택 상공에서 승객과 승무원을 포함, 31명이 북한 공작원들에 의해 북한으로 납치되어 평양 공항에 강제로 착륙된 사건이 발생하였다.

그 이후에도 테러 단체들은 항공기를 납치하여 그들의 정치적인 목표를 달성하는 수단으로 활용하였다. 1970년을 전후하여 항공기 납치는 빈번하게 이루어졌는데, 그 원인은 항공기와 탑승객을 인질로 활용하면 해당 국가에 큰 압력을 행사할 수 있어서 그들의 정치적인 목표를 달성하기 용이한 것 으로 판단했기 때문으로 분석된다. 이러한 사건들을 계기로 국제항공기구를 비롯하여 우리나라도 항공테러를 방지하기 위하여 보안 검색제도를 시행하고 항공안전을 위하여 항공보안을 강화하고 있다.

02 ━ 항공기 공중 폭파 사례

🔵 세계 최초의 항공기 폭파 사건(필리핀 항공기)

1949. 5. 7. 필리핀의 한 가정주부가 남편 명의로 거액의 보험에 가입하고 보험금을 타낼 목적으로 남편이 탑승하였던 필리핀 항공사 소속의 항공기에 다이너마이트 폭탄의 설치를 사주하여 항공기를 공중 폭파시켜 탑승객 31명 전원, 사망한 사건이 최초의 항공기 폭파사건이다.

🔵 세계 최대의 항공기 공중 폭파사건(팬암 103편)

1988. 12. 미국 팬암(Pan-Am)항공기에 리비아의 지령을 받은 테러범들이 위탁 수하물로 가장한 폭발물을 항공기내에 탑재하였다. 그 결과, 영국 런던 히드로공항을 출발하여 미국 뉴욕으로 향하던 항공기가 영국 북부 스코틀랜드 로커비 상공에서 폭파되어 승객과 승무원을 포함한 탑승자 259명 전원 사망하였다.

항공기 폭파에 사용된 약 1파운드(450g)의 플라스틱 폭발물은 항공기 앞부분 수하물

적재 칸에서 폭발하였고, 기압차로 인해 항공기는 급속히 파괴되었다. 또한 약 100노트(시속 190km/h)의 바람은 희생자들과 파편들을 21,289km2(845 평방마일)의 지역에 걸쳐 130km(80마일)의 길이로 흩어버렸다.^{항공 위키에서 인용}

팬암 항공 103편(Pan Am Flight 103)은 1988. 12. 독일 프랑크푸르트 암마인 공항에서 이륙하여 영국 런던 히스로공항과 미국 존 F. 케네디공항을 경유, 디트로이트 메트로 공항에 착륙 예정이었던 항공편이다.

추락한 팬암 103편 잔해

⬤ 최초 항공기내 자살 폭탄 테러 사건(노스웨스트 253 편)

2009. 12. 25. 289명의 승객을 태운 노스웨스트항공 253편은 네델란드 암스테르담의 스키폴 공항을 출발, 미국 디트로이터 메트로폴리탄 공항으로 가는 항공기로 탑승 마지막 단계에서 갑자기 탑승객들이 19A좌석 방향에서 불, 연기 등을 말하며 큰 소리로 외쳤다.

승객과 승무원 모두가 한 승객의 다리 중 한 쪽과 그의 좌석 벽에 불이 붙은 것을 보자 항공기내는 순식 간에 아수라장으로 변했고 한 승객이 불길에 휩싸인 남성을 제압하고 동시에 손으로 불을 끄려고 하였다. 많은 사람들은 그제서야 항공기내에서 일어난 것이 테러의 결과라는 것을 깨닫고, 다른 승객들은 승무원들이 19A 좌석의 승객을 체포할 수 있도록 돕기 위해 자리를 옮겨줬고 그 후 그 테러범은 불이 꺼지면서 고립된 채 수갑이 채워졌다.

노스웨스트 253편

항공기 기장은 디트로이트 메트로폴리탄 공항에 비상 착륙하여 테러 행위

기내에서 체포된 테러범

를 한 승객 우마르 파루크 압둘 무탈랍 용의자를 미국 보안당국에 인계하였다._{항공 위키에서 인용}

테러 행위를 한 23세의 우마르 파루크 압둘 무탈랍은 나이지리아의 무슬림 지역에서 부유한 가정에서 태어났다. 어린 시절 친구들에 의해 독실한 이슬람교도로 묘사된 그는 18세에 예멘으로 이주하여 아랍어를 공부하고 이만 대학에서 이슬람교 강의를 들었다. 그 후 그는 런던대학교에서 3년간의 공부를 하기 위해 예멘을 떠났다가 2009. 7. 예멘으로 돌아온 후 어머니와 같이 이슬람 극단주의자들과 접촉을 하였고, 지하드 행위를 하는 것이 자신의 운명이자 이슬람의 성자가 되는 길이라는 생각에 사로 잡히게 된다. 그 후 압둘 무탈랍은 2009. 12 .7. 예멘을 떠나 에티오피아로 간 뒤 가나로 갔다.

테러범과 노스웨스트 253편

이후 17일. 가나에 도착한 뒤, 2831달러의 현금을 받고 가나 아크라에 있는 KLM 항공사에서 나이지리아 라고스를 출발, 디트로이터행 항공기의 왕복 티켓을 구입하였고 24일 KLM 588편으로 나이지리아 라고스를 떠나 디트로이터로 가는 중간 기착지, 암스테르담으로 향했다. 다음날 25일. 암스테르담에서 미국 디트로이터행 노스웨스트 253편으로 갈아탄 후 비행기내에서 자살 폭탄 테러행위를 기도하다 체포되었다._{항공 위키에서 인용}

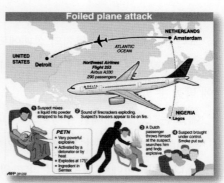

테러범의 이동 경로

• **폭발 장치**(The Explosive Device)

우마르 파루크 압둘 무탈랍이 사용한 폭발 장치는 니트로글리세린과 비슷한 폭발물인 PETN 80g으로 속옷 속에 감춰진 작은 비닐 봉지에 담겨 있었다. 그는 플라스틱 주사기에 글리콜 기반의 액체물질로 화학반응을 일으켜 작은 불꽃으로 폭발물을 폭파시킬

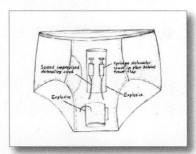

속옷 폭탄의 가상도

계획이었다. 그러나 물질은 폭발하지 못하고 금방 끌 수 있는 작은 불꽃만 일으켰다. 폭발장치가 계획대로 작동했더라면 항공기 기체에 큰 구멍이 생겼을 것이고 항공기는 공중에서 추락했을 가능성이 크다.

・ **보안의 실패**(Security Failures)

2009. 11. 19. 압둘 무탈랍의 아버지는 그가 "극도의 종교적 견해"에 대해 나이지리아(아부자)에 있는 미국 대사관에 찾아가 신고를 하였다. 그러나, 미국의 대테러 관계자들은 이렇게 수집된 압둘 무탈랍에 대한 정보를 다른 정보들과 결합하지도 그리고 사전 조치를 하지도 못하였고 결국, 그는 미국으로 가는 비자를 발급받을 수 있었다.

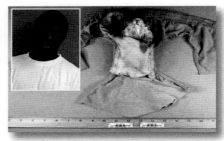

테러범과 속옷 폭탄의 실물사진

그러나, 이러한 보안 조치의 실패에도 불구하고 공항 내 보안요원들에 의해 몇 가지 수상한 징후를 포착, 신체검색과 촉수검사를 포함하여 보다 철저한 검색을 하였더라면 사전에 막을 수 있었다.

예를 든다면 그에 대한 수상한 점은 다음과 같은 부분이다.

❶ 미국에서 2주 동안 체류할 계획임에도 휴대품만 가지고 왔다는 점

❷ 나이지리아에서 항공기를 타고 왔음에도 불구하고 가나에서 현금으로 티켓을 구입했다는 점

❸ 겨울이고 기온이 영하로 떨어지는 디트로이트를 방문할 계획이었음에도 불구하고 코트를 가져오지 않은 점

❹ 이슬람 극단주의자들의 온상으로 알려진 예멘에서 장시간을 보낸 점

다행히 폭발장치의 미 작동으로 대형사고로 이어지지는 않았지만 앞서 나열한 수상한 부분을 사전에 감지하지 못하였던 것이 많은 아쉬움이 남았을 것으로 예상이 된다.

● 모스크바 공항 이륙항공기 폭파 사건

2004. 8. 24. 두 명의 여성 체첸 자살 테러리스트들이 모스크바 도모도보 국제 공항을 이륙한 두 대의 러시아 여객기 폭파시켰다. 가장 먼저 추락한 여객기는 VolgaAvia Express 1303편이었다. 34명의 승객과 9명의 승무원이 항공기에 탑승하고 있었으며 추락으로 모두 사망하였다.

첫번째 추락 직후, 이어서 이륙하던 시베리아 항공 1047편도 레이더에서 사라졌다. 38명의 승객과 8명의 승무원이 항공기에 타고 있었으나 생존자는 없었다. 폭탄테러에 의한 폭발성 육각체의 흔적은 두 항공기의 잔해에서 발견되었다. 이 폭탄 테러는 곧 이어 발생하는 러시아 테러에 앞서서 발생하였던 것이다. 2004. 8.

추락한 항공기 잔해

모스크바 지하철역에서 여성 자살 폭탄 테러로 10명이 사망하였고, 그 후 같은 해 9월. 이어진 베슬란학교 테러로 331명이 사망하였고 이들 중 많은 수가 어린이였다.^{항공 위키에서 인용}

● 우리나라 항공기 공중 폭파 사건 (대한항공 858 편)

1987. 11. 29. 아부다비에서 서울행 대한항공 858편이 버마 인근 인도양 해상에서 폭발하여 탑승객과 승무원 115명이 모두 사망하였다. 북한 공작원인 김현희와 김성일이 다가오는 대한민국 올림픽 준비를 방해하라는 명령을 받고 항공기 폭파를 감행한 것으로 밝혀졌다.

두 사람은 일본에서 온 아버지와 딸 관광객으로 위장해 모스크바, 부다페스트, 비엔나, 베오그라드를 거쳐 11월 29일 바그다드에 도착했다. 트랜지스터 라디오(폭발을 강화하기 위해 액체 폭발물 병과 결합)로 위장한 사제 폭발물(IED)이 9시간만에 폭발하도록 프로그래밍한 후 KAL 858편에 탑재시켰다.^{항공 위키에서 인용}

그 후, 김현희와 김성일은 바그다드에서 바레인으로 갈아타기 위해 하기를 하였고 이들이 탑재시킨 폭발물(IED)은 계획대로 9시간만에 버마 안다만해 상공에서 폭발하여 탑승객 115명 전원 사망하였다. 항공기 실종 소식이 전해지자 보안당국에서는 아버지와 함께 바

그다드에서 아부다비까지 KAL 858편을 타고 왔던 25세의 일본인 여성 '하치야 마유미'에 대해 1차로 의심을 품고 추적하였다.

11. 31. 두 사람은 아부다비에서 집으로 돌아가기 위해 바레인 공항에서, 로마행 항공기에 탑승하려다가 경찰에 체포되었는데 이 과정에서 북한의 베테랑 비밀요원이었던 김성일은 청산가리가 든 담배를 물고 즉사했다.

경찰에게 체포된 김현희는 처음에 심문관들에게 자신은 일본에서 자랐고 폭탄 테러와는 전혀 관계가 없으며, 중국인 고아라는 진술을 변함없이 고수했다. 그러나 그녀가 말하는 사실은 행동과 달랐다. 조사과정에서 증거들을 제시했고 거짓으로 이를 벗어나려 했지만 결국 제압당하고 말았다. 그 증거들 중 가장 핵심적인 증거가 청록색 레이스가 달린 담배를 분석한 것인데, 이 담배는 한국에서 체포된 북한 공작원들이 사용하는 것과 동일한 유형임을 보여주었기 때문이다.

그녀는 한국으로 압송된 후 8일째 되는 날, 보안기관 심문과정에서 한국말로 "포기하겠다. 모든 것을 말하겠다"라고 하면서 바그다드에서 아부다비까지 가는 동안 KAL 858의 머리 위 짐받이에 액체폭탄을 넣은 시한폭탄을 설치하는데 도왔다는 사실을 인정했다. 두 사람은 이 범행을 위해 3년이상 아버지와 딸로 위장한 채 해외여행을 다녀왔다고 자백하였고 미국은 KAL 858기 폭파사건에 이어 북한을 테러 지원국 명단에 올렸다.

03 ● 항공기 충돌 공격 사례 (9.11테러 사건)

2001. 9. 11. 테러리스트들에게 납치된 4대의 미국 여객기가 거의 3,000여 명의 목숨을 앗아가는 미사일로 사용되었다.

처음 두 대의 항공기는 뉴욕의 세계무역센터 쌍둥이 빌딩과 충돌했고, 세번째 항공기는 워싱턴의 펜타곤에, 네번째 항공기는 펜실베니아 한 벌판으로 추락했다.

아메리칸 에어라인 11편은 보스턴 로건 공항을 07시 59분에 출발했다. 15분 후에 항공기는 납치되었다. 그것은 시속 440마일로 08시 47분에 세계무역센터 북쪽 탑에 충돌했다. 조종사 2명과 승무원 9명 등 탑승한 92명 전원이 사망했다. 또 다른 1,462명이 건물이 붕괴되면서 사망하였다.

납치범들은 승무원 2명을 흉기로 찌르고 조종실로 들어가 조종간을 장악하였다. 한 승객은 목을 베었고 납치범들은 메이스(철퇴)와 폭탄 위협을 이용하여 다른 승객들을 항공기 뒤쪽으로 몰아갔다. 08:24, 공항 관제사들은 11시 항공기에서 다음과 같은 내용의 무전을 듣는다. "우리는 몇 대의 항공기가 있다. 그

9.11테러 당시 사진

냥 조용히 있어. 그러면 괜찮을 거야" 그 항공기는 북측빌딩 93층과 99층사이를 들이받았다. 항공 위키에서 인용

유나이티드 항공 175편은 보스턴 로건 공항을 08시 14분에 출발했다. 약 30분 후, 그 여객기도 납치되었다. 09:03분 그 여객기를 540마일 속도로 하강하면서 세계 무역센터의 남쪽 빌딩과 충돌시키는 바람에 여객기에 타고 있던 65명이 전원 사망하였다. 항공기는 81층에 충돌, 77층에서 85층까지 큰 구멍을 냈으나, 상층부 사람들은 손상되지 않은 계단으로 탈출할 수 있었다.

이 빌딩에는 약 8,600명이 상주하고 있었으며, 이중 약 600명이 탈출하지 못하고 사망하였다. 칼과 메이스(철퇴)로 무장한 납치범들은 조종실로 강제로 진입하여 조종석을 장악했다. 이미 테러범에게 조종석이 장악된 로스앤젤레스로 가는 아메리칸 에어라인 77편은 워싱턴 댈러스 공항에서 관제탑으로부터 이륙허가를 받아 08:20에 이륙하였고 약 30분 후 납치상황이 외부에 알려지기 시작했다.

그후, 09:38. 여객기는 530마일 속도로 펜타곤과 충돌했다. 이 충돌로 항공기에 타고 있던 승무원 6명을 포함해 탑승객 64명 전원이 숨졌고 지상에서는 125명의 군인과 민간인이 사망하였다.

유나이티드 항공 93편도 뉴저지 뉴어크공항에서 샌프란시스코로 08:42 출발했다. 이륙 50분후 납치범들은 승무원들을 위협한 채 조종실로 침입하자 부기장은 다급하게 메이데이를 전파하였고 이들이 워싱턴 DC를 공격한다는 것을 알아차린 기장이 자동 조정을 해제하고 고도를 209m까지 떨어뜨리기도 하였지만 이 여객기는 10시 2분 펜실베이니아 주 생크스빌의 들판에 추락해 승무원 7명을 포함, 탑승자 44명 전원이 사망하였다.

9.11 테러를 주도한 테러 단체는 알카에다이다. 1978년부터 1989년까지 아프가니스탄

에서 소련 점령에 맞서 싸우는 광신자들로 오사마 빈 라딘에 의해 만들어졌다. 알 카에다는 아프간 저항세력에 대한 수니파 이슬람 극단주의자들의 자금조달, 모집, 수송, 훈련을 도왔다.

알 카에다의 목표는 "비 이슬람적"으로 간주되는 정권을 전복시키기 위해 연합 이슬람 극단주의 단체들과 협력하여 범 이슬람적 칼리파를 설립하고 이슬람 국가에서 서양인과 비 이슬람인들을 추방하는 것이 목표였다.

알 카에다는 1998. 2. "유대인과 십자군에 대항하는 지하드를 위한 세계 이슬람 전선"이라는 기치 아래 성명을 발표했는데, 이는 세계 어느 곳에서나 미국 시민들과 그들의 동맹국들을 죽이는 것이 모든 이슬람교도들의 의무라고 말했다. 세계지하드 이슬람전선은 2001. 6. 이집트 이슬람 지하드와 병합됐다._{항공 위키에서 인용}

04 ● 새로운 형태의 항공테러

● 신발 폭탄 (Shoe Bomber)

리차드 리드는 2001. 12. 22. 신발에 숨겨진 폭발물에 불을 붙여 파리에서 미국 마이애미 국제공항으로 가는 아메리칸 에어라인 63편을 공중 폭파하려다 체포되었다. AA 63편 여객기 탑승객들은 식사가 끝난 직후 객실에서 연기 냄새가 난다고 호소를 하자, 한 승무원이 출처를 확인하고자 항공기내 통로를 걸으면서 확인하는 과정에 창문 측에서 혼자 앉아 성냥불을 켜려고 하는 리드를 발견했고 승무원은 그에게 항공기 내에서 흡연은 허용되지 않는다고 했고 리드는 담배를 피우지 않겠다고 대답했다.

몇 분후, 승무원은 리드가 자리에서 다시 몸을 숙이는 것을 발견하고 그에게 "뭐하는 거냐?"고 묻자, 리드는 무릎에 있는 신발 한 켤레와 신발 안으로 이어진 퓨즈, 그리고 성냥불을 꺼내들었고 승무원은 그것을 붙잡았다. 그러

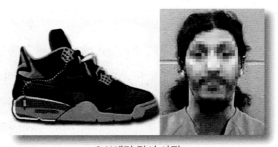

9.11테러 당시 사진

자 리드는 그녀를 밀쳤고 승무원은 넘어지면서 소리를 질렀다. 다른 승무원과 승객들이 합세하여 그를 제압한 후 좌석에 묶었다. 그러는 사이 여객기는 긴급 회항하여 보스턴 로건 국제공항에 도착하였고 리차드 리드 경찰에 체포되었다.^{항공 위키, 위키백과에서 인용}

경찰 조사결과, 그의 신발에서 다량의 PETN 플라스틱 폭발물과 3중산화물(TATP) 기폭제가 발견되었다.

그 후 리처드 리드는 대량살상 무기를 사용하려는 시도, 살인미수, 항공기에 폭발장치를 설치하려는 시도, 항공기 파괴 미수 등 총 8가지 범죄 혐의를 모두 인정했다.^{항공 위키, 위키백과에서 인용}

재판 중에는 공개적으로 자신을 미국의 적이며 알 카에다와 결탁했다고 선언한 그는 법정에서 "기본적으로 폭탄을 가지고 항공기에 올랐다"

폭탄이 설치된 리드의 신발

고 웃으며 말했다. "기본적으로 불을 붙이려고 했어. 기본적으로, 그래, 난 항공기를 손상시킬 생각이었어. 나는 오사마 빈 라덴의 추종자다. 나는 당신 나라의 적이고 관심도 없소." 2003.1.30.일. 리차드 리드는 유죄 판결을 받고 무기징역을 선고받았다.

● 영국, 항공기 액체폭발물 폭파 시도 사건 (UK Liquid Explosives Plot)

공중에서 여객기를 파괴함으로써 상상할 수 없는 규모의 대량 살인을 저지르려는 주요 테러 음모가 2006. 8. 영국 경찰에 의해 적발되었다. 테러조직은 약 1,500명의 승객과 승무원을 살해하기 위해 북아메리카 대륙을 횡단하는 7개의 항공기에서 자살 폭탄을 터뜨릴 계획이었다.^{항공 위키, 위키백과에서 인용}

이 7대의 항공기는 뉴욕, 워싱턴DC, 시카고, 샌프란시스코, 토론토, 몬트리올 등 미국과 캐나다의 6개 도시로 운항하는 항공기였다. 폭탄의 핵심 구성요소는 500ml의 청량음료 병에 담아 운

반한 과산화수소 폭발물이었다. 이 장치들은 배터리로 만든 기폭장치와 일회용 카메라로 만든 기폭장치와 함께 손가방으로 운반할 계획이었고 그 폭탄들은 비행 중에 기내에서 조립을 계획하였다. 그 일련의 공격에 대한 실제 날짜는 확정되지 않았지만 그들은 2006년 8월과 10월 사이에 런던을 떠나는 항공편에 대하여 상세히 조사를 했다. 이들의 조사 범위에는 9.11 테러 5주년이 포함되어 있었다.

항공기를 공중에서 폭파시킬 수 있을 만큼 강력한 액체폭발물 IED를 만드는 데 사용될 재료의 목록은 아주 무해한 것처럼 보이는 과산화수소였다. 이 물질은 합법적으로 많이 사용하고 있는 흔한 소독제고 탈색제 성분이다.하지만 다른 유기 물질과 적절한 비율로 섞이면 폭발성이 매우 높아진다. 만드는 과정은 과산화지질을 당과 섞는 것으로, 과일향의 청량음료를 만들 때 사용하는 자당 함량이 높은 가루였다. 이들 테러범은 음료수병 바닥에 작은 구멍을 뚫어 내용물을 비우고 나서 주사기를 사용하여 과산화수소와 과당 혼합물을 다시 채워 넣은 뒤 초글루 덩어리로 밀봉하는 방법을 사용하였다.

테러범은 청량 음료수를 병의 바닥에 작은 구멍을 뚫어 내용물을 빼내고 재충전함으로써 육안으로 봐서는 한 번도 개봉하지 않은 느낌을 주는 상태를 만들었는데 이러한 장치들은 2005.7.7. 런던 자살 폭탄테러를 포함, 전 세계에서 수많은 테러범들이 자살 폭탄을 만들 때 사용해오던 방법으로 가정용 폭탄인 헥사메틸렌 3과산화지질(HMTD) 폭발장치들을 만드는 방법이기도 했다. HMDT는 과산화수소(헤어 표백제), 구연산(공통 식품 방부제), 열제(요리에 야영자가 사용)와 같은 일반 성분을 사용하여 만들 수 있었고 테러범은 이렇게 만들어진 HMTD는 AA 1.5V 배터리의 케이스에 삽입하여 일회용 카메라의 전원으로 폭발을 시도하였다._{항공 위키에서 인용}

그러나 영국 경찰은 2005년 말부터 대부분 파키스탄 출신 영국 시민인 테러범들을 은밀히 감시해 왔으며 이들이 항공기 폭탄테러에 가까워졌다는 사실을 알아내고 2006. 8. 9. 체포에 나선 것이다. 그 체포 작전으로 인해 전 세계 많은 공항들은 대규모 보안경보를 발령했고 그로 인해 항공기 탑승객들이 손가방을 소지하는 것은 금지되었다. 많은 항공편은 취소되었고, 전 세계 공항에서 큰 혼란이 이어졌다. 그 사건 이후 ICAO에서는 항공기의 액체운송에 대한 보안통제 규정을 만들었고 그 조치가 이 사건 이후 마련된 국제선 액체류 보안통제에 대한 보안조치가 이 사건의 직접적인 결과물이기도 했다.

05 공항 공격 (Airport Attacks)

● 마드리드공항 폭탄 공격(Madrid Airport Bomb Attack)

2006. 12. 30. 아침. 스페인 마드리드 바라자스 국제공항 제4터미널에 부속된 주차장 건물에서 거대한 폭발이 일어났다. 폭발물 800kg이 담긴 VBIED(차량 폭탄)에서 발생한 이번 폭발로 2명이 숨지고 25명이 부상했다. 테러 단체인 ETA는 바스크 주의 독립을 위해 오랜기간 폭력 캠페인을 벌여왔고 1960년대 이후 800명 이상

마드리드공항 폭탄 공격 사진

의 사람들이 ETA 폭력에 의해 목숨을 잃었다. 공항은 폭발 전 한 시간 동안 폭탄에 대한 세 번의 경고 협박전화를 받았고, 그 장치가 폭발했을 때 경찰은 주차구역의 경계를 서고 있었다.항공 위키에서 발췌

● 로마 & 비엔나공항 공격(Rome & Vienna Airport Attacks)

1973. 12. 17. 테러리스트들이 이탈리아 로마 피우미치노 공항에 있는 팬암항공사무실을 공격했다. 32명이 사망하고 50명이 부상을 당했다.

또, 테러리스트들은 베이루트와 테헤란으로 이륙할 준비를 하고 있던 아메리칸 에어라인 707편으로 향했고 항공기를 공격하여 탑승자 29명을 모두 사망케 하고 항공기도 파괴했다.항공 위키에서 발췌

그런 다음, 그들은 5명의 이탈리아 인질을 루프트한자 제트 여객기에 강제로 태우고 탈출을 시도하면서 이탈리아 세관 경찰관을 사망케했다. 인질과 승무원, 테러리스트들을 태운 항공기는 이륙을 했고 조종사는 테러범으로부터 레바논의 베이루트로 향할 것을 요구받았다. 그러나 레바논 관리들이 이 항공기가 베이루트에 착륙하는 것을 허락하지 않았고 그들은 출발지에서 가까운 그리스 아테네 공항에 착륙하였다.

테러범들은 그리스 당국과의 협상에서 1973. 8. 아테네 공항을 공격하다가 체포된 두 명의 테러리스트를 석방할 것을 요구하였다. 그리스 당국이 그들의 요구를 들어주지 않자 테러리스트들은 아테네 공항을 떠나기 전, 인질들 중 한 명을 죽이고 그의 시신을 항공기 밖으로 던져버렸다. 조종사는 인질 4명이 사망했다고 보고하면서 그리스 당국에 테러범들의 요구를 들어줄 것을 촉구했다. (조종사는 테러범들이 한 행위가 그리스 당국에 더 많은 압력을 가하기 위해 고안된 가짜라는 것을 알지 못했었다.) 그 후 납치된 항공기는 시리아의 다마스커스로 날아갔고, 그곳에서 2시간 동안 계류하면서 연료를 공급받고 음식도 먹었다. 그 후 늦게, 쿠웨이트로 날아간 테러리스트들은 알려지지 않은 목적지로의 자유로운 통행을 보장하는 대가로 인질들을 풀어주고는 사라졌다.^{항공 위키에서 발췌}

그로부터 12년이 지난 1985. 12. 27. 7명의 아랍 테러리스트들은 이탈리아 로마와 오스트리아 비엔나에 있는 2개의 공항을 자동 소총과 수류탄으로 공격했다. 엘알항공 보안요원과 지역 경찰이 테러리스트 4명을 사살하고 3명을 체포하기 전까지 19명의 민간인을 살해하고 100명이 넘는 사람들에게 부상을 입힌다.^{항공 위키에서 발췌}

테러리스트들은 로마 레오나르도 다빈치 공항의 국제선 터미널에 있는 여행객들에게 수류탄을 던지고 칼라스니코프 자동 소총을 발사했다. 이탈리아 경찰은 이들과 총격전을 벌였으나 이들의 공격으로 16명이 사망하고 80명 이상이 부상을 입었다.

거의 동시에 또 다른 테러범들은 자동 소총과 수류탄으로 오스트리아 슈웨 차트

공격당한 로마 레오나르도 다빈치 국제공항 푸두 레스토랑

공항(비엔나 국제공항)을 공격하여 2명이 숨지고 39명을 다치게 했다.

오스트리아 당국은 비엔나 공항을 공격한 테러범 2명을 체포하여 심문한 결과, 테러범들은 경찰이 처음에 짐작했던 것처럼 자살 공격을 감행할 의도가 아니라, 원래 공항에서 다수의 사람들을 인질로 잡고, 여객기를 탈취하여 오스트리아를 탈출할 음모였음을 알아냈고 이 사건은 그렇게 결론 지어졌다.

반다라나이케공항 공격 (Bandaranaike Airport Attack)

2001. 7. 24. 스리랑카 반다라나이케 국제 공항에 타밀엘람(LTTE) 소속 테러리스트 14명이 카투나야케 군 공군기지로 침투했다. 전기변압기를 파괴하고 기지를 암흑으로 빠뜨린 뒤 수류탄과 대전차 무기와 자동 소총으로 군용 항공기를 공격하였고 총 26대의 군용기가 파손되거나 폭파되었다. 그중 6명의 테러범들은 활주로를 건너 반다라나이케 공항으로 가서 스리랑카항공 여객기를 공격했고 수백명의 외국인 관광객들과 공항 근무자들은 총격과 폭발을 피해 공항 내로 피신했다. 그들은 계류중인 항공기내로 들어가 항공기를 폭파하였고 주기중이던 A-340, A-330 여객기는 크게 파괴되었으며(그림 참조) A-320 2대와 A-330 1대는 총격으로 큰 피해를 입었다. 진압과정에서 14명의 테러범 모두 사살되었고 스리랑카 공군 6명 등 군인 7명도 숨졌다. 이 사건으로 스리랑카 항공의 절반이 운항을 중단했고 민간 여객기의 교체비용은 3억 5천만 달러로 추산되었으며, 관광 의존도가 높은 스리랑카 경제에 큰 영향을 주어 경제 침체를 초래하게 되었다.항공 위키에서 발췌

LTTE는 세계에서 가장 두려운 테러조직 중 하나이며, 그들은 남자, 여자, 아이들을 자살작전에 이용하는 것으로 악명이 높다.

1999년에 일으켰던 자살 폭탄테러는 콜롬보, 트린코말리, 바티칼로아, 자프나, 메다와치에서 30명이 사망하고 143명이 부상을 입었다. 2001. 1. 자살 폭탄 테러범이 보안요원들에게 발각되자, 총리실 밖에서 폭탄을 터뜨려 10여 명이 숨지고 지나던 많은 사람들이 다쳤다.

2000. 3. 8명의 콜롬보 주요 도로를 달리는 정부 자동차 행렬을 공격하여 25명이 사망하고 많은 사람들이 부상을 입었다. 2000. 6. 콜롬보 교외에서 자살 폭탄 테러범이 산업개발부 장관을 암살했고 이 공격으로 21명이 숨지고 60명이 다쳤다. 2000. 10. 경찰과 대치한 LTTE 자살 폭탄 테러범이 항복하지 않고 폭발 장치를 폭파시켰고 이 폭발의 영향으로 대치하였던 경찰 3명이 사망하였고 주변에서 차량에 타고 3명의 외국인이 중상을 입었다. 2001. 10. 콜롬보의

공격으로 폭파된 반다라나이케공항의 여객기

한 선거운동 장소에서도 LTTE 자살 폭탄 테러범이 자신이 소지한 폭발장치를 폭파시키는 바람에 5명이 사망하고 16명이 부상을 입었었다.

LTTE는 1993년. 라나싱헤 프라마다사 스리랑카 대통령과 1991년 라지브 간디 인도 총리를 상대로 자살폭탄 테러를 자행하였으나 실패한 이후, 개인 자살 폭탄 이외에 차량 폭탄테러도 자행하였다. 1996. 1. 중앙은행과 1997. 10. 콜롬보 세계무역센터 등 스리랑카 경제를 겨냥하여 대형 트럭 폭탄을 동원하여 폭파시킨 바 있으며, 1998. 1. 칸디의 중요한 종교 관광지인 토스 신전을 차량 폭탄테러로 공격하여 8명을 사망케 하였고 이로 인해 사찰과 호텔 등이 크게 파손되었다. 그 외 전화교환기나 전력변압기와 같은 기반시설 목표물에도 대해 소형 폭탄을 자주 설치하여 공격하였으며, 대중 버스도 이들의 공격 대상이 되어 왔다. 1999. 9. 네곰보와 바둘라에서 버스 안에서 폭탄이 폭발하여 많은 희생자들이 발생하였고, 2000. 2. 한 주 동안 콜롬보와 다른 7개 도시에서 개별적인 공격으로 3명이 사망하고 140명 이상이 부상을 입었다.

그 이후에도 폭탄 테러는 계속되어 왔으나, 2019. 4. 21. 발생한 부활절 테러는 최악의 테러로 기록되고 있다. 이슬람 수니파 극단주의 IS가 전국 8곳을 동시에 공격하는 자살 폭탄 테러로 35개국 290명이 사망하고 500명 이상이 부상을 입었다.

● 로스앤젤레스공항 총격 (Los Angeles Airport Shooting)

2002. 7. 4. 한 남자가 로스엔젤레스 공항의 엘알 항공사 카운터를 공격했다. 그는 45구경 권총과 9mm 권총과 6인치 칼로 무장을 하고 있었다. 그는 20세여성 엘알 항공직원과 46세의 남자를 총을 쏴서 사망케 하였고 그로부터 총격을 받은 4명은 부상을 당했다. 그 후 테러범은 무장 보안

공격당한 로스엔젤레스공항

관에게 사살되었다. 경찰 조사결과, 그와 어떤 테러 집단이 연관되었다는 증거는 발견되지 않았으며, 그가 벌인 사업의 실패로 발새한 우울증과 고통받는 결혼생활, 이스라엘에 대한 증오 등 여러 개인적 요인에 의해 감행한 것으로 결론 지어졌다.

제4절

항공테러 대응 체계

01
국제연합의 테러 예방 및 대응 협약

  UN을 비롯한 국제기구에서는 국제적인 테러방지를 위하여 다양한 협약을 체결하여 운영하고 있다. UN은 1937년부터 국제적인 테러에 대한 대응책을 마련하였으며, 2001년 미국 뉴욕의 세계무역센터(WTC) 쌍둥이 빌딩과 워싱턴의 펜타곤에서 발생한 9.11테러 이후에는 테러 대응에 보다 많은 관심을 갖게 되었다.

  UN 안전보장이사회에서 미국 9.11테러 이후, UN결의 제1373호 (United Nations Security Council Resolution 1373) 채택을 통해 테러는 "사람·단체 또는 일반 대중의 마음에 공포를 일으킬 목적으로 계획되고 계산된 국가에 대한 범죄행위"로 규정하고 있다.^{국토교통부 항공상식 100가지에서 발췌}

02
테러방지 국제협약 사례

01 테러방지 협약 (1937년)

1937. 11. 6. UN에서 채택된 최초의 테러 방지에 대한 국제적인 협약은 "국제적 중요성을 가진 사람 및 관련 강요 에 대한 범죄의 형태를 취하는 테러 행위를 예방하고 처벌하기 위한 협약"(The Convention for the Prevention and Punishment Terrorism)이며, 본 협약 체결 원인은 1934년 유고의 왕과 프랑스장관이 살해되는 사건이 발생하자 이를 계기로 테러를 방지할 목적으로 본 협약을 체결하였으며 테러에 대한 정의를 "사람·단체 또는 일반 대중의 마 음에 공포를 일으킬 목적으로 계획되고 계산된 국가에 대한 범죄행위로 규정"하고 또한 테러 발생 시에 이에 대한 처벌 규정을 두는 등 총 29개 조항으로 작성되었다.

그러나 본 협약은 세계 제2차 대전 발발로 각 국가로부터 비준을 받지는 못하였다. 당시의 국제 정치 환경이 테러에 대한 국제적 공동대응보다는 이 협약에 가입함으로써 부담하는 국제적 의무와 체약국들이 국내입법 과정에서 발생할 수 있는 내부적인 문제점들이 상존하고 있었다. 그러나 이 협약을 계기로 하여 테러에 대한 국제 공조가 이루어졌다는데 그 의미가 컸다고 평가되고 있다.

02 외교관 및 국제적으로 보호받는 자에 대한 범죄 방지 및 처벌에 관한 협약 (1973년)

1960년도에 세계 여러 곳에서 외교관에 대한 납치, 살해 등의 범죄가 지속적으로 발생하자 테러 행위로부터 외교관들의 보호를 위하여 1973. 12. 14. UN에서 주관하여 본 협약(Convention on the Prevention and Punishmentof Crimes Against Internationally Protected Persons, including Diplomatic Agents)을 채택하였다.

외교관 보호의 필요성에 관한 전통적인 원칙 중 일부를 규정한 본 협약은 총 20조로 구성되었으며, 그 주요항목은 아래와 같다.

(제1조) 보호 대상과 범죄자에 대하여 규정하며, 그 보호대상으로 정부 수반과 외교부 장관 및 그들의 가족들이며, 범죄자는 여기에 규정된 범죄를 저지른 명확한 증거가 확보된 자를 말한다.

(제2조) 국제적으로 보호하여야 하는 자에 대한 살인, 납치, 상해와 사람 또는 재산을 위험하게 할 목적으로 근무지역 또는 주거지역에 대한 공격 행위, 이러한 행위를 하겠다고 위협하는 행위, 시도하는 행위, 참여하는 행위를 범죄로 간주하고 있다. 이러한 행위에 대하여 각 회원국은 처벌하도록 규정하고 있으며,

(제3조) 각 회원국은 범죄에 대한 관할권 확립에 필요한 제반 조치를 하여야 한다.

(제4조) 각 회원국 간의 협력과 정보교환에 대하여도 기술하고 있다.

(제5조) 범죄자가 해외로 도피한 경우 해당 관련 상세정보를 각 회원국들과 공유하도록 하고 있으며 희생자에 대한 정보를 접수한 국가도 관련 정보를 타 관련 국가에 제공하도록 하고 있다.

(제6조) 회원국에서는 타 회원국에서 범죄를 저지르고 도주한 자를 체포한 경우 기소 또는 추방하도록 규정하고 있다. 그리고 관련 국가, 국제기구 등에 해당 내용을 통보하도록 하고 있으며, 범죄자의 국적 국가에도 통보하도록 규정하고 있다.

(제7조) 상기에서 명시한 범죄 내용이 기존에 체결한 범죄자 인도 조약에 포함되어 있지 않은 경우, 이를 포함하도록 하고 있다.

(제8조) 그리고 범죄자에 대하여도 공정한 재판 등을 할 수 있도록 각 체약국은 적절한 조처를 하도록 규정하고 있다.

(제9조) 이와 아울러 상호 관련 체약국 간에 범죄자 처리를 위하여 협력하도록 규정하고 있으며,

(제10조) 범죄자에 대한 처리결과를 체약국은 UN 사무총장에게 송부하여야 하며

(제11조) 사무총장은 해당 결과를 관련체약국에 보내도록 규정하고 있다.

(제12조) 또한 망명자 협약(the Treaties on Asylum)의 관계도 규정하고 있는데 본 협약이 망명자 협약에 영향을 미치지 않는다고 규정하고 있다.

(제13조) 본 협약의 해석에 문제가 있는 경우 조정을 하며 국제사법 재판소에 제소토록 규정하고 있다.

03 ● 인질억류방지에 관한 국제협약 (1979년)

항공기를 대상으로 발생되는 인질 납치사건의 지속적인 방지를 위하여 UN 회원국 간에 1979. 12. 17. 인질 억류방지에 관한 국제협약(The International Convention Against the Taking of Hostages)을 체결하여 관련자들에 대한 신속한 처벌 등 관련 규정을 명문화하였다.

이 협약의 주용 내용은 다음과 같다.

(제1조) 타인을 억류, 감금, 살해 협박, 상해 협박을 하는 자에 대하여 범죄로 규정하고

(제2조) 이러한 범죄를 각 회원국이 처벌할 수 있도록 법 규정을 제정하도록 하고 있다.

(제4조) 각 체약국은 이러한 범죄 행위를 방지하기 위하여 관련 국가와 협력하여 필요한 조처를 하도록 규정하고 있으며

(제5조) 아울러, 관할권에 대하여도 규정하고 있는데 각 체약국은 상기의 범죄에 대한 처벌을 위하여 필요한 경우 관할권 설정 등의 필요한 조처를 하도록 규정하고 있다. 이 경우 범죄가 자국 선박 또는 항공기에서 발생하거나, 자국민이 상거소에서 발생한 경우 등에 대하여 필요한 조치를 하도록 하고 있다.

> * 상거소 : 속인법 결정에 관하여 대륙법계 국가의 국적주의와 보통법계 국가의 주소지 법 주의를 절충하기 위하여 만든 기준

(제6조) 이와 아울러 혐의자의 체포, 구금 관련하여 규정하고 있다

(제8조) 혐의자의 공정한 처리에 대하여 언급

(제11조) 사법공조 의무에 대하여도 언급하고 있다.

(제14조) 정치적 독립을 위한 폭력투쟁이 정당한 것으로 해석되어서는 안되도록 규정하고 있다.

04 ● 핵 테러 물질 방지 및 대항을 위한 협약 (1980년)

1980. 3. 3. 국제원자력기구(IAEA)에서 핵 테러 물질을 방지하기 위하여 핵 테러 물질 방지 및 대항을 위한 협약(Convention on the Physical Protection of Nuclear Material) 채택하였다.

이 협약의 주된 목적은 원자력을 평화적으로 이용하기 위한 국제협력 증진 및 핵 물질

의 불법적 사용에 따른 위험을 방지하고 핵물질 관련 범죄의 예방 및 사전 인지와 이에 따른 및 처벌 근거를 명문화 한 것이다.

05 국제 조직범죄 방지협약 (2003년)

지속적으로 증가되는 국제조직 범죄에 대한 대응 및 방지를 위하여 2003년 국제 조직범죄 방지협약(United Nations Convention against Transnational Organized Crime)이 채택되었다. 주요범죄는 국제 마약사건, 인신매매 사건 등이다.

06 UN 안전보장이사회 항공테러 대응 결의 2309 (2016년)

항공기 및 탑승객에 대한 테러를 방지하기 위하여, 2016년 UN 주관으로 UN 안전보장이사회 항공테러 대응 결의 2309(UN Security Council Regulation 2309)를 채택하였다. 본 결의는 ICAO의 항공보안 요건을 강화하는 것이다. 본 협약의 체결 배경 민간항공이 테러리스트들의 주요 목표로 선정되는 추세가 증가할 것으로 판단되어 시카고 협약을 바탕으로 체약국 간에 체결된 것이다.

체결의 발단은 2016. 3. 벨기에 공항에서 발생한 테러 사건과 6월 터키 공항에서 발생한 테러 사건이 주요 요인이다. UN 안전보장이사회는 모든 체약국이 관련 국제 대테러 협약과 의정서에 가입하도록 요청하며 가입된 체약국은 해당 협약의 조속한 실행을 하도록 권고하고 있다. 이를 위하여 11가지 주요 실행내용을 명시하고 있다.

❶ 모든 체약국이 기존의 국제협약 관련 책임규정에 따라 자국 내 민간항공에 대한 테러 행위로부터 자국민을 보호하기 위한 책임을 지도록 규정하고 있다.

❷ 모든 체약국은 국제법, 국제 인권법, 국제 인도주의법에 따라 국제민간항공에 대한 테러 공격으로부터 자국민의 안전을 도모하는데 최선을 다하도록 규정하고 있다.

❸ 시카고 협약에 따른 ICAO 부속서 17에서 규정한 신속하고 효과적으로 증가하는 보안위협에 대응할 수 있는 절차를 포함한 불법방해 행위로부터 민간항공을 보호하기

위한 법 규정, 관례, 절차를 개발하고 시행하도록 규정하고 있다.

❹ 각 체약국은 국제테러 위협에 대응하기 위하여 이러한 절차들이 지속해서 검토되고 개정되도록 ICAO의 업무를 지원하여야 한다. 또한 ICAO가 법적인 권한 내에서 효과적인 지상의 보안 대책을 시행하도록 하며, 체약국들을 지원하기 위한 국제 항공보안 기준을 지속적 강화를 위한 노력을 적극적으로 할 수 있도록 요구하도록 규정하고 있다.

❺ 각 체약국은 민간항공을 위협하는 테러행위에 대응하기 위하여 ICAO와 국제항공보안 대책이 효과적으로 검토되고 시행되기 위하여 협력하여야 하며, ICAO 표준 및 권고관례를 효과적으로 적용토록 강화하고 권장하여야 하고 항공보안 역량개발, 항공보안 점검, 교육프로그램을 지원하도록 하고 있다.

❻ 각 체약국은 민간항공에 대한 테러리스트의 위협을 방지하기 위한 목적으로 그리고 국제 관련 법규 및 규정 준수를 위하여 민간항공에 대한 테러 행위를 탐지하고 방지하기 위하여 보안 검색, 보안점검, 시설보안 대책을 포함한 효과적인 위험분석에 근거한 대책이 공항에 시행되도록 하며, 이러한 대책을 정기적으로 평가하며 현재의 테러 위협에 대응할 수 있는 대책인지 확인하여야 하며, 이러한 대책들이 ICAO 부속서 17 표준에 따라 시행하도록 규정하고 있다.

❼ 각 체약국은 필요한 경우 교육훈련의 효과를 얻기 위하여 체계적인 역량개발, 훈련, 기타 필요한 자원, 기술 이전 및 지원을 하도록 규정하고 있다.

❽ 각 체약국은 외국 테러리스트 및 국내 귀환 테러리스트의 테러 위협을 차단하기 위하여 정보 공유, 국경통제, 법 집행 및 범죄 정의에 대한 국제 및 지역 협약을 강화하도록 규정하고 있다.

❾ 각 체약국은 테러대응 관련 국내 모든 기관 및 조직이 긴밀하고 효과적으로 항공보안 관련하여 업무를 할 수 있도록 규정하고 있다.

❿ 항공보안 관련 취약성 분석을 위하여 ICAO와 UN 대테러 이사회(Counter Terrorism Executive Directorate : CTED)간의 지속적인 테러대응에 대한 협력을 하도록 하며 ICAO와 대테러 시행 태스크 포스(Counter Terrorism Implementation Task Force : CTITF) 간에 민간항공에 대한 기술적인 지원, 역량개발에 대해 협력을 하도록 규정하고 있다.

⓫ 민간항공에 대한 테러 위협과 관련한 분석을 위하여 대테러 이사회가 ICAO와 협력하여 본 결의 채택 후 12개월 이내에 특별 회의를 개최하도록 하며, 이 회의는 ICAO

사무총장과 대테러 위원회 의장이 참석도록 하고 회의 결과는 12개월 이내에 보고하도록 규정하고 있다.

03

향후 전망

항공테러를 사전에 감시하고 방지하며 안전한 국제항공운송체계를 확립하기 위하여 ICAO 등 관련 국제기구를 통한 효율적인 테러방지 및 항공보안 체계가 지속적으로 강화될 것으로 전망된다.

01 테러방지법의 개선

항공테러에 대한 일반적 정의는 테러방지법에 명시되어 있으나 포괄적으로 항공테러에 관해서는 구체적 개념이 부족한 부분이 많다. 테러 개념은 대부분 항공기 테러에 국한되고 있으나, 몬트리올협약, 베이징협약 등에서는 항공테러에 대한 구체적인 개념 정립이 부족한 실정이다.

테러방지법에서는 몬트리올협약과 베이징협약에서 논의되었던 공항 공격, 공항 운영방해 행위 등에 대한 세부적인 사항이 논의되지 않아 추가적인 보완 협의가 필요한 것으로 예상하고 있다.

02 항공보안법의 개선

항공보안 및 테러에 대한 다양한 방안들이 기술되어 있으나, 항공테러와 운항 중의 항공기에 대한 테러대응 방안은 아직도 부족한 것이 많아 보다 더 구체적이고 명확한 대응방안의 마련이 필요할 것으로 보인다.

❶ 항공테러에 대한 확실한 개념 정립과 항공보안을 실행할 수 있는 구체적인 요건이 갖추어져야 할 것이다.

항공테러란, 정치적인 목적을 가진 집단들이 그들의 요구가 관철될 수 있도록 민간항공기의 정상적인 운항을 방해하는 방법으로 항공기를 납치, 협박 또는 폭파하는 수법으로 그들의 목적을 관철시키는 수단이다. 현재 운용되고 있는 항공테러의 개념은 포괄적이고 다양하여 각종 범죄에 대응하는 데 부족한 점이 있다. 따라서 관련법을 세분화하고 처벌을 강화하여 범죄를 예방하는 효과를 높일 수 있도록 체약국 간에 긴밀한 협조와 노력이 필요하다.

❷ 법률에 사용된 용어의 정의가 국제협약서에 맞도록 통일 되어야 한다. 운항 중·비행중·계류 중의 개념 정립이 필요하다. ICAO 항공테러 대응 협약서는 in-flight의 해석은 비행 중, in-service는 운항 중으로 표기하고 있다. 그러나 베이징 협약서에는 모든 항공테러를 운항 중이라는 큰 의미로 해석하고 있기 때문에 새로운 용어 통일이 필요하다.

따라서, 대한민국도 국제협약인 몬트리올 협약 및 베이징 협약에서 명시한 "운항 중"이란 개념을 참조하여 "항공기의 비행을 위하여 지상요원 또는 승무원들이 항공기 비행의 사전 준비를 시작하는 시간에서 착륙 후 24시간 까지"로 개정할 필요가 있는 것으로 판단하고 있다.

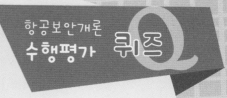

제2장 테러 및 테러방지

여러분들이 학습한 과정을 객관식 또는 주관식 문제로 구성하여 출제하였으니 복습을 겸한 평가 바랍니다.

성명 :   학번 :

1. 테러의 목적이 아니 것은

   ① 정치, 사회, 종교 기타 등의 목적으로 공포 조장
   ② 대화로서 자기들의 목적 달성
   ③ 특수 목적을 달성하기 위한 정치 수단
   ④ 확실하게 규정이 없으며 시대에 따라 정의가 다름

2. 테러에 대한 역사적인 배경으로 올바른 것은?

   ① 서양에서는 그리스 로마부터, 동양에서는 중국의 춘추 전국시대부터 발생
   ② 작은 비용의 물리력 행사로 큰 효과발생
   ③ 이탈리아의 붉은 여단과 독일 적군파 등에서 활용
   ④ 강자가 약자를 굴복시키기 위한 수단으로 발생

3. 테러의 특성으로 부적합 한 것은?

   ① 대외적으로 알려지는 것을 원한다
   ② 테러대상에 공포감 조성
   ③ 국가나 체제를 붕괴시키기 위한 일체의 수단과 방법
   ④ 평화적인 대화를 유도하는 제반 행위

제2장 테러 및 테러방지

4. 폭발물의 구성요소가 아닌 것은?

① 폭발 물질
② 전원 장치
③ 뇌관
④ 해독제

5. 항공기 테러에 대하여 기술하세요.

....

....

....

....

+ memo

AVIATION SECURITY PROCEDURE

제3장
항공운송

제1절

항공운송의 개념

국토교통부령(항공사업법 제7조 1항)으로 규정하고 있는 일정 규모 이상의 항공기를 이용하여 국내항공운송사업, 국제항공운송사업 및 소형항공운송사업 면허를 취득하고 타인의 요청에 따라서 여객이나 화물을 유상으로 운송하는 사업을 칭한다.

01

항공운송사업자

(1) '항공운송사업자'란 국내항공운송사업자, 국제항공운송사업자 및 소형항공운송사업자를 말한다.

(2) 항공운송사업을 경영하려는 자는 국토교통부장관의 면허를 받아야 한다. 국제항공사업과 국내 항공사업으로 구분이 되는데, 국제항공운송사업의 면허를 받은 경우에는 국내항공운송사업의 면허를 받은 것으로 본다.

(3) 운송사업면허를 받으려는 자는 신청서에 사업운영계획서를 첨부하여 국토 교통부장관에게 제출하여야 하며, 노선별 운항 허가를 받으려는 자는 신청서에 사업계획서를 첨부하여 국토교통부장관에게 제출하여야 한다.

02
항공운송사업의 분류

(1) '국내항공운송사업자'란 항공사업법(제7조 1항)에 따라 국토교통부장관으로 부터 국내항공운송사업의 면허를 받은 자를 말한다.

❶ 국내 정기편 운항

국내공항과 국내공항 사이에 일정한 노선을 정하고 정기적인 운항계획에 따라 운항하는 항공기

❷ 국내 부정기편 운항 : 국내에서 이루어지는 가목 외의 항공기 운항

(2) '국제항공운송사업'이란 타인의 수요에 맞추어 항공기를 사용하여 유상으로 여객이나 화물을 운송하는 사업으로서 국토교통부령으로 정하는 일정 규모 이상의 항공기를 이용하여 다음 각 목에 해당하는 운항사업을 말한다.

❶ 국제 정기편 운항

국내공항과 외국공항 사이 또는 외국공항과 외국공항 사이에 일정한 노선을 정하고 정기적인 운항계획에 따라 운항하는 항공기의 운항

❷ 국제 부정기편 운항

국내공항과 외국공항 사이 또는 외국공항과 외국공항 사이에 이루어지는 ❶항 국제 정기편이외의 항공기 운항

(3) '소형항공운송사업'이란 타인의 수요에 맞추어 항공기를 사용하여 유상으로 여객이나 화물을 운송하는 사업으로서 국내항공운송사업 및 국제 항공운송사업이외의 항공운송사업을 말한다.

(4) '항공기사용사업'이란 항공운송사업 외의 사업으로서 타인의 수요에 맞추어 항공기를 사용하여 유상으로 농약살포, 건설자재 등의 운반, 사진촬영 또는 항공기를 이용한 비행훈련 등 국토교통부장관이 정하는 업무를 하는 사업을 말한다.

❶ 항공운송사업을 경영하려는 자는 국토교통부장관의 면허를 받아야 한다.
국제항공사업과 국내항공사업으로 구분되는데, 국제항공운송사업의 면허를 받
은 경우에는 국내항공운송사업의 면허를 받은 것으로 본다.

❷ 면허를 받은 자가 정기편 운항을 하려면 노선별로 국토교통부장관의 허가를 받아
야 한다.

❸ 운송사업자 면허를 받은 자라도 정기편 이외 부정기편을 운항하기 위해 서는 국
토교통부장관의 허가를 받아야 한다.

제2절

항공운송의 특성

01
고속성

항공기가 육상 및 해상교통기관과 비교하여 높은 운임에도 불구하고 소비자가 항공교통을 선호하는 것은 목적지까지 짧은 시간에 편하게 이동할 수 있는 고속성이 있기 때문이다. 교통수단으로서 가장 늦게 발달한 항공운송이 제2차 세계대전 이후에 수십 년 만에 전세계 주요도시를 연결하는 항공노선망을 구성하여 항공운송이 국제교통의 중심이 된 것도 이러한 항공운송의 고속성의 가치 때문이다.

02
안전성

항공기는 타 교통수단에 비하여 사고 발생횟수는 낮지만 한번 사고가 발생 하면 항공기는 물론 탑승자 전원이 사망하는 대형 참사로 이어지는 것이 대부분이다. 따라서 공항운영을 주관하는 공항운영자는 각종 이착륙 시설 및 장비들에 대한 첨단화 및 과학화로 항공안전 확보 및 공항관리 운영에 고도화를 기하고 항공사 또한 조종사, 승무원, 지상조업

사들에게 관련 규정과 절차들의 교육은 물론 숙지하도록 하여 승객과 항공기의 안전을 지켜야 한다.

03
공공성

항공운송노선이나 요금 등은 해당 항공사가 독자적으로 결정할 수 없는 사항이다. 이는 국가 또는 항공사가 가입하고 있는 국제기구 ICO, IATA 등과 협의 하여 타국 항공사와 균형을 이루도록 조정되기 때문이다. 또한, 항공기의 도착, 출발시간은 해당 국가의 신인도는 물론 세계 경제에도 큰 영향을 미치게 된다. 공항에서 항공기는 출발예정 시간과 도착예정 시간 15분 이내에 이륙 또는 착륙하면 정시운항으로 인정된다. 그렇지만 최근에는 항공기의 이착륙 횟수가 증가하여 항공기 연결편 또는 기상 악화로 인하여 지연 도착 및 출발이 발생되고 있다.

04
경제성

항공요금이 타 교통수단과 비교하면 월등하게 높게 책정되지만 현대경제는 시간이 경쟁력이라는 강점으로 승객들은 항공기 탑승을 선호하고 있다. 그러나 최근에는 저가항공사(LCC)의 공격적 마케팅으로 대형항공사(FSC)들이 가격경쟁에 어려움을 겪고 있다. 그러나 대형항공사의 포괄적인 서비스를 선호하는 경향 또한 높다. 그러므로 항공사는 항공기의 정시운항은 물론 항공기 안전과 기내 서비스 개선에 많은 노력을 하여야 할 것이다.

05
쾌적성

첨단화된 장비와 시설 그리고 품격화된 기내 서비스는 비싼 요금을 지불 하고 긴 시간 동안 먼 거리를 이동해야하는 항공기 승객들에게는 가장 우선시 되는 욕구이다. 따라서 항공사들은 자기들만의 특화된 서비스로 고객기대에 부응하기 위해 더욱 노력하고 있는 것이 그 현상이다.

제3절

항공운송의 발달

01
발전 배경

제1차 세계대전의 종전과 더불어서 전쟁물자 사업에 사용되었던 군용기가 민간산업 부문으로 전환되어 항공물류 수송에 지대한 변화를 갖게 된다. 유럽을 중심으로 항공기를 이용한 물류수송이 본격화되면서 20세기 초에 최초의 민간항공회사인 네덜란드 항공사(KLM)가 창설되었다.

1926년 미국에서는 팬암(Pan-Am)을 설립되었고 1927년 린드버그(Lindberg)가 비행기구(명칭 : 세인트 루이스 정신(Spirit of Saint Louis))를 이용하여 대서양을 횡단하는 단독 비행에 성공한 이후, 항공운송업은 국제물류수송 수단으로서 기반을 다지게 된다.위키백과에서 발췌

제2차 세계대전(1939~1945)의 발생은 항공산업발전에 커다란 전환점이 된다.

전쟁에서 승리하기 위해 상대편보다 기능의 우수한 비행기를 제조하기 위한 노력과 탐구, 그리고 이를 운용하기 위한 조종사와 정비사, 그리고 각종 항공관련 산업시설은 종전 이후에 민간항공 산업의 발전에 크게 기여하였다.

찰스 린덴버그

02 비행기술의 도입과 발전

01 비행 기술의 도입

하늘을 새와 같이 자유롭게 날아 보고자 하는 꿈을 이루기 위하여 인류는 끝없이 많은 노력을 하여 왔다. 15세기 이탈리아 출신의 예술가이며 과학자인 레오나르도 다빈치 (Leonardo da Vinci)는 새를 과학적으로 관찰하여 공중으로 뜨는 힘과 공기 저항을 연구하였다.^{Airportal에서 발췌}

레오나르도 다빈치

그는 나사의 원리를 이용한 헬리콥터 모형을 고안하였으며, 새와 같이 날개를 퍼덕여서 날 수 있는 오니솝터(Ornithoper)를 설계하고, 모형을 만들어 실험하였다.

그러다 1658년 이탈리아의 생리학자이며 수학자인 보렐리에 의해 사람의 힘만으로 작동하는 오니토퍼를 힘과 체중의 관계를 비교 분석한 결과, 인간의 힘만

다빈치의 오니솝터

으로 비행이 불가능하다는 결론에 도달했다. 그 이후 다양한 기구를 이용한 인간의 비행은 계속되었고 시험을 하던 중 공기보다 가벼운 기체가 있음을 발견한 프랑스 몽골피에 형제에 의해 1745년 무인 열기구가 만들졌고 이를 띄우는 데 성공하였다. 그들은 1783. 11. 21. 프랑스 파리에서 최초로 열기구에 의한 유인 비행을 하였고 이때 약 500m 높이로 8km를 25분간 비행하였다. 이륙 동력은 양털과 짚을 태운 열기를 이용하였다.^{위키백과와 Airportal에서 발췌}

1799년 영국의 조지 케일리경이 모형글라이더 를 디자인한 후 1804년 모형 글라이더를 최초로 만들어 날렸으며, 1809~1810년 작성된 공중 비행 논문에서 날개치기 방식이 아닌 기계적 방식에 의한 비행 가능성을 발표하였다. 그는 1849년 3겹 날개의 글라이더를

만들었고 그 모형 글라이더는 오늘날 비행기의 형태로 근대적 비행기술에 큰 영향을 주었다. 케일리의 양력이론과 릴리엔탈의 비행실험 등을 통해 동력의 필요성을 절감하게 되었고 1860년 프랑스의 에티네 레노일이 내연기관을 최초로 발명하였고 이어서 독일의 오토가 1876년 가솔린 엔진을 발명한 후 1885년 독일의 다임러가 실용화함으로써 동력 비행의 가능성을 한층 더 높아졌다.

열기구 발명가 몽골피에 형제

미국의 옥타체너트는 독일의 릴리엔탈의 영향으로 비행관련 서적 비행 기계의 발전을 발표하였고 이 내용은 오빌과 윌버 라이트 형제에게 실용적 동력비행기의 제작에 영향을 크게 주었다. 1903. 12. 17. 노스케롤라이나주의 키티호크 근처의 킬 데빌 언덕에서 제작한 복엽기로 형제가 교대로 날았는데, 처음에는 동생 오빌이 먼저 비행 하여 12초동안 36m를 날았고, 4번째는 형 윌버가 59초동안 260m를 날아감으로써 세계 최초 동력비행에 성공하였다.^{위키백}

케이리경과 모형 글라이더

과와 Airportal에서 발췌

라이트 형제의 세계 최초 동력비행

02 ● 비행 기술의 발전

라이트 형제가 제작한 복엽기는 '플라이어'(Flyer)란 이름으로 날개폭이 12.29m, 무게는 274kg, 4기통 12마력의 가솔린엔진으로 무게는 90kg이며, 2개의 프로펠러가 서로 반대 방향으로 회전하여 기체를 바르게 유지할 수 있도록 제작되었다.

그로부터 6년후 1909. 7. 25. 프랑스의 루이 블레리오는 블레리오 Ⅺ 단엽기로 32분동안 40km의 영불해협을 횡단하는 비행에 성공하였고 18년후인 1927. 5. 20. 미국의 챨스 린덴버그가 뉴욕의 롱아일랜드에서 세인트루이스 정신(Spirit of St. Louis)이라고 명명한 단발 엔진의 단엽기를 타고 33시간 39분동안 대서양을 횡단 하여 프랑스 파리까지 5,810km의 최장 논스톱 비행에 성공하였다. 그 후, 1933. 2. 8. 미국 보잉사에서 완전금속제 10인승 저익단엽기인 쌍발여객기(B-247)를 최초로 개발하였다. 두 개의 550마력 엔진을 장착한 이 항공기는 순항속도가 250Km/h였다. 이 항공기의 출현 이후 세계 제2차대전을 겪으면서 항공기 제작 산업과 비행기술은 급속한 발전을 이루었다. 위키백과와 Airportal에서 발췌

라이트 형제의 세계 최초 동력비행

제1차 세계대전 당시, 사용되었던 전투기는 목재 기체에 원시적인 엔진을 부착 하여 한시적 정찰용으로 만든 비행체였다. 그 후, 성능의 지속적 개선으로 금속 기체에 강력한 엔진과 폭탄 또한 탑재할 수 있는 고성능의 전투기로 발전하였다.

세계 제2차대전을 거치면서 항공기 제작 및 비행기술은 급속하게 발전하였고 전쟁이 끝난 후에는 그 기술을 민간항공에 적용토록 하므로서 항공산업이 크게 성장하는 계기가 되었다.

1950년대 들어서는 항공기의 제작산업은 비약적으로 발전하여 B-747, DC-10, L-1011 등과 같이 고성능 제트엔진 장착하고 장거리 비행이 가능한 항공기가 많이 등장하였다. 이에 항공운송을 하고 있던 항공사들은 고성능 여객의 운영으로 비용을 절감하는 한편 많은 수익을 올릴 수 있었고 상대적으로 높았던 항공요금을 적정하게 낮출 수 있었다. 이로써 비행기술의 발전은 일반인들의 항공여행에 대중화를 이루어내는데 크게 기여하였다. 항공위키에서 발췌

03

국제경쟁력 강화와 제도정비

세계 제2차대전 종전 후, 국제영공을 장악하기 위해 영국과 미국 간에 치열한 주도권 경쟁이 벌어졌다. 세계항공산업의 발전을 위해 1944년 미국 시카고에서 개최된 회의에서 미

국은 국제민간항공협약(Convention On International Civil Aviation)의 채택을 주도하면서 하늘의 자유(Freedom of Air)를 규정하고 영공에 대한 해당국가의 주권, 영역상공을 비행할 권리 등을 명문화하였다. 미국을 중심으로 발전하던 항공운송산업은 1970년대에 들어서면서 전 세계로 확장되었고, 세계 각국 정부는 민간 사업자의 항공운송 진입 및 운임정책에 대해 엄격하게 규제하기 시작하였다. 그러나 미국의 카터 행정부는 항공시장의 경쟁력 강화를 위하여 항공규제를 철폐하였다. 그후 항공사들은 다양한 항공요금체계 등을 채택하였지만 일부 업체들은 파산을 겪었다. 이에 미국 정부는 세계 여러 국가들을 상대로 항공규제완화 정책인 Open Sky를 요구하게 되었고 네덜란드의 KLM을 비롯한 유럽의 여러 국가들이 미국의 제안을 수용하여 동 협정을 체결하게 되었다.

1980년대 후반에 세계 각국의 항공사들은 원가절감 및 규제완화에서 생존할 수 있는 상생전략으로 CRS(Computer Reservation System)를 도입하여 체결 항공사간에 예약정보를 공유할 수 있는 컴퓨터 예약 제도를 도입하였다.

04 항공시장 분석

01 국내 항공사/항공기 보유 현황

(2018년 기준)

구 분	대한항공	아시아나	제주항공	진에어	에어부산	이스타	티웨이	에어서울	비 고
보유항공기	167	83	39	27	25	22	24	7	대
여객운송	12.180	6,866	1,768	1,353	917	881	1,147	331	국제+국내
전체직원	2,75	1,84	1,195	889	806	590	287	172	명

02 • 국제 항공시장 분석

항공운송산업도 각국의 국내 총 생산율(GDP: Gross Domestic Product)과 밀접한 관계를 가지고 있고, 이를 취합하여 세계항공실적에 반영하고 있다. 지난 10년 동안('08~'17년) 국제항공실적은 세계 국가별 총생산의 연간 평균성장률 (AAGR : Average Annual Growth Rate) 보다 달성하여 평균 3.2%p 초과하였다. 2016년의 세계 국내 총생산율은 2.5%로 장기평균 증가율과 보합세를 보인 반면, 2017년의 성장률은 3.2%로 지속적으로 평균증가율이 성장하고 있다. 아울러 2016년과 2017년 세계 항공시장 성장률 또한 평균증가율이 5%대를 초과하여 달성하게 되었다. 이처럼 항공시장이 발전하게 되는 것은 세계적인 경제 활성화로 국제 총생산이 향상되면서 각국의 가계수입이 증대되고 있어서 국민들이 항공여행을 할 수 있는 우호적인 여건이 조성되고 있는 것으로 분석된다. 또한, 2017년에는 유가의 하락과 세계적으로 증가하고 있는 저비용 항공사의 발달로 많은 여행자들에게 저렴한 항공운임을 제공할 수 있는 우호적인 환경이 항공 시장 발전에 크게 기여하였다.

03 • 국적항공사 국제 여객 수송 실적

❶ 항공 여객 분석

2019. 7.말 국적 항공사의 항공여객 수송실적은 전년('18)과 대비하여 평균 7.7% 증가한 1,071만 명을 기록하였다. 성장요인은 여름휴가철을 맞아 많은 국민들이 파리 등 유럽과 중국과 일본을 비롯한 동남아 지역으로 여행을 떠난 결과로 분석하고 있다.

❷ 지역별 국제선 여객 실적

(단위 : 천명)

기간	일본	중국	아시아	미주	유럽	대륙	기타
'18	1,733	1,423	2,619	509	622	295	97
'17	1,794	1,588	2,992	524	677	292	96
성장률/%	3.5	11.6	14.3	2.9	8.9	-0.8	-0.4

❸ 국내 공항별 국제·국내 여객 수송 실적

(2016~2018)

공항	노선	총여객/명			전년대비 증감율/ %	전년대비 증감율/ %	평균 증감율/ %
		2016	2017	2018	'16-'17	'17-'18	'16-'18
인천	국내	613191	561460	583616	-8.4	3.9	2.8
	국제	57152206	61520572	67676147	7.6	10	8.8
김포	국내	20801363	21068467	20312292	1.3	-3.6	-1.2
	국제	4241725	4032680	4290296	-4.9	6.4	0.8
김해	국내	7123853	7590455	7197734	6.5	-5.2	0.7
	국제	7776962	8813086	9866879	13.3	12	0.7
제주	국내	26965479	28327411	27555827	5.1	-2.8	1.2
	국제	2741885	1276952	1899478	-53.4	48.8	-2.3
대구	국내	1848291	2056355	2014208	11.3	-2	4.7
	국제	684841	1503769	2048625	119.6	36.2	77.9
청주	국내	2118695	2385611	2135560	12.6	-10.5	1.1
	국제	614060	185940	318089	-69.7	71.1	0.7
무안	국내	126654	141067	216725	11.4	53.6	37.5
	국제	195021	156949	326522	-19.5	108	44.3
양양	국내	957	0	138			
	국제	87747	15780	37533	-82	137.9	2.0
광주	국내	1613775	1946605	1986125	20.6	2	11.3
여수	국내	503371	592509	590112	17.7	-0.4	8.7
울산	국내	545321	571429	817341	4.8	43	23.9
사천	국내	150728	178261	182686	18.3	2.5	10.4
포항	국내	67567	98163	83818	45.3	-14.6	15.4
군산	국내	232132	225797	291941	-2.7	29.3	13.3
원주	국내	78567	81560	85725	3.8	5.1	4.5
합계	국내	62789944	65825150	64053848	4.8	-2.7	1.1
	국제	73495106	77505956	86463569	5.5	11.6	6.5

공항현황 (2019년도 한국공항공사 자료 참조)

04 ● 향후 전망

    일과 휴식에 대한 열정이 공존하는 현대인들의 워라밸(Work & Life Balance) 생활 패턴에서 연평균 10% 이상으로 꾸준하게 성장하고 있는 항공시장은 향후에도 지속적으로 발전할 것이다. 그러나 이를 위해서는 쾌적하고 안전한 항공기의 설계 및 제작 과정이 크게 개선되어야 하고, 간결하지만 흠결 없는 보안 검색과 탑승수속 절차의 간소화, 안락함과 쾌적함을 느낄 수 있는 기내 서비스 등이 전제되어야 할 것이다.

    이를 위하여 국제항공기구를 중심으로 항공기 제작사, 공항당국, 항공사 등의 효율적인 협조체제가 선행되어야 할 것이다. 이러한 전제가 이루어지면 지금도 타 교통수단보다 우위를 점하고 있는 항공시장은 더욱 발전할 것으로 전망된다.

+ memo

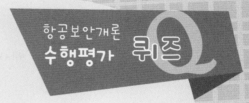

제3장 항공운송

항공보안개론 수행평가 퀴즈 Q

여러분들이 학습한 과정을 객관식 또는 주관식 문제로 구성하여 출제하였으니 복습을 겸한 평가 바랍니다.

성명 :   학번 :

1. 항공운송 사업자에 해당하지 않는 사업자는 ?

   ① 고속성   ② 안전성
   ③ 공공성   ④ 수익성

2. 세계최초의 민간 항공회사는?

   ① 네덜란드 항공사(KLM)   ② 미국의 DELTA항공사
   ③ 영국의 Cathay Pacific   ④ 한국의 대한항공

3. 다음 중에서 항공운송업의 분류에 해당하지 않는 것은?

   ① 정기 운송사업   ② 항공기 취급업
   ③ 항공기정비업   ④ 선박 정비업

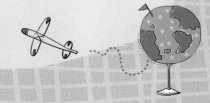

4. 다음 중에서 항공기의 상업화 배경에 해당하지 않는 것은?

① 러일 전쟁 종료 후

② 상업적 목적 우편물 배송

③ 제1차 세계대전 종료

④ 제2차 세계 대전 종료 후

5. 항공운송업에 대하여 기술하세요.

....

....

....

....

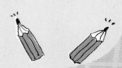

+ memo

AVIATION SECURITY PROCEDURE

제4장
공항 서비스

제1절

공항의 정의

공항은 항공기의 이·착륙 및 여객·화물의 운송을 위한 시설과 그 부대시설 및 지원 시설 등 공항시설을 갖춘 공공용 비행장으로서 국토교통부장관이 그 명칭·위치 및 구역을 지정·고시한 것을 말한다. 국제민간항공기구(ICAO)에서는 공항을 "항공기 도착, 출발이나 지상이동을 위하여 일부 또는 전체가 사용되는 건물, 시설물, 장비 등이 포함된 육지나 수상의 일정구역"으로 정의하고 있으며 'Aerodrome'으로 표기하고 있다. 또한 미국 연방항공청(FAA)에서는 "공항이란 여객이나 화물을 항공기에 싣거나, 내리기 위해 정기적으로 이용되는 착륙 지역"으로 정의하고 'Airport'로 표기하고 있다. _{항공위키에서 발췌}

01

공항시설

공항구역에 있는 시설과 공항구역 밖에 있는 시설로 구분되는데, 공항내에 있는 시설로는

❶ 항공기의 안전한 이착륙을 위한 활주로, 유도로, 계류장, 착륙대와 탑승 수속을 위하여 여객터미널, 화물터미널 및 안전한 항공관제를 위한 관제탑과 항행안전시설(VOR, ILS, Radar 등) 및 기상관측소 등이 있다.

❷ 항공기의 정비점검을 위한 격납고와 항공기 사고시 긴급 구조를 위한 소방대, 항공기 기내식 제조를 위한 시설, 항공기 급유시설, 공항의 유지보수를 위한 통신, 전기, 건축 등 각종 시설의 인원 및 장비의 필요시설 등이 있다.

❸ 도심 공항 터미널의 기능은, 항공기 이용객의 편의를 위하여 도심에 설치되어 있는 공항 터미널로서, 항공기 이용객이 항공기 기내 탑재 화물을 우선 위탁하고 항공권을 발급 받은 후에 개인적으로 해당 공항으로 이동한 후에 전용 창구에서 보안 검색 및 항공기를 탑승하는 절차를 하는 먼 곳에서 이동하는 승객의 편의를 위한 고객 지향적인 서비스 제도이다.

02 공항의 기능과 역할

항공기를 이용하는 승객과 화물의 출발, 정착, 최종 목적지로서 여객의 집결 및 출발과 화물의 집하 및 배송을 위한 분류지로서 그 역할과 기능이 크다. 따라서 다양한 기능을 수행하기 위하여 모든 과정을 관리하는 정보통신기술(ICT : In- formation & com- munication Technology)을 활용하여 더욱 효율성을 높이고 있다.

| 공항 시설별 기능 |

시 설 명	기 능	비 고
여객터미널	- 여객 출발·도착 - CIQ기관 업무 수행 - 식당 등 여객 편의 시설	- 항공사 입주 - 세관 법무부 검역소 및 편의 시설 등
화물 터미널	- 도착·출발 화물의 집하 및 발송 - 화물의 세관 및 검역 - 항공사 및 상주 기관 입주	
지원 시설	- 활주로, 관제탑, 기상대, 격납고 등	

제2절

공항의 발전 과정

01
초기 공항

세계 1,2차 대전에서 중에는 단순하게 항공기의 이착륙만을 위한 비행장 기능을 보유한 지면 또는 수면을 활용한 공항이 존재하였다. 물론 그 당시 운항 항공기는 프로펠라 기종이 주종을 이루고 있어서 공항의 기능과 역할이 단순하게 그 기능을 다할 수 있었으나, 전쟁이 끝나고 항공기가 상업용으로 그 기능이 바뀌면서 공항 또한 복합적인 기능과 역할이 요구되었다.

02
근대 공항

유럽과 미국 대륙 간의 산업화의 발달과 인적·물적 자산의 활발한 교류에 부응하기 위하여 항공기가 제트엔진을 장착하고 고속화·대형화 되면서 공항의 기능은 더욱 중요시 되었다. 항공기 지원 장비가 첨단화 과학화 되면서 그 기대를 충족할 수 있게 되었다. 활주로와 착륙대의 길이를 좀 더 길고 넓게 확장하였고 ILS 등 항행시설과 항공등화장비의 개선과 여객의 탑승 및 하기 시 편의를 위한 L/B(Loading Bridge)를 설치하고, 여객터미널 내에는 면세점과 식음료점 등 다양한 편의시설도 운영하였다.항공운송서비스개론(서정만, 한올)에서 발췌

03
첨단 공항

　고객에게 보다 편리한 연계 교통 체계를 구축하기 위하여 각국의 공항들은 노력하고 있다. 기존의 접근 방법은 단순하게 육상 교통수단을 이용하는 것이었으나, 개선 방안으로 육·해·공의 교통수단을 복합시키는 혼합교통망 체계를 구축하였다. 그 대표적인 사례가 프랑스 'Orly 국제공항'으로서 육상으로는 테제베 고속철도, 선박을 이용한 항만, 다른 공항으로부터 도착하는 항공편의 승객들이 아주 편리하고 효율적으로 이용하는 사례가 되고 있다. 또한 이용객의 욕구에 부응하여 공항이 단순하게 항공기를 이용하는 기능에서 벗어나 쇼핑몰과 영화관 및 비즈니스 미팅 장소를 설치하는 등 복합기능을 갖추어서 이용객의 만족도 향상에 크게 기여하고 있다.

공항 시설

01 기본 시설

01 활주로(Runway)

항공기의 이륙과 착륙을 위한 지상 시설로서 항공기가 안전하고 효율적으로 운용될 수 있도록 위치와 방향이 결정된다. 항공기의 이착륙에는 공항 내에 현존하는 여러 요인들

즉, 항공기 이착륙 당시의 기상 조건, 안개, 바람의 방향 및 속도와 주변의 산과 장애물 등이 중요한 영향을 미치게 되므로 이러한 조건을 충분히 고려한 후에 위치가 결정되어야 한다.

항공기의 기종에 따라 활주로의 길이와 폭이 달라지므로 운항 항공기의 등급 또한 절대적인 변수가 된다.

활주로(Runway)

| 국내 공항별 활주로 등급 |

공항별	규 격(m²)	활주로방향	등급	착륙시설	착륙기준시정/m	관할청
인천			CAT-Ⅲb	ILS	75	국토교통부
김포	3,600×45 3,200×60	14R 14L,32L,32R	CAT-Ⅲa CAT-Ⅰ	ILS	175	국토교통부
김해	2,743×46 3,200×60	36L 18L	CAT-Ⅰ 비정밀	ILS VOR/DME	550 4,800	국방부/공군 국토교통부
제주	3,180×45 1,900×60	07 25	CAT-Ⅱ CAT-Ⅰ	ILS	330 750	국토교통부
대구	2,755×45 2,743×45	31L 13R	CAT-Ⅰ	ILS	730 2,400	국방부/공군
울산	2,000×45	36 18	CAT-Ⅰ 비정밀	ILS VOR/DME	800 4,800	국토교통부
청주	2,744×60 2,744×45	25R 06L	CAT-Ⅰ	ILS	800	국방부/공군
무안	2,800×45	01 19	CAT-Ⅰ	ILS	550	국토교통부
광주	2,845×45 2,835×45	04R 22L 04L 22R	CAT-Ⅰ 비정밀 비정밀 정밀	ILS LLZ/DME PAR PAR	730 2,400 730 1,200	국방부/공군
여수	2,100×45	17 35	CAT-Ⅰ CAT-Ⅰ	ILS ILS	550 800	국토교통부
양양	2,500×45	33 15	CAT-Ⅰ 비정밀	ILS 선회접근	550 4,600	국토교통부
포항	2,133×45	10 28	정밀 비정밀	LLZ/DME/ PAR VOR/DME	1,200 4,400	국방부/해군
사천	2,744×46 2,744×46	04R 22L 04L 22R	CAT-Ⅰ 비정밀 비정밀 비정밀	ILS LLZ/DME VOR/DME VOR/DME	1,400 2,400 4,800 2,400	국방부/공군
군산	2,745×45 2,454×23	18 36	CAT-Ⅰ	ILS	730	국방부/미공군
원주	2,743×45	03/21	정밀	PAR	2,012	국방부/공군

02 유도로(Taxi way)

공항의 에어사이드 지역에서 항공기가 이륙을 위하여 활주로로 이동하거나 또는 착륙 후에 터미널로 진입할 때 또는, 격납고, 주기장 등으로 이동하는 통로를 말한다. 시설의 규모는 취항하는 항공기의 기종과 횟수 등 운항여건을 결정한다.

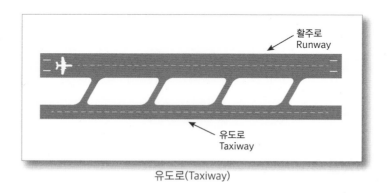

유도로(Taxiway)

03 계류장(Apron)

항공기가 여객 및 화물의 탑승 및 하기와 하역, 항공유 급유를 위하여 머무를 수 있 도록 여객터미널 또는 화물터미널 앞에 설정된 구역을 말하며, 항공기가 주기할 수 있는 탑승 주기장(Loaing Aircraft spot)과 정비주기장(Maintenance spot), 비정상항공기를 처리하는 비상 주기장 등이 있다.

계류장 (Apron)

04 ● 항공관제시설

◕ 항공관제탑 (Air Traffic Control)

항공기가 이륙 전에 지상에서 이동할 때부터 유도로에서 활주로, 활주로에서 이륙하여 관제지역을 벗어 날 때까지 항공기의 안전한 운항을 관리하는 업무를 하는 곳이다. 항공기간 충돌방지 및 공항시설 등과의 안전 사고를 사전에 차단하기 위한 각종 운항 및 안전관련 정보를 조종사에게 전달하는 업무는 국가로부터 부여된 자격을 취득한 항공교통관제사에 의해 운영되어지고 있다.

공항 관제탑

◕ 항행안전시설

항공기가 목적지 공항에 안전하게 착륙할 수 있도록 항공기에 무선 또는 레이다 장비를 이용하여 전파로 공항 정보를 제공하는 시설을 말한다. 물론 해당 항공기는 이러한 정보를 수신할 수 있는 장비를 탑재하고 있어야 하며 조종사는 이러한 장비의 운용 능력을 갖추어야 한다. 이러한 시설로는 정밀 계기착륙장치인 ILS(Instrument Landing System)와 전방향 표지시설인 VOR 등이 있다.

◕ 항공등화시설 (활주로 접근안내등)

항공기가 목적지 공항에 진입할 때 해당 공항이 안개 또는 악천후로 인해 조종사가 시계 착륙이 어려운 경우에 이를 보완하기 위해 등화시설을 활용한다. 항공등화시설은 등화의 빛과 색채, 밝기, 시정 및 운고 등에 따라 적절한 밝기로 제공하며, 조종사는 이러한 시설을 활용하여 착륙을 결정한다. 시설은 활주로 진입등, 활주로등, 유도로등, 풍향 등과 비행장등대 등이 있다.

항공등화 시설(Lighting system)

02

여객터미널(Passenger Terminal)

항공기 이용객들의 도착과 출발을 위한 편의가 제공되는 곳으로 국내선 터미널과 국제선 터미널로 구분하여 운영되고 있다. 이는 국제선과 국내선 여객 처리절차와 기능이 다르기 때문이다.

국내선 여객은 단순히 항공사의 탑승수속 후 신분 확인과 보안 검색 절차를 거치고 탑승하여 목적지로 출발하면 그 기능은 종료된다. 그러나 국제선 여객터미널은 승객이 항공사 탑승수속 후에도 CIQ라는 세관, 법무부, 검역소의 국제선 탑승 절차와 병역문제, 문화재 반입 및 반출 등과 같이 절차를 준수한 후에야 목적지로 가는 여객기를 탑승할 수 있기 때문에 그 기능과 역할이 다르다. 또한, 이러한 절차를 이행하기 위하여 여객터미널에는 정부기관 업무를 수행할 수 있도록 해당 관련 공무원과 사무실, 공항운영 주체인 공항공사와 항공사, 여객의 편의시설인 면세점, 판매점, 식당 및 은행 등이 입주 하여 운영되고 있다.

여객터미널

03

화물 터미널(Cargo Terminal)

항공화물의 집하·출하 및 운송을 위한 전용 터미널로 이러한 업무를 지원하기 위하여 세관, 검역소, 관세사, 항공사 등의 지원 인력과 은행, 식당 등 편의시설이 입주하여 원활하게 업무를 지원하고 있다.

공항 화물터미널

04
공항시설 보호구역

　ICAO 부속서 Annex 17 및 항공보안지침서인 doc8973과 항공보안법에 따라 공항시설 보호를 위하여 지정하여야 하며, 항공보안법에 따라 국토교통부장관의 승인을 받아 보호구역으로 지정한 활주로, 계류장(繫留場) 등을 말한다. 이러한 구역을 설정하는 이유는 항공기 사고, 항공범죄, 테러 및 밀입국, 불법 출국을 방지하기 위함이다. ICAO 항공보안 부속서에는 모든 공항이 이런 시설을 정하도록 규정하고 있다.

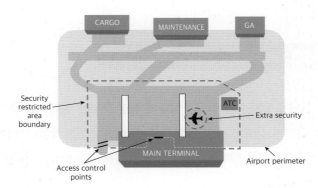

공항시설 보호구역

01　에어사이드 (Air side)

　항공기가 이동하는 지역을 포함하여 법무부 출국심사 및 보안 검색를 마친 승객이 항공기 탑승을 위하여 대기하는 지역으로 항공사, 공항관계자를 제외한 일반인은 사전 허가없이 출입할 수 없는 구역이다. 에어사이드(Airside)에 있는 승객은 모두 "출국 또는 출발"상태이다. 이미 출발 또는 출국심사를 통과하고 전산상 출발, 출국을 했기 때문이다. 이 구역에 들어온 이상 출국을 철회할 수 없고 되돌아 나갈 수 없으며, 나가야 할 경우에는 입국절차를 거쳐야 하기때문에 입국심사대로 입국하여야 한다. 출국장에는 출국심사를 마치고 항공기 탑승을 기다리는 승객들이 잠시 쇼핑을 할 수 있는 면세점과 항공사 라운지 등이 설치되어 있다.

02 랜드 사이드 (Land Side)

공항의 부속건물 가운데 공항직원이 아닌 사람도 자유롭게 출입이 허용되는 지역을 말한다. 항공사 출국 수속 카운터, 주차장, 식당 등 항공보안법상 출입 통제를 적용받지 않는 곳이다.

05
고객 편의 시설

01 구내 업체 (Concession)

공항 여행객의 편의를 위하여 공항공사로부터 입점 자격을 취득하여 운영 되고 있는 식당, 은행, 면세점, 편의점, 수하물 보관소 등의 고객 편의시설을 말한다. 업체의 선정 기준은 예산회계법에 따라서 공항공사가 내정한 사용요율에 상회한 가격을 투찰하는 업체가 선정되는 최고가 입찰제를 따른다.

02 면세점 (Duty free shop)

관세법 제196조에 따라서 면세점 운영 자격에 부합되는 업체를 대상으로 실시하는 입찰에서 선정된 업체가 공항 보호구역 내에 있는 출국장에 출국하는 내·외국인을 대상으로 면세점을 설치하여 운영하고 있다. 또한 관세법의 개정에 따라 국내에서도 2019. 5. 31.부터 입국장 내에 면세점을 설

공항 면세점 (Duty free shop)

치·운영하고 있다. 출국시 면세품 구매한도는 내외국인 구별없이 미화 $3,000불까지 구매할 수 있지만, 입국시 1인당 면세 한도는 미화 $600불까지 이며, 초과 시에는 세관 검사 시, 사전에 신고하면 물품 관세의 30%를 감면 받을 수 있지만, 이를 숨기다 적발되면 40%의 가산세가 부과된다. 관세법 시행규칙 제48조 (관세가 면제되는 휴대품 등)에 따르면 담배는 1보루(20개피), 향수는 1병(60ml), 주류는 1병(400ml 이하)까지 기본 면세범위와 상관 없이 면제된다.

03 ● 공항 귀빈실 (Vip lounge)

해외로 출·입국하는 정부 인사(VIP)와 항공사 주요고객(CIP)을 위하여 공항 터미널 내에 별도의 공간을 마련하여 주요 인사들의 출입국 수속의 대행 및 편의를 제공하는 제도를 말한다.

| 귀빈실 유형 |

구 분	관련 규정	대 상	비 고
공항 의전실 VIP	항공법 제2조 국토부령 제1호 공항공사 예규제10호	1. 대통령 및 전·현직 3부 요인 2. 전·현직 중앙선거관리위원회 위원장 및 헌법재판소장 3. 국회에 원내교섭단체가 있는 정당의 대표 4. 다음 각 목의 어느 하나에 해당하는 사람으로서 외교부장관이 추천하는 사람 　가. 주한 외교공관의 장 　나. 국제기구의 대표 　다. 제1호부터 제3호까지의 규정에 준하는 외국인 5. 위의 귀빈실 사용대상자의 배우자 및 그 자녀	• 공항공사 운영 • 대리인이 출입국 수속 대행
항공사 CIP	항공사 사규	1. 비즈니스 승객 이상 2. 모닝 캄, 다이아몬드 회원 등 3. 항공사 기준 적용	• 항공사 직원 지원

04 대리 주차 서비스 (Valet Parking)

김포 및 인천공항에서는 국내·외로 출발 및 출국하는 승객들을 위하여 주차 대행 서비스를 제공하고 있다. 이들은 공항공사에서 공개입찰을 통하여 선정된 업체로 지정된 주차장에다 위탁된 차량을 주차하고 있어서 일부 사설 주차 업체보다 신뢰도가 높다.

주차 대행

| 주차장 이용 방법 |

공 항	구 분	주차 요금/일/₩	주차대행료	비 고
김 포	주 중	20,000	15,000	제휴 카드소지자
	주말 및 공휴일	30,000		대행료 면제
인 천	단기 주차장	24,000	20,000	
	장기 주차장	9,000		

05 대중교통 연계

◐ 시외버스 정류장

지방으로 이동하는 승객들의 편의를 위하여 김포공항 및 인천공항 여객터미널 전면에 지방 주요 도시로 연결되는 직행 버스터미널을 설치하여 운영하고 있다.

◐ 지하철 (Sub way)

서울 시내에서 편리하게 접근할 수 있도록 지하철 5호선은 김포공항까지, 또는 지하철 9호선은 김포공항을 경유하여 인천공항까지 연결하여 운영되고 있다.

제4절

출입국 수속

01 출국 수속

01 항공사 출국 수속

출국 항공편 예약과 발권이 완료된 승객은 유효기간이 6개월 이상 남은 여권을 소지하고 항공기 출발 2시간 전까지 해당 공항에 탑승 항공사의 발권 카운터에 도착하여 좌석 배정을 받고 위탁 수하물을 탁송해야 한다. 또한, 도심공항 터미널(서울역, 삼성동)도 항공사 수속 완료 후 출발 공항으로 이동하여 보안 검색 및 CIQ 기관의 제반 출국절차를 이행하여야 한다. 출국 수속의 시작은 출국장 입구에서 여권 및 탑승권의 본인 확인절차부터 시작되며 신체 및 휴대품 검색과 정부기관인 세관(CUSTOMS), 법무부(IMMIGRATION), 검역(QUARANTINE) 등이 있다.

02 보안 검색

불법 방해 행위를 하는 데에 사용될 수 있는 무기 또는 폭발물 등 위험성이 있는 물건들이 항공기 내로 반입되지 않도록 방지하기 위하여 보안 검색이 이루어지며, 보안 검색원은 항공보안법 제14조(승객의 안전 및 항공기의 보안) 및 제15조 (승객 등의 검색 등)에 따라 항공기와 승객의 안전을 위하여 항공기에 탑승하는 모든 승객과 휴대물품에 대하여 보안 검색을 실시한다. 항공기 탑승객은 항공보안법 제23조에 따라 항공기와 탑승객의 안전한 운항과 여행을 위하여 불법 방해 행위에 사용될 수 있는 무기 또는 폭발물 등 위험성이 있는 물건들을 탐지 및 수색하는데 협조하여야 하여야 한다.

❶ 여권, 탑승권을 보안요원에게 제출 및 본인 확인

❷ 보안 검색대 진입

❸ 본인 소지품 및 신발 바구니에 정리

　(항공보안 등급 참조)

❹ 여행자 문형 탐지기 통과 및 보안검사

❺ 여행자 소지품 보안검사

❻ 경보장치 울림 여객, 정밀 검색

보안 검색

- 불법 방해 행위를 포함한 항공기 안전운항에 위협이 될 사람은 항공기를 탑승하게 하여서는 안 되며, 탑승을 거절할 수 있다.

❶ 보안 검색을 거부하는 사람

❷ 음주로 인하여 소란행위를 하거나 할 우려가 있는 사람

❸ 안전운항을 해칠 우려가 있어 탑승을 거절할 것을 요청(통보)받은 사람

❹ 그 외 항공기 안전운항을 해칠 우려가 있어 국가에서 정하는 사람

- 보안 검색 및 보호구역 통제과정에서 보안요원의 업무를 방해하거나 폭행 등 신체에 위해를 가하는 행위를 하여서는 안되며, 이러한 행위를 한 경우, 항공 보안법 제50조 처벌규정에 따라 강력한(5년이하의 징역 또는 5천만원이하의 벌금) 처벌을 받을 수도 있다. ^{항공}보안법 제50조

03 세관(CUSTOMS) 신고

해외여행객이 해외로 출국 또는 입국 시에는 반드시 거쳐야 하는 절차이다. 출국하는 승

객이 출국 시에 본인 소유의 고가 휴대품을 신고하지 않고 출국했다가 귀국 시에는 뜻하지 않게 본인의 소지품에 대한 관세부과로 어려움을 겪을 수 있으므로 사전에 해당여부를 확인한 후에 불이익을 당하지 않도록 준비해야 한다. 또한, 입국 시에도 외국에서 구입한 물품에 대한 과세 및 면세 여부를 확인하여 미신고로 인한 불이익을 당하지 않도록 해당 영수증을 잘 소지하여 입국 시 신고하여야 한다.

내·외국인을 불문하고 해외에서 우리나라 입국 시에 1인당 면세한도는 미화 $600까지이며 초과 시 세관 심사 전에 자진해서 신고하면 부과 관세의 30%를 감면 받을 수 있지만, 이를 숨기다가 적발되었을 경우는 40%의 가산세가 부과된다. 이러한 불이익을 방지하기 위하여 사전에 관세청 홈페이지를 방문하여 관세신고에 대해 숙지하고 사전에 신고를 하면 불이익을 예방할 수 있다.

❶ 내국인이 해외로 고가품을 반출시 재입국에 대비하여 세관신고서 작성 방법을 안내하고 신고 필증을 발급한다.

❷ 외국인의 경우, 입국 시 재반출 조건 고가품을 휴대 반입한 경우 반출할 물품을 확인하고 출국한다. (세관신고 사진 1)

세관신고

04 출입국 사열(IMMIGRATION) 신고

해외로부터 입국 또는 출국을 하는 자국민 및 외국인에 대하여 입국 및 출국 자격을 심사하는 제도이다. 자국민에 대해서는 해외 출국에 따른 결격 사유나 출국 금지 및 제한 사유가 있을 때는 출국을 허가하지 않고, 외국인에 대해서는 입국 시 우리나라 입국에 필요한 입국 비자의 취득 여부 또는 입국 목적에 합당한 자격을 갖고 있는지를 심사하는 제도이다. 이렇게 외국인에 대한 입국 심사를 철저하게 하는 것은 외국인들이 국제 적색수배자 색출 및 한국입국 후 목적에 맞지 않게 에서 불법로 일자리를 얻어서 근무하는 것을 방지하는 목적도 있다.

여행자가 사전에 법무부 출입국 사무소를 방문하는 대한민국이 17세 이상 국민과 승무

원은 사전에 지문정보를 등록하면 해외로 입출국 때에 전용 통로를 이용하여 신속하게 입출국 수속을 마칠 수 있는 제도이다.

　여행자가 사전에 법무부 출입국 사무소를 방문하여 본인의 여권과 지문, 얼굴 등 인식 정보 등을 등록하여 출입국 시에 간편하게 출입국 심사를 마칠 수 있는 제도로서 우리나라에서는 인천을 비롯한 김포, 제주, 김해, 청주국제공항과 부산국제항과 인천항에서도 본 제도를 이용할 수 있다. 또한 우리나라와 상호협정을 체결한 미국, 홍콩, 마카오, 대만, 독일에서 우리나라 국민은 자동 출입국 심사대를 이용할 수 있다.

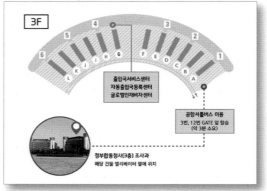

국가산업인력공단(NCS:항공여객운송서비스) 참조

05 ● 검역(QUARANTINE) 신고

　해외여행객을 대상으로 하는 주관부서는 보건복지부로서 자국민이 질병 및 전염병이 예상되는 국가로 출국 시에는 해당국가에서 전염이 우려되는 질병의 예방 접종을 권장하고 확인하며 또한, 해외로부터 입국하는 여행객을 대상으로 각종 질병 및 전염병의 감염 여부의 확인 및 예방 활동을 실시하고 있다.

　농축산물에 대한 주관부서는 농축산수산부로서 해외로부터 입국하는 승객을 대상으로 그들이 소지하고 있는 농수산축산물의 검역을 담당하고 있다. 예를 들어, 생과일, 육류, 생선 및 해당 국가의 흙이 묻어 있는 농수산축산물의 여행자 휴대 반입을 금지하여 대한민국의 토양의 오염 및 자국민의 건강을 보호하고 있다.

검역검색

06 항공기 탑승 및 출항

보안 검색과 CIQ절차를 마친 승객이 항공기에 전원 탑승하면 세관 및 법무부 출입국 관리 사무소로부터 출항허가를 받은 후에 목적지 공항으로 출발하면 된다.

❶ **항공사** : 항공기 이상 여부 확인 후 해당 여객 전원 탑승확인

❷ **출항 허가** : 법무부 출입국관리사무소, 세관 승기실

❸ **해당 서류**

- 승무원 명단, 검역 등 운항항공기의 일반 정보 (GD : General Declaration)

- 탑승객 명단 (PM : Passenger Manifest)

- 화물탑재목록 (CM : Cargo Manifest)

07 기타 참고 사항

❶ **병무 신고**

병역 대상자가 해외여행을 하고자 할 때는 병무청으로부터 국외여행허가서를 발급받은 후에 출국 당일에 법무부 출국심사대에 국외여행허가서를 제출하여야 한다.

- 신고 대상 : 25세 이상 병역 미필 병역의무자 (영주권 사유 병역 연기 및 면제자 포함)

- 연령 제한 없이 현재 공익근무요원 복무중인 자, 공중보건의사, 징병전담 의사, 국제협력의사, 공익 법무관·수의사, 국제협력요원, 전문연구원/산업기능요원으로 편입되어 의무종사기간 마치지 아니한 자)

❷ **문화재 반출 신고**

국가의 보물 또는 이와 유사한 물품을 반출하기 위해서는 문화재 감정관실에 신고를 하고 허가를 얻어야 한다.(문화재 보호법)

02

입국 수속

항공기가 목적지 공항에 도착하여 승객들이 하기한 후에 통과여객 승객(Transit Passenger)은 해당 탑승구로 이동하여 연결 항공편에 탑승하고, 나머지 승객은 검역(QUARANTINE)대를 거쳐 법무부 입국 사열(IMMIGRATION)을 받은 후에 해당 컨베이어에서 본인의 수하물을 찾아서 세관(CUSTOMS) 신고를 마친 후에 목적지로 이동하게 된다.

공항도착 전   공항도착/검역   수하물 찾기   입국심사   세관검사   입국완료, 귀가
(기내) 서류작성

입국심사

01 ━● 통과여객 (Transit Passenger)

최종 목적지 공항으로 여행하기 위하여 중간 기착지 공항에서 항공사 직원 안내를 받아서 해당 항공편으로 바꾸어 타는 승객을 말한다.

02 ━● 검역(QUARANTINE)

외국에서 입국하는 모든 승객에 대해서는 질병 관련 설문지를 수거하고, 통로에 설치된 열감지기를 통과하게 하여 고열 여행객 등을 재분류 후에 정밀 검사 및 항공기 화장실 등 점검하여 특별 검사를 실시한다. 또한, 농수산축산물 등에 대한 점검도 실시하여 철저한 방역에 대비한다.

03 법무부 입국 사열(IMMIGRATION)

국내로 입국하는 모든 승객은 내·외국인으로 구분된 전용심사대를 이용하여 입국 사열을 받게 된다. 내국인에 대해서는 범죄로 인한 지명 수배여부 등을 확인하여 범법자는 해당기관에 통보조치하고 외국인에 대해서는 소지한 여권의 유효기간 및 발급받은 입국비자의 적격 여부 및 입국 목적의 합목적성과 국제 적색수배자(Black list)등을 확인하고 부적격자는 입국거부 조치하여 해당 항공사에 통보하여 추방 조치한다.

입국 심사 후 조치사항

구 분	심사 내용	조 치
내국인 (대한민국)	- 일반 여행자 - 범죄자 및 수배자	- 입국 - 관계기관 통보 및 추방
외국인	- 여권 및 비자의 적법성 - 입국 목적의 적합성 - 적색수배자(Black list)	- 입 국 - 체류기간 지정 - 추방(항공사 통보 및 탑승)

04 위탁 수하물 확인

❶ 컨베이어벨트에서 위탁한 수하물 확인 및 수거
❷ 기내 제한 물품 인도 : 골프채, 건전지, 휴대용 칼 등
❸ 수하물 사고 신고 : 분실, 파손, 부분 손실
  - PIR(Property Irregularity Report) 작성 : 여권, Baggage tag
❹ 미 통관 수하물 예치 : 출국 시 회수

05 세관(CUSTOMS)

국내로 반입이 제한 및 금지되는 품목(총기, 폭약, 마약, 미화 $10,000 이상)에 대한 제재 및 면세 한도 초과(미화 $600 이상) 품목에 대하여 과세를 한다. 세관검사대는 파란 선의 자율신고 검

사대와 붉은 선으로 안내되는 과세대상 신고대로 구분되므로 외국에서 구입한 물건의 총액이 미화 $600 미만일 경우는 면세 신고대를 이용하고, 초과 할 때는 과세대상 검사대를 이용하면 된다. 세관 신고서는 개인별로 작성하지만, 가족이 여행할 때는 대표자 한 명만 신고서를 작성하여 제출하면 된다.

세관신고

 제4장 공항서비스

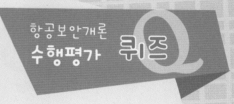

여러분들이 학습한 과정을 객관식 또는 주관식 문제로 구성하여 출제하였으니 복습을 겸한 평가 바랍니다.

성명 :   학번 :

1. 다음 중에서 공항에 대한 설명으로 부적절한 항목은?

① 여객이나 화물을 항공기에 싣거나 내리기 위하여 정기적으로 이용되는 착륙시설
② ICAO에서 항공기 도착 출발을 위하여 건물, 시설물 등의 전부 또는 일부가 사용되는 곳
③ 국토교통부 장관이 그 명칭이나 위치를 지정 고시하는 곳
④ 항공기의 활주로만 갖추어진 착륙시설

2. 다음에서 공항의 기능으로 부적합한 항목은?

① 항공운송기지   ② 여객 운송기지
③ 화물 운송기지   ④ 항공기 착륙시설만 갖춘 기지

3. 공항의 기본시설이 아닌 것은?

① 활주로   ② 유도로
③ 계류장   ④ 외곽 울타리

4.공항 여객터미널의 형태가 아닌 것은?

① 복합형(Complex)
② 선형(Linear)
③ 위성형(Satelite)
④ 중앙 집중식(Pier)

5.다음 중에서 에어사이드가 아닌 것은?

① 활주로(Runway)
② 유도로(Taxiway)
③ 격납고(Hangar)
④ 은행(Bank)

+ memo

159

AVIATION SECURITY PROCEDURE

제5장
보안 검색

제1절

보안 검색과 적용 범위

01

보안 검색의 정의

🔴 근거 : ICAO Annex 17

각종 테러 및 위협 등 불법 방해 행위로부터 민간항공기 및 탑승객을 보호하기 위하여 국내외 항공보안규정(국제 : Annex 17 / 국내 : 항공보안법)에 따라 공항운영자가 항공기에 탑승하는 승객의 신체, 휴대물품 및 위탁수하물에 대한 보안 검색을 실시한다.

보안 검색요원들이 위해물품을 적발하기 위해 금속탐지기, X-ray, 폭발물 탐지기 등을 이용 하여 탐지, 탐색하는 일체의 모든 행위를 보안 검색이라고 통칭한다.

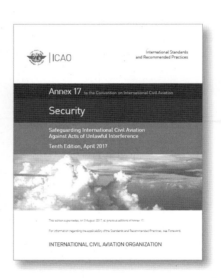

02
적용 범위

　국제민간항공기구(ICAO)에서는 항공보안의 국제기준인 표준사항 및 절차 (ICAO SARPS : ICAO Standards & Recommended Practices) 등을 부속서 17에서 규정하고 있는데, 2002. 7. 1. 이전까지는 국제선 항공기를 운영하고 있는 공항과 항공기에만 적용하였지만, Annex 17 의 제10차 개정안 이후부터는 국제선 항공기 뿐 만 아니라 국내선 항공기를 운영하고 있는 공항과 국내선 항공기에도 적용하도록 포괄적으로 개편되었다.

보안 검색의 발전 과정

02
국제 환경의 분석

01 ━● **항공테러 초기**

1930부터 1950년도 말까지는 민간항공 산업이 시작되는 시기로 민간항공 역사상 최초로 항공기 납치사건이 발생하고 항공기 폭파, 정치적 목적의 항공기 납치 등이 빈번하게 발생하던 시기로 항공테러 초창기로 보고 있다.

최초의 항공기 납치사건은 1931년 페루에서 발생하였는데 1931. 3. 28. 무장한 페루의 혁명분자들이 우편물 수송 비행기인 팬암 항공기를 납치한 것이 민간항공 역사상 최초의 항공기 납치사건으로 기록되었다.

최초의 정치적인 항공기 납치사건은 1947. 7. 25. 10명의 승객을 탑승시키고 운항 중이던 루마니아 항공사 소속의 항공기 납치사건이다. 이 사건을 계기로 그동안 미흡하였던 항공 보안에 대한 구체적인 논의가 시작되었다

02 ● 테러 성장기

1960년도 초부터 1970년도 말까지 항공기 납치사건이 집중적으로 발생하였다. 1960년 초반은 쿠바에서 미국으로 향하는 항공기 납치사건이 증가하였으며 이후 미국에서 쿠바로 운항하던 항공기 납치 사건이 발생하던 시기였다. 이러한 여러 사건을 계기로 ICAO에서는 항공기 내 난동, 항공기 납치, 항공기 폭파 등의 대응을 위하여 1963년 동경협약, 1970년 헤이그협약, 1971년 몬트리올 협약을 채택하여 항공테러 방지에 기여하였다. 또한 민간 항공테러 대응 대책을 ICAO 부속서에 채택하여 항공기 납치 및 항공기 사보타주 저지를 위하여 지속적으로 노력한 결과 항공기에 대한 테러는 크게 줄었다.

03 ● 국내 환경 분석

◑ 국내 항공기 납치 사례

우리나라의 보안 검색 발전과정을 살펴보면 남·북한이 대치된 환경에서 북한의 특수 공작원에 의해 자행되는 테러를 방지하기 위한 노력이 그 발단이다. 또한 ICAO 등에서 제정한 국제 항공보안규정에 따라 우리나라도 미국 FAA 등이 설정한 국제 기준에 맞게 보안 검색 분야를 강화하여 국제적인 항공테러 방지협약에 동참하게 되었다.

최초로 국내선 민간항공기가 북한 공작원들에 의하여 납치된 사례는 1958. 2. 16. 부산 수영공항에서 승객 28명과 승무원 4명이 탑승하고 서울로 비행하던 KNA 소속 창랑호가 (DC-10) 수원 상공에서 북한의 지령을 받고 남파된 공작원들에 의해 북한으로 납치된 사건이다. 그 당시에는 승객들에 대한 보안 검색 제도가 없었고 또한 무기를 휴대하고 있는 승객에 대해서도 어떠한 제재도 없어서 발생된 것이다. 그 이후, 1969. 12. 11. 승객 47명과 승무원 4명이 탑승하여 강릉에서 서울로 비행하던 대한항공 YS11 여객기 또한 북한 공작원들에 의하여 납치되는 사건이 발생한 이후, 1970. 2. 14. 승객 39명이 판문점을 통하여 돌아왔지만 나머지 승무원과 승객은 아직도 북한에 억류되어 있다. 그 사건 이후, 항공기 승객 및 승무원들에 대한 보안 활동을 더욱 강화하는 계기가 되었다.

⬤ 우리나라 항공기의 폭파 사례

1987. 8. 29. 중동의 바그다드에 파견근무를 마치고 한국으로 귀국하던 승객과 승무원 115명이 탑승하여 아부다비를 경유하여 서울 김포공항으로 비행하던 KAL 858기가 태국 방콕의 안다만 관제소에 "항공기 정시도착 예정"이란 내용의 교신을 한 후에 4분 뒤에 항공기가 실종되었다. 우리나라 정부는 즉각 아랍의 아랍에미레이트 대사관과 협조하여 실상을 파악하였고, 중간 기착지인 아부다비 공항에서 내린 일본인 2명, 하치야 신이치와 하치야 마유미에 대하여 일본대사관에 확인한 결과, 그들은 북한에서 파견된 특수 공작원들로서 남자는 김승일(70세), 여자는 김현희 (20세)로 밝혀졌으며 일본인 관광객 부녀로 위장하여 활동하였다. 그러나 이들은 12. 1. 출국 시 바레인 공항당국에 의하여 조사를 받게 되자, 조사실에서 음독하여 김승일은 사망하고 김현희는 중태에 빠지고 말았다. 그 후 김현희는 한국으로 압송되었고 조사결과, 북한은 1988년 대한민국에서 개최되는 서울 올림픽을 방해하기 위한 김정일의 지령에 따라서 범행을 시도하였고, 범행 수법은 액체 폭박물을 술병에 담아서 라디오 주파수로 원격 조정하였고, 그들이 1차 기착지인 바그다드 공항에 내린 후에 제2차 기착지인 미얀마의 벵골로 향하는 상공에서 비행기 내에서 설치된 폭발물에 의해서 승객과 승무원 115명 전원이 사망하는 테러를 감행하였다.

⬤ 기내 보안관 탑승 제도

1970. 2. 26.부터는 국적기인 대한항공 항공기내에 경찰관으로 구성된 항공보안관(50명)을 직접 탑승시켜서 항공기와 탑승객의 안전을 위한 보안활동을 강화하였다. 1971. 7. 1. 항공사로 구성된 공항운영위원회(AOC)가 보안 검색요원 7명을 선발하여 출국장에서 경찰관의 지휘 감독을 받으며 출국하는 승객의 신체 및 휴대품과 탁송 화물에 대한 보안 검색을 하기 시작하였다.

그 이후 1993. 9. 7.부터 국내 공항의 보안 검색업무는 항공사에 의해 체결된 민간 경비업체 소속의 보안 검색요원이 전담하고, 경찰은 검색 지도 감독업무만을 수행한다는 방침이 결정되었다. 따라서 김포, 김해, 제주공항은 1993년부터 시행되었고, 1997년 개항한 원주, 청주공항 등의 보안 검색업무는 민간 보안요원에게 이관되어 운영되었다.

보안 검색 제도의 도입

01

보안 검색 원천

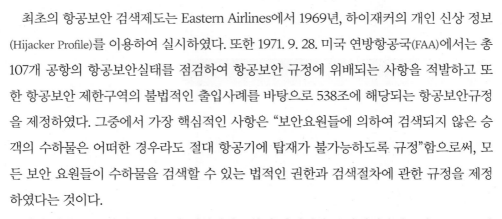

최초의 항공보안 검색제도는 Eastern Airlines에서 1969년, 하이재커의 개인 신상 정보(Hijacker Profile)를 이용하여 실시하였다. 또한 1971. 9. 28. 미국 연방항공국(FAA)에서는 총 107개 공항의 항공보안실태를 점검하여 항공보안 규정에 위배되는 사항을 적발하고 또한 항공보안 제한구역의 불법적인 출입사례를 바탕으로 538조에 해당되는 항공보안규정을 제정하였다. 그중에서 가장 핵심적인 사항은 "보안요원들에 의하여 검색되지 않은 승객의 수하물은 어떠한 경우라도 절대 항공기에 탑재가 불가능하도록 규정"함으로써, 모든 보안 요원들이 수하물을 검색할 수 있는 법적인 권한과 검색절차에 관한 규정을 제정하였다는 것이다.

이에 따라 1972년에는 미국의 메이저항공사인 아메리칸 유나이티드항공사는 100%검색을 의무화하였고, 1973년에는 국가 공권력을 행사할 수 있는 항공보안 검색요원이 배치하였으며, 1976년에는 기내보안관(Federal Air Marshall) 제도가 시행되었다. 미국에서는 9.11테러 이후 미 연방항공국(FAA:Federal Aviation Administration)이 육상·해상·공중을 통합한 교통보안청(TSA:Transportation Security Administration)으로 기구를 확대한 후 국가 민간항공보안프로그램을 개발하여 운영함으로써 항공보안 대책에 만전을 기하고 있다.

02

보안 검색에 대한 법률적 근거

01 ● 국제법

❶ 국제민간항공 협약부속서(ICAO ANNEX 2, 6, 9, 10, 11, 13, 14, 17, 18)

❷ 국제민간항공기구 "불법 방해 행위로부터 민간항공 보호를 위한 ICAO 보안지침서"
(Security Manual for Safeguarding Civil Aviation Against of Unlawful Interference)

❸ 항공기에서 범한 범죄 및 기타 행위에 관한 협약 : 1963년 UN제정

❹ 항공기의 불법납치 억제를 위한 협약 : Hague(1973. 2. 17. 한국가입)

❺ 민간항공의 안전에 대한 불법적행위의 억제를 위한 협약 : 몬트리올 협약 (1971. 9. 23)

❻ 가소성 폭약의 탐지를 위한 식별조치에 관한 협약 : UN 안전보장이사회 결의(1989. 6. 14)

02 ● 국내법

❶ 항공보안법

❷ 통합방위법

❸ 테러방지법

❹ 국가보안시설 및 보호 장비 관리 지침

03

기본 원칙

항공기에 탑승하는 사람은 신체, 휴대물품 및 위탁수하물에 대한 보안 검색을 받아야 하

며(항공보안법 제15조), 공항을 통과하거나 환승하는 승객에 대한 보안 검색도 동일하게 검색하여야 한다(법 제17조). 또한 공항 보호구역에 출입허가를 받아 출입하려는 사람도 신체, 휴대물품 및 위탁수하물에 대한 보안 검색을 받아야 한다(법 제16조).

공항운영자는 항공기에 탑승하는 사람, 휴대물품 및 위탁수하물에 대한 보안 검색을 하고, 항공운송사업자는 화물에 대한 보안 검색을 하여야 한다(법 제15조).

04 보안 검색 수행(위탁)업체의 선정 및 운영

01 관련근거 (항공보안법 제15조 3항)

공항운영자 및 항공운송사업자는 보안 검색을 직접 수행하거나 경비업법에 따라 특수경비업무의 경비업 허가를 받은 업체 중 국토교통부령으로 정한 보안 검색업체 지정기준에 적합한 자를 국토교통부장관에게 추천, 지정받은 업체에 위탁할 수 있다라고 규정되어 있으며, 현재는 정규으로의 전환에 따라 자회사를 설립하여 자회사에서 이를 수행하고 있다.

분야별	인천공항	전국14개 공항	화물, 우편물 등	비 고
	인천국제공항공사	한국공항공사	항공사 등	
보안 검색	직접 고용	자회사 고용	지정업체 위탁	
경비보안	자회사 고용	자회사 고용	지정업체 위탁	
EOD	직접 고용	직접 고용	전문업체 위탁	
장비관리	자회사 고용	자회사 고용	전문업체 위탁	

| 분야별 고용형태 |

02 업체자격 및 선정

　보안 검색업무 위탁수행 업체의 자격은 먼저 경비업법에 의한 특수경비업무의 경비업 허가를 받은 경비업체여야 하고 보안 검색업체 지정기준(국토교통부령)에 적합한 업체로 공항운영자 및 항공운송사업자가 국토교통부장관에게 추천하여 위탁업체로 지정받은 업체만이 관련법에 따라 보안 검색업무를 수행할 수 있다.

　2017. 7. 비정규직의 정규직화 추진 이후, 보안 검색을 직접 수행하는 경우, 고용된 보안요원이 현행법상 보안 검색을 수행할 수 있으며, 보안 검색 및 항공경비업무를 수행할 목적으로 설립한 자회사의 경우에는 현행 법·규정에 따라 공항운영자가 위탁업체로 국토교통부장관에게 추천, 지정받아야 동 업무를 수행할 수 있으며, 한번 지정받게 되면 별도로 변경되지 않는 한 수행자격은 계속 유지되며, 고용된 보안요원은 특수경비원 신분이어야 한다. 항공사의 경우, 경비업법에 따라 특수경비업무의 경비업 허가를 받은 업체를 대상으로 선정한 업체 중 보안 검색업체 지정기준(국토교통부령)에 따라 국토교통부 장관에게 추천하여 지정을 받게 되면 항공사의 보안 검색업무를 수행할 수 있으며, 고용된 보안요원은 보안 검색과 동일하게 특수경비원 신분이어야 한다.

보안 검색위탁 관련 법 규정

➤ **항공보안법**
- 공항운영자 및 항공운송사업자는 보안 검색을 직접하거나 경비업법에 의한 경비업자 중 공항운영자 및 항공운송사업자가 추천, 국토교통부 장관이 지정한 업체에 위탁할 수 있다(법 제15조 1항)

➤ **경비업법**
- 경비업을 영위하고자 하는 법인은 도급받아 행하고자 하는 경비업무를 특정하여 그 법인의 주사무소 소재지 관할 지방경찰청장 허가를 받아야 한다(법 제4조 1항)
- 경비업이라 함은 각종 경비업무에 해당하는 업무의 전부 또는 일부를 도급받아 행하는 영업을 말한다(법 제2조 1항)
- 특수경비업무 : 공항(항공기를 포함한다) 등 대통령령이 정하는 국가중요시설의 경비 및 도난·화재 그 밖의 위험발생을 방지하는 업무
- 특수경비원 : 공항 등 국가중요시설에서 특수경비업무를 수행하는 자

05
보안 검색요원 선발 및 교육

01 보안요원의 자격

공항 또는 항공기 등 통합방위법으로 정하는 국가 중요시설의 경비 및 도난·화재 그 밖의 위험 발생을 방지하는 업무로서 특수경비원의 자격요건은 경비업법 제10조 경비지도사 및 경비원의 결격사유 조항에 의거하여 연령이 만 18세미만 또는 만 58세 이상인 자, 피성년 후견인, 피한정후견인, 파산선고를 받고 복권되지 아니한 자, 금고 이상의 형의 선고유예를 받고 그 유예기간 중에 있는 자, 행정자치부령이 정하는 신체 조건에 미달되는 자를 제외한 자로 한정하고 있다.

| 특수경비원 지원 자격 |

구 분	법 령	지원 조건	업 무
근 거	• 대통령 훈령28호 • 경비업법 제10조 • 행정자치부령	1. 지원불가자 • 행정자치부령 신체조건 미달자 • 18세 이상, 58세 이상, 피한정후견인, 피성년후견인, 파산 선고 후 미복권자, 금고이상형 집행유예를 받고 유예중인자 2. 지원가능자 • 18세 이상, 58세 이하	• 공항 또는 항공기 등 대통령령이 정하는 국가중요시설의 경비 및 도난, 화재, 위험 방지 업무

02 교육 훈련 근거

특수경비업자는 대통령령으로 정하는 바에 따라 특수경비원에게 정기적으로 교육을 받게 하고 규정된 교육을 받지 아니한 자를 특수경비업무에 종사하게 하여서는 아니 된다. (경비업 법 제13조)

또한 특수경비업자는 특수경비원을 채용한 경우 법 제13조 제2항의 규정에 의하여 해당

특수경비원에게 특수경비업자의 부담으로 경찰교육기관이나 행정자치부령이 정하는 기준에 적합한 기관 또는 단체 중 경찰청장이 지정하여 고시하는 기관 또는 단체에서 실시하는 특수경비원 신임교육을 받도록 하고 있다.(경비업법 시행령 제 19조)

관련 법규정에 따라 받아야 하는 특수경비원 신임자 교육의 교과목은 다음과 같다. (경비업법 시행규칙 제15조)

| 특수경비원 신임 교육의 과목 및 시간 |

구분 (교육 시간)	과목	시간
이론교육 (15시간)	경비업법 및 관련 법 (청원경찰법·경찰관직무집행법)	8
	헌법 및 형사법 (인권, 경비 관련 범죄 및 현행범 체포관련 규정 포함)	4
	범죄 예방론 (신고 요령 포함)	3
실무교육 (69시간)	정신교육	2
	테러 대응교육	4
	폭발물 처리요령	6
	화재대처법	3
	응급처치법	3
	분사기 사용법	3
	출입통제 요령	3
	예절교육	2
	기계경비 실무	3
	정보보호 및 보안업무	6
	시설경비 요령 (야간경비 포함)	4
	민방공 (화생방 포함)	6
	총기조작	3
	총검술	5
	사격	8
	체포·호신술	5
	관찰·기록법	3
기타(4시간)	입교식·평가·수료식	4
계		88

※ 경비원 시행규칙 제16조(특수경비원 직무교육)에 의거 매월 6시간씩 직무교육 이수 필요

03 보안 검색요원의 정의 및 교육 훈련

◉◉ 보안 검색요원의 정의

보안 검색요원이라함은 불법 방해 행위에 사용될 수 있는 무기 또는 폭발물 등 위험성이 있는 물건들의 탐지 및 수색을 위하여 보안 검색업무를 수행하는 자를 말한다.

◉◉ 전문교육 훈련

국토교통부장관이 지정한 보안 검색 교육기관에서 보안 검색운영자 초기교육 과정(5일 40시간)을 이수하고 보안 검색 운영자 직무교육(OJT : On the job training)을 연1회 1일, 8시간 이상 보안 검색 운영자 정기 교육을 이수하여야 한다.

또한 보안 검색 업무 수행 중에 시행된 불시점검에서 불합격하거나 보안 검색을 소홀히 하여 사고가 발생된 경우에는 보안 검색 교육기관에서 4시간 이상 교육을 이수한 후에 재평가를 받아서 합격한 경우에는 다시 보안 검색 업무를 수행할 수 있다.

+ memo

 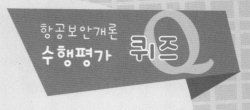

제5장 보안 검색

여러분들이 학습한 과정을 객관식 또는 주관식 문제로 구성하여 출제하였으니 복습을 겸한 평가 바랍니다.

성명 :   학번 :

1. 다음 항목에서 보안 검색의 정의로 바르지 않은 항목는?

① ICAO Annex 17과 국내 항공보안법에 기술되었다.
② 공항운영자가 항공기에 탑승하는 승객과 화물에 대하여 보안검색을 실시한다.
③ 위해 물품을 적발하기 위하여 X-ray 또는 폭발물 탐지기 등을 이용하여 탐색 한다.
④ 검색을 거부하는 승객은 검색을 생략할 수 있다.

2. 보안검색 원칙으로 올바르지 않은 것은?

① 항공기 연결 편 승객(Transit Passenger)은 검색을 생략한다.
② 항공기에 탑승하는 모든 승객 및 위탁 수하물에 대하여 검색한다.
③ 항공기 탑승객에 대한 검색은 공항운영자 책임으로, 위탁 수하물은 항공운송사업자 책임 하에 실시한다.
④ 공항보호구역에 임시로 출입하는 모든 인원 장비도 검색을 실시 한다.

3. 보안검색원의 자격에 대한 설명으로 적합하지 않은 항목은?

① 지원 가능 연령은 만 18세 이상 및 58세 이하이다..
② 대통령 훈령 28호에 명시.
③ 금고 이상의 형선고를 받고 집행유예 중 인자.
④ 국가중요시설의 경비 업무에 적합한 사람.

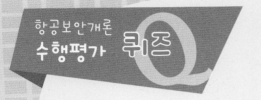

4. 보안검색원의 교육훈련 근거가 아닌 것은?

① 경비업 법 제 13조에 따라서 특수경비원에게 정기 교육 실시한다.
② 특수 경비업자의 부담으로 신임 직원들에게 교육을 실시한다.
③ 교육 과정은 이론 교육 15시간과 실무교육 69시간 및 기타 4시간을 포함하여 총 88시간 이다.
④ 바쁜 경우는 일부 과정을 생략할 수 있다.

5. 보안검색원의 정의에 대하여 기술하세요.

....

....

....

....

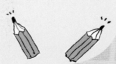

+ memo

제6장
보안 검색대
운영

보안 검색 방식

01

중앙집중식(Concourse) 검색방식

한 지역에서 집중적으로 검색을 실시하므로 검색요원과 장비를 공동으로 사용할 수 있고 하이재킹 등 비상사태 발생 시 보안 관련 요원들이 범죄자들이 항공기에 접근하는 것을 차단할 수 있도록 항공기 탑승구와 검색대 사이에 충분한 거리가 확보되는 장점이 있다.

그러나 승객 보안 검색을 위하여 탑승동 입구에 검색장비의 설치 및 보안 검색 요원이 근무할 수 있도록 충분한 공간이 있어야 한다는 것과 보안 검색 완료지역의 상시 보안성 확보를 위해서 수시로 보안수색 및 수시 점검을 실시하여 무기 또는 폭발물 등 위해물품 은익에 대한 예방 및 적발을 하여야 한다. 또한 보안 검색을 받은 후에 일반 지역으로 나갔다가 다시 진입하는 경우에는 반드시 보안 검색을 다시 실시하여야 한다.

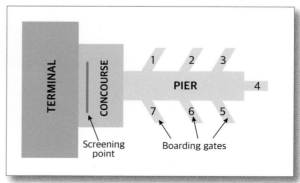

중앙집중식(Concourse) 검색방식

02

대기지역(Holding area) 검색방식

　중앙집중식 검색방식 실시가 곤란한 경우에 대한 대안이다. 탑승구 탑승지역 주위에 보안 검색 완료지역을 지정하여 검색을 실시하는 것이다. 탑승지역에서 보안 검색이 완료된 승객이 일반인과의 접근이 통제되도록 중앙 또는 다른 터미널로부터 탑승라운지를 통제하는 검색방식이다. 중앙집중식 검색방식은 검색을 마친 승객에 대해서만 보안 검색 완료지역으로 출입이 허용되지만 대기지역 검색지점은 장소가 협소하여 해당 항공편 이외의 승객 외에는 출입할 수 없는 구조로 되어 있다.

03

탑승구 검색방식(Departure Gate Screening)

　가장 효율성이 떨어지는 검색방식으로 대형 공항에서는 바람직하지 않은 제도이지만 소형공항에서 운영되고 있는 방식이다. 탑승구마다 보안 검색장비를 설치하여 운영되는 방식으로, 항공기가 해당 탑승구에 도착하여 승객 탑승을 위한 모든 준비가 끝나기 전까지는 승객검색을 할 수 없다는 단점이 있다.

　따라서 항공기가 출발 예정 시간에 해당 탑승교에 접현하지 않을 경우, 보안 검색을 실시할 수가 없기 때문에 대형 공항에서는 연쇄적으로 항공기의 지연을 초래하게 되므로, 주로 소형공항의 경우에 이러한 방식을 많이 사용하고 있다.

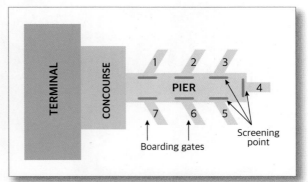

탑승구 검색방식(Departure Gate Screening)

제2절

보안 장비의 설치

항공기 납치 및 승객들의 안전한 여행환경을 조성하기 위한 보안 검색은 1973년 이후에, 미국에서 실시되었다. 효율적인 보안 검색 제도를 운영하기 위해서는 검색대에서 탑승구에 이르기까지 승객의 혼잡을 최소화하는 동선계획이 우선적으로 고려되어야 한다. ICAO 부속서17에 입각하여 무기, 폭발물 등의 위험물질이 항공기내로 반입되는 것을 방지하기 위하여 탑승 전에 모든 승객이 검색을 받도록 해야 한다.

일반적으로 미국에서 가장 많이 운영되는 방식은 첫 번째, 보안 검색완료지역에 검색대를 설치하는 방법이고 두 번째는, 승객 탑승 대기지역에 검색대를 설치하는 것이다. ICAO의 평가는 승객의 안전우선과 비용절감 측면에서 보안 검색완료지역에 검색대를 설치하는 것이다.

보안장비의 설치

이 방식은 탑승교로 향하는 탑승동이나 복도에 설치되므로 검색지역을 통과하는 모든 승객에 대하여 검색을 실시할 수 있는 장점이 있다. 이러한 보안 검색은 터미널 내의 보안 검색대에서 실시되며 보안 검색대의 형태와 수는 터미널운영 및 항공운항 환경에 커다란 영향을 미치게 됨으로 기본계획 수립시 면밀한 검토가 요구된다.

01

보안 검색장비 공간

01 ● 보안 검색대 기본 조건

❶ 보안 검색대 주변 공간은 먼저 보안 검색을 실시하는 검색요원과 긴급 상황 발생시 출동하는 집행 인력의 활동 공간 및 보안 검색장비에 연결된 검색 테이블과 촉수검색이 요구되는 승객을 검색 할 수 있는 별도의 제한구역 등을 설치할 수 있는 면적이 확보되어야 한다.

❷ 대형공항은 대부분의 승객에게 촉수 검색을 실시하고 있지만, 이를 간혈적 으로 실시하는 소형공항에서도 최소한 문형금속탐지기 한 대와 X-ray장치 한 대는 반드시 필요하다. 보안 검색대 한대의 설치 공간은 약 $100m^2$~$200m^2$가 요구된다.

❸ 휴대품 검색을 실시하면 보안 검색대로 통과하는 승객의 이동이 차단되므로, 보안 검색을 실시하는 동안 이동하는 승객과 또한 보안 검색을 실시하는 승객들에게 불편을 주지 않도록 고려되어야 한다. 승객이 증가하게 되면 추가로 검색장비를 설치하게 되는데, 이 때 추가로 설치되는 보조 검색대는 주 검색대와 나란하게 평형으로 설치하여서 주 검색대와 보조 검색대가 상호 작용을 실시하여 검색대가 효율적으로 검색할 수 있도록 운영하여야 한다.

❹ 모든 검색대는 여행객이 한 명씩만 통과하면서 검색을 받을 수 있도록 설치되어야 하며, 이러한 원칙을 지키지 않고 검색대를 넓게 설치하게 되면, 검색을 받지않은 다른

승객이 옆으로 통과하여 항공기에 탑승하게 되는 보안사고가 발생하게 된다.

02 **보안 검색대 설치 환경**

혼잡한 출발 대합실에서 승객의 불편을 최소화 하고 효율적인 보안 검색을 실시하여 항공기 및 승객의 안전을 확보할 수 있도록 보안 검색대를 설치, 운영하여야 한다. 엘레베이터, 콘베이어벨트 같은 전기장을 발생시키는 장비는 보안 검색장비에 장애를 유발시킬 수 있으므로 이를 고려하여 검색장비를 설치하는 위치를 선정하고, 보안 검색을 마친 승객과 아직 보안 검색을 끝내지 않은 승객이 이동 중에 섞이지 않도록 두 그룹을 분리하여야 한다.

● 문형금속탐지기

금속탐지기는 장비에 연결하는 전용 배선을 제외한 다른 전원구로부터는 10ft 이상 떨어져야 한다. 이 기준보다 가깝게 설치되면, 주변에 설치된 다른 전자장비에서 발생되는 전자파 때문에 금속탐지기가 장애를 받을 수 있기 때문이다. 주변에 설치된 차단벽 및 마감재에서 발생되는 자기장 등이 검색장비에 혼선을 발생시켜서 원활한 업무 수행에 지장을 줄 수 있다.

금속탐지기는 철문 및 엘리베이터로 부터 최소한 10ft 이상 떨어진 곳에 설치하여야 하고 금속탐지기 센서부분은 스피커 내부의 코일로 인한 전파방해를 받게 되므로, 스피커로부터 4ft이상 떨어진 곳에 설치하여야 한다.

문형금속탐지기
(Gate or metal detector)

⬤⬤ X-ray 검색장비

X-ray 검색장비는 금속탐지기만큼 외부장애에 민감하지는 않지만, 이 장비를 설치할 때에는 검색장비에서 발생하는 소음이 다른 전자장비 운영에 영향을 주지 않도록 건물의 전기시스템 상태를 사전에 조사하여 검색장비 설치 시에 참고하여야 한다.

착안사항, 변환기, 스위치보드, 회로 분류패널, 지상 네트워크 등으로 이러한 장치 사이에 연결된 전선의 콘센트 등이다. 또한 장비가 설치되는 곳에는 어떤 장비가 전원 어떤 전기 패널에서 전원을 공급 받을 지를 결정하여야 한다. 또한 회로 분류 장치와 콘센트 사이의 거리에 따라서 무선 주파수 혼신 현상이 발생하여 검색장비 운영에 어려움을 겪을 수 있다. 따라서 장비 설치 이전에 전선 및 타 장비의 위치 및 주변의 온도 및 습도 등 여러 가지 여건을 면밀히 검토하여야 한다.

X-Ray 검색기

⬤⬤ 기타 지원시설

보안 검색 시 별도 검색이 필요한 것으로 판단되는 승객에 대하여 실시되는 개별 검색·수 검색 등을 위하여 각 보안 검색대 인근에 설치되어 있는 개별 검색실은 주 보안 검색대의 혼잡을 피하여 효율적인 개별 검색을 실시할 수 있는 곳이다. 또한, 보안 검색 요원의 육체적인 피로와 정신적인 스트레스를 해소할 수 있는 공간도 확보되어야 한다.

03 ━ 보안 검색대 설치

❶ 보안 검색대의 설치 위치 및 공간은 혼잡한 승객으로 인한 보안 검색의 불편 방지와 항공기 및 항공무선장비에서 발산되는 전자파에 의한 검색장비의 오작동을 차단할 수 있는 위치에 설치하여 효율적인 보안 검색을 실시하여야 한다.

❷ 보안 검색장 앞에는 항공기 내에 탑승하는 모든 승객은 본인이 소지하고 있는 물품들에 대하여 보안 검색대를 통과하는 검색을 받아야 하며, 이를 거부하는 경우에는 검색대를 통과할 수 없으며 이를 어기고 총포류나 화학류 등의 물품을 은닉하여 탑승하는 경우는 관련법에 따라서 처벌을 받으며 또한, 승객이 소지하고 있는 인명구조용 의료품, 생체 장기, 살아있는 동물, 과학용, 의료용 필름 등은 X-ray 검색을 받지 않고 증명서류로 보안 검색이 가능하다는 안내문을 설치하여야 한다.

❸ 보안 검색대에는 휴대반입 금지물품 목록과 직원업무절차서 등을 비치하여 승객들에게 정보를 제공하고, X-ray검색으로 판독이 곤란한 수하물을 개봉 검색할 수 있도록 별도의 검색대를 설치한다.

  총포류 또는 폭발물 등 긴급사태 발생 시에 경찰 및 군부대, EOD (폭발물 제거반) 등과 신속하게 연락할 수 있도록 통신수단으로 비상벨이나 긴급 전화기 등을 설치하여야 한다.

❹ 보안 검색대 또는 검색구역별로 보안 검색 감독자가 배치되어 직원들의 근무 상황 또는 위해물품 발생 시 적절하게 대응하도록 지도하고 제반사항을 해당 일지에 기록 유지하여야 한다.

보안 검색요원

01
보안요원의 업무

보안 검색대 입구에서 승객들이 불편하지 않도록 휴대품을 검색 바구니에 담아서 검색 보조대 위에 놓고 승객이 문형 검색대를 통과하도록 안내한다. 물론 승객의 휴대품 역시 안내 검색요원이 수작업으로 X-ray 검색대를 통과하도록 밀어 준다.

신체 검색요원은 문형 탐지기를 통과하는 승객에게 휴대용 검색기를 이용하여 신체를 검색하고 X-ray기로 수하물을 검색한다. 문형 탐지기나 휴대용 금속탐지기에서 알람이 작동하고 의심이 가는 승객에 대해서는 수 검색 등 정밀검색을 실시한다.

개장이 요구되는 휴대물품은 승객의 동의를 얻고 본인이 보는 앞에서 검색을 실시하고, 폭발물 탐지기를 이용한 정밀검색을 또한 실시할 수 있다. 아울러 운영 중인 보안 검색장비의 정상 작동 여부를 점검하고 주변의 보안 통제를 강화하고, 해당 승객의 동태를 면밀하게 감시한다.

01 ● 보안요원 배치

보안 검색요원은 항공기와 승객의 안전을 위한 필수적인 과정으로서 법률이 정하고 있는 자격을 갖춘 인원과 장비를 배치하여 수행토록 하여야 한다. 효율적인 보안 검색을 실시하기 위해서 검색요원 지원자를 선발하여 소정의 교육을 마치고, 평가한 뒤에 모든 절차에 합격한 자를 대상으로 자격증을 수여한다.

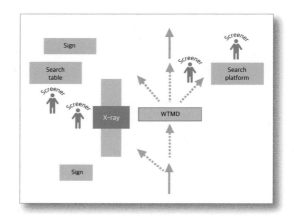

보안 검색 인증을 받은 보안 검색요원들은 기능별로 배치되어 다음과 같은 업무를 수행하고 있으며, 또한, 승객들이 불편을 느끼지 않도록 남·여 검색요원들을 동시에 배치하여, 가능한 동성의 보안 검색요원들에 의해 보안 검색을 받을 수 있도록 하고 있다.

02 ● 여권 및 항공권 검사 / 거수자 확인

출국장 입구에서 항공권과 여권 등을 확인하고, 환영객은 진입을 금지하며 여행자만이 검색지역으로 들어갈 수 있도록 하면서 검색장이 혼잡하지 않도록 승객의 동선을 관리한다. 또한 승객들의 언행을 면밀히 관찰하여 정밀 보안 검색이 필요한 승객에 대하여 정밀 검색을 내부 근무자와 협조한다.

03 ● 승객 안내요원(X-ray 업무 보조요원)

보안 검색대상 승객의 동선을 안내하며 검색 바구니에 담긴 승객의 휴대품을 검색대상 X-ray 컨베이어 벨트의 중앙에 수평으로 잘 놓아서 영상판독 검색요원이 판독하기 좋도록 도와준다. 또한, 승객에게 컴퓨터나 휴대폰 같은 전자 또는 전기제품은 별도의 바구니에 담아서 X-ray에 통과되지 않도록 안내하는 역할도 한다.

04 ● 탄력적인 근무자 배치

승객의 편의를 고려하여 남·여 근무자를 배치하며 문형금속탐지기를 통과하는 승객들에게 휴대용 금속기를 이용하여 검색하고, 알람 등이 울리는 승객에 대해서는 추가적으로 촉수 검색 또는 개봉 검사나 휴대용 금속탐지기 같은 장비를 이용하여 추가 보안 검색을 실시한다.

05 ● X-ray 판독요원

휴대품에 은익하고 있는 위해물품의 적발을 위하여 실시되는 X-ray 검색은 제조업자가 권고한 방법에 따라 장비를 작동하고 이미지를 판독하여 금지물품이 포함되어 있는 것으로 판단되는 경우는 직접 개봉검색이나 폭발물탐지(ETD)장비에 의한 추가적인 검색이 필요한 가방 등을 선별하는 업무를 수행한다. X-ray 검색은 전문적인 방식으로 실시하고, X-ray 장비의 운영과 관계없는 타인들로부터 방해를 받지 않도록 지원되어야한다.

02
보안요원 기능별 임무

◑ 휴대물품 개봉 / 폭발물 탐지(ETD) 검사요원

X-ray 판독요원에 의하여 재검사 분류된 휴대품에 대하여 추가적으로 개봉 검사를 하거나 폭발물 흔적탐지장비(ETD)를 이용하여 폭발물 탐지검사를 하고 의심물품에 대하여 최종 확인하는 업무를 수행한다.

◉ 위탁수하물 보안 검색요원

승객 물품 중에서 휴대 수하물이 아닌 항공기 내에 화물로 직접 탑재되는 화물에 대하여 X-ray 장비로 검색을 실시한다. 이 중에서 항공기 내에 반입이 금지되는 무기, 총포류 등의 위험물품을 판독하고, X-ray 검색 시 내용이 명확하게 판독되지 않는 위탁수하물은 개봉검색을 실시하고 위험물품 발견 시 탑재를 금지하며 보고 계통으로 긴급 보고한다.

◉ 출구통로 감시 보안감시요원

보안 검색을 마친 승객이 공항 일반지역으로 나올 경우 이를 감시하고, 보안 검색을 받지 않은 승객이 출구통로를 이용하여 보안 검색 완료 구역으로 들어가는 것을 차단한다. 더불어 보안 검색을 마친 승객과 아직 검색을 받지 않은 승객이 상호 접촉하는 것도 차단한다.

◉ 보안 검색 감독자

보안 검색 감독자는 X-ray 장비의 운영 등 일반 검색업무를 수행해서는 안된다. 주요 업무로는 보안 검색요원들이 승객들에 대하여 실시하는 보안 검색을 포괄적으로 지휘·감독하며, 폭발물 및 총기류, 마약류 등 돌발 상황 발생 시 관계 기관에 신속하게 전파하고 직원들에게 대응 요령을 전수 한다.

◉ 근무조건

보안 검색요원은 승객의 수하물을 검색하기 위하여 20분 이상 X-ray 이미지 판독을 수행하여서는 안되며, 규칙적으로 승객 보안 검색 및 휴대물품 개봉 검색요원 등과 교대 근무 조를 편성하여 휴식을 하고, 40분이 지난 다음에 다시 X-ray 이미지 판독 업무를 수행할 수 있는데, 이는 눈의 피로를 방지하여 판독 능력을 향상시키기 위한 조치이기 때문에 반드시 준수하여야 한다. (항공편수 많지 않거나 보호구역 출입구의 경우, 이를 관계기관 간 협의를 거쳐 조정할 수 있습니다.)

제4절

승객 권리 및 휴대품 검색

01
보안 검색의 원칙

항공기 및 탑승객들의 안전한 여행을 위하여 항공기에 탑승하는 승객 및 휴대물품에 대해서는 항공 보안법에 따라서 항공기 탑승을 위한 보안구역으로 진입하기 전에 금속탐지기, X-ray, 폭발물 탐지기 등을 이용한 보안 검색을 실시하여야 한다.

01 — 승객권리 및 의무

항공기 탑승객은 본인과 휴대물품에서 특별한 위험이 발견되지 않을 경우를 제외하고는 보안 검색을 거부할 수 있는 권리를 갖는다. 그러나 승객이 이러한 권리를 행사하여 자

신과 휴대품에 대한 검색을 거부한 경우에, 보안요원은 이러한 승객이 항공기 탑승 보안구역으로 통과 할 수 없도록 하여야 한다.

02 ● 보안 검색 시 유의 사항

공항 터미널에서 여객 흐름은 공항의 운영 주체인 공항공사, 항공사, 출입국 업무를 담당하는 정부 기관들의 상황 파악 및 판단에 따라서 결정된다. 모든 정부 기관과 항공사는 승객 및 항공기의 안전과 최상의 고객 서비스를 제공하기 위하여 노력하고 있으나, 항공기 및 승객에게 위해가 되는 항공테러나 안전사고를 방지하기 위하여 때로는 승객의 흐름에 다소 불편을 주는 제한된 공권력을 행사할 수도 있다.

03 ● 고객불편 최소화를 위한 보안 검색

승객의 안전을 위하여 실시되는 보안 검색은 숙련된 보안요원과 장비에 의하여 완벽하게 이루어져야 되지만, 이로 인하여 발생되는 혼잡은 승객들의 불편을 초래하게 되며, 고객서비스에 나쁜 영향을 미치게 된다. 따라서 보안 검색요원은 최대한 친절하고 신속하며 정밀하게 검색을 실시하여야 한다. 만약 부득이하게 추가 검색이 필요한 경우, 승객의 양해를 구하고 다른 승객에게 불편이 발생하지 않도록 검색업무를 수행하여야 한다.

04 ● 전용 통로

노약자 또는 임산부나 장애인 및 늦게 도착한 승객에 대한 전용 보안 검색대의 설치가 고려되어야 한다. 이러한 경우 일반 통로 이용자들에게 오해를 살 수 있으므로 전용통로에 대한 안내간판을 설치하여야 한다.

05 사생활 보호

보안 검색을 받는 승객의 소지품 등이 보안 검색 과정에서 타인에게 노출되어 사생 활이 침해받지 않도록 검색을 받는 승객과 대기 중인 승객 또는 다른 직원들이 볼 수 없도록 칸 막이 등 가림막을 설치하여야 한다.

02
항공기내 반입 수하물 허용기준

국내 항공사별 항공기 내에 반입이 허용되는 수하물의 크기는 다음 그림과 같다.

A(length)

B(Width)　**C**(Height)

기내반입허용 수하물 크기

- A – 55cm
- B – 40cm
- C – 20cm

(대한항공, 아시아나항공, 에어부산, 제주항공, 티웨이, 진에어)

- A – 56cm
- B – 36cm
- C – 23cm

(이스타항공)

기내 반입이 가능한 수하물의 크기는 공통적으로 가로, 세로, 폭 등 세 변의 합이 115cm 를 초과해서는 안되기 때문에 이스타항공을 제외한 대한항공, 아시아나 항공, 에어부산, 제주항공, 티웨이, 진에어 등 6개 항공사는 반입 가능한 기내 수하물의 크기가 가로 55cm, 세로 40cm, 높이 20cm이고 이스타항공은 가로 56cm, 세로 36cm, 높이 23cm로 제한하 고 있다.

기내반입허용 수하물 무게

- 총 무게 12kg 이하
  (대한항공, 진에어)
- 총 무게 10kg 이하
  (아시아나항공, 에어부산, 제주항공,
  티웨이)
- 총 무게 7kg 이하
  (이스타항공)

　　항공기 내 반입이 허용되는 수하물의 무게는 대한항공과 진에어는 12kg이하만 기내반입을 허용하고 이스타항공은 7kg이하, 기타 항공사는 10kg이하로 제한하고 있다. 항공사별 항공기 내에 반입이 허용되는 수하물의 중량은 다음 그림과 같다.

　　그리고 모든 국내항공사는 노트북, 서류가방, 핸드백, 외투, 모포, 지팡이, 목발 등 을 추가 휴대물품으로 반입을 허용한다.

03

항공기내 반입기준

　　항공기 내로 반입이 가능한 물품이 있는 반면, 항공기와 승객의 안전을 위해 반입이 금지되는 물품이 있다. 대표적으로 항공기를 폭파하거나 테러에 사용될 위험성이 있는 폭발물이나 다른 사람을 해치는데 사용할 가능성이 있는 흉기 공구나 생활용품 중 칼, 가위 등은 모두 반입이 제한된다.

　　또한, 폭발 위험성이 있는 가스류, 인화성액체와 산화성 물질, 독성 및 전염성 물질, 방사성물질 역시 항공기 내로 반입이 금지되고 있다. 생활용품 중에 흡연자를 흔히 사용하는 라이터는 1개까지만 제한적으로 반입이 가능하지만 1개 이상은 반입 불가능하다. 그 외, 화장품 등 액체류와 보조배터리, 드라이아이스 등도 제한하고 있다.

01 항공사 기내반입 허용기준

항공사별 기내반입 허용기준

항공사별	기내수하물 규격	기내반입금지품목	제한적 반입가능품목
대한항공	• 가로 55cm, 세로 40cm, 높이 20cm / 무게 12kg 이하 • 추가 휴대가능 물품 노트북, 서류가방, 핸드백 중 1개를 추가로 휴대가능 • 바이올린 등 세변의 합이 115cm 이내인 소형악기 등	• 발화성/인화성 물질, 산소캔, 부탄가스캔 등 고압가스 용기 • 총기, 폭죽 등 무기 및 폭발물류, 리튬 배터리장착 전동휠 • 기타 탑승객 및 항공기에 위험을 줄 가능성이 있는 품목	• 개인용 화장품의 경우, 개별 용기 당 100ml이하로 1인당 총 1L 용량의 투명 비닐 지퍼백 1개 • 처방전 관련증명서를 지참한 의약품 • 1개 이하의 라이터 및 성냥 • 항공사의 승인을 받은 의료용품 • 1인당 2.5kg이내의 드라이아이스
아시아나 항공	• 가로55cm, 세로 40cm, 높이20cm / 무게 10kg 이하 • 추가 휴대가능 물품소형 서류가방, 핸드백, 노트북, 독서물, 작은 크기의 면세품, 유아용 음식물, 지팡이, 목발, 시각장애인 안내견 등	• 폭말물류, 방사성, 전염성 물질, 인화성 물질 • 소화기, 최루가스 등과 같은 기타 위험물질 • 창, 도검류, 스포츠 용품류, 총기류, 무술 호신용품, 공구류 등	• 소형안전성냥 및 휴대용 라이터 각 1개 • 드라이아이스 1인당 2.5kg • 공기가 주입되지 않은 공류 • 보호케이스에 안전하게 보관된 수은 체온계 • 물, 음료, 식품, 화장품 등 액체, 분무(스프레이) • 겔류로 된 물품은 100ml이하의 개별 용기에 담아, 1인당 1L용량 투명 비닐 지퍼백 1개 • 처방전 관련증명서를 지참한 의약품
제주항공	• 가로55cm, 세로 40cm, 높이20cm / 무게 10kg 이하 • 추가 휴대가능 물품 가방(소형), 외투, 모포/덮개, 소형디지털 기기, 도서, 유아용품(유모차 별도, 기타보조기구 등	• 폭발물, 방사성, 전염성, 독성 물질, 인화성물질 • 기타 위험물질(소화기, 드라이아이스) • 창, 도검류, 스포츠용 품류, 총기류, 무술호 신용품, 공구류 등	• 소형 안전성냥 및 휴대용 라이터 각 1개 • 드라이아이스 1인당 2.5kg • 공기가 주입되지 않은 공류 • 액체, 분무, 겔류 물품은 100ml 이하 개별용기에 담아, 1인당 1L 투명 비닐 지퍼백 1개에 한해 반입 가능 • 처방전 관련증명서를 지참한 의약품

02 기내반입금지 품폭(예)

| 항공기내 반입금지물품 |

폭발물(Explosives)

탄약	폭죽	연막탄
ammunition	fireworks	smoke bomb

가스류(Gases)

가스 라이터	에어로졸	캠핑가스	부탄가스	소화기	LPG
Lighter(휴대만 가능)	Aerosols	Camping Gas	butane Gas	Fire extinguisher	Camping Gas

인화성 액체(Flammable Liquids)

페인터	알콜	신나	라이터 기름	휘발유
Painter	alcohol	Thinner	Lighter Fuel	gasoline

인화성 고체(Flammable Solids)

성냥	고체연료	번개탄	바베큐 숯
match(휴대만 가능)	Solid Fuel	gnition coal	charcoal

폭발물(Explosives)

표백제	락스	파마약
leaching Power	Crorox	permanent agents

폭발물(Explosives)

제초제	살충제	전염성 물질
herbicide	Pesticide	contagious matter

폭발물(Explosives)

방사성 동위원소	방사선 투과검사 장비
Radio Isotope	Radiographic Test Equipment

폭발물(Explosives)

빙초산	습식 배터리	수은 온도계
Glacial Acetic	Wet Batteries	mercury

인화성 액체(Flammable Liquids)

일회용 리튬전지	전자기기용 여분의	드라이아이스	전자담배	연료전지
Non-Rechargable	충전식 리튬이온전지	Dry Ice	Electronic	Fual Cel
Lithium Batteries	Spare Li-ion Batteries for		Cigarettes	
(휴대만 가능)	Electronic Devices(휴대만 가능)			

04

보안 검색 장비의 관리

01 정기적인 보안 장비의 점검

효율적인 보안 검색을 실시하기 위하여 모든 검색 장비에 대한 정기점검 및 유지 보수를 철저히하여 원활한 검색 절차를 수행한다.

02 검색장비 운용 공간

철저한 보안 검색 절차를 수행하기 위하여 장비 설치 및 검색에 소요되는 적절한 면적이 확보되어야 한다.

03 대기열 관리

검색대상 승객을 각 검색대 앞에서 기다리게 하는 것보다 중앙에 일정한 공간을 마련하여 승객의 흐름에 따라서 안내를 담당하는 보안요원이 보안 검색이 끝난 검색대로 대기 승객을 안내하는 것이 효율적이다.

04 별도 보안 검색대

총포류 또는 기내반입 금지 물품을 휴대하여 보안 검색을 하는 과정에서 위험 경고가 발생한 승객에 대해서는 별도로 설치된 공간에서 X-ray 또는 폭발물탐지장비(ETD)나 특수 장비를 활용하여 정밀 검사를 실시하여야 한다.

05
승객 및 휴대품 보안 검색

　승객이 보안 검색을 피하고 휴대반입금지 물품을 은익하기 위해서 옷의 카라, 허리춤 또는 신발 밑창 등에 숨기는 경우에는 보안 검색요원은 어려움을 겪게 된다. 또한, 일반적으로 승객에 대한 보안 검색은 밀폐된 공간이 아니라 일반지역에서 실시된다.따라서 보안 검색 과정에서 승객이 소지한 현금 등 귀중품 또는 개인 소지품들이 타인에게 노출되어 승객의 사생활에 지장 또는 불쾌감을 주는 것은 피해야 한다. 보안 검색 과정에서 X-ray 화면에 이상한 물품 등이 발견된 경우에는 물품소지자 또는 해당 항공사 대리인 입회하에 개봉 및 촉수검색으로 해당 수하물을 면밀하게 검색하여야 한다. 승객과 휴대물품 수 검색에 대한 절차 및 책임에 대한 구체적인 사항은 공항공사나 항공사 시행계획을 근거로 실시한다. 개별 보안 검색은 승객의 요청, 의료보조 장치를 착용한 장애인, 임산부 또는 중환자나, 일반적인 보안 검색 절차가 불가하다고 보안요원이 판단할 경우에 실시하여야 한다. 일반적으로는 보안 검색 과정에서 승객이 금속탐지기 통과 중에 경보가 울렸지만 그 원인을 정확히 확인, 파악할 수 없을 때 실시한다. 개별 보안 검색은 독립되고 밀폐된 공간에서 실시하되 승객과 동성의 보안 요원이 수행하고 의료보조 장치를 착용한 장애인, 임산부 또는 중환자는 예외로 할 수 있다.

01 　승객의 신체검색

　항공보안요원은 항공기에 탑승하는 모든 승객에 대해 1차로 문형금속탐지기 통과하도록 하고 금속물질탐지 경고음 발생하였을 경우, 2차로 휴대용금속탐지기를 이용하여 경보 위치를 중심으로 검색하여야 하며 2차 검색 후에도 의심가는 경우 3차 정밀촉수 검색을 실시하고 이상이 없을 경우에 한해 보안 검색대를 통과하도록 하여야 한다.

02 ━━ 휴대물품에 대한 검색

승객이 소지한 소지품 및 휴대품에 대해 1차 X-Ray 검색 시, 폭발물 또는 폭발 의심물품을 발견하면 폭발물 흔적탐지기를 이용, 2차 폭발물 탐지검사를 하여 검사결과 폭발물 반응 시 보안 검색대에 BB 선언을 하고 모든 승객은 대피시키면서 물품 소유주의 신병을 확보하거나 인상 착의를 보안감독자에게 보고한 후 검색대를 폐쇄하여야 한다.

위해물품을 발견한 경우에는 승객의 동의를 얻어 2차 개봉검색을 하고 검색한 결과, 위해물품이면 포기하거나 수거함에 넣도록 유도하고, 승객이 보관을 요청하는 경우, 인적사항을 기록, 반환물품 보관장소에 보관한 후 해당 승객이 방문하여 반환을 요구할 경우, 당초 기록을 확인하여 일치 시, 해당 물품은 승객에게 반환토록 하여야 한다.

| 승객 및 휴대물품 검색절차 |

① 신분확인(여권, 탑승권)　　② 휴대물품 검색　　③ 승객 신체검색

승객의 동의를 얻은 후 신체에 대한 검색을 하거나 수하물 개봉검색을 하여야 하는 경우는 다음과 같다.

❶ 검색장비등이 정상적으로 작동하지 않은 경우

❷ 검색장비의 경보음이 울리는 경우

❸ 무기류나 위해(危害)물품을 휴대(携帶)하거나 숨기고 있다고 의심되는 경우

❹ X-Ray 검색장비에 의한 검색결과 그 내용물을 판독할 수 없는 경우

❺ X-Ray 검색장비로 보안 검색을 할 수 없는 크기의 단일 휴대물품인 경우

+ memo

제6장 보안검색대 운영

여러분들이 학습한 과정을 객관식 또는 주관식 문제로 구성하여 출제하였으니 복습을 겸한 평가 바랍니다.

성명 :   학번 :

1. 보안검색대 운영 방식이 아닌 것은

　① 중앙 집중식(CONCOURSE) 방식
　② 대기지역(Holding Area) 방식
　③ 탑승구(Departure Gate Screening) 방식
　④ 도착 장(Arrival Area) 방식

2. 테러에 대한 역사적인 배경으로 올바른 것은?

　① 서양에서는 그리스 로마부터, 동양에서는 중국의 춘추 전국시대부터 발생
　② 적은 비용의 물리력 행사로 큰 효과발생
　③ 이탈리아의 붉은 여단과 독일 적군파 등
　④ 강자가 약자를 굴복시키기 위한 수단으로 발생

3. 테러의 특성으로 부적합 한 것은?

　① 대외적으로 알려지는 것을 원한다
　② 테러대상에 공포감 조성
　③ 국가나 체제를 붕괴시키기 위한 일체의 수단과 방법
　④ 평화적인 대화를 유도하는 제반 행위

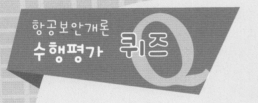

4. 폭발물의 구성요소가 아닌 것은?

　① 폭발 물질

　② 전원 장치

　③ 뇌관

　④ 해독제

5. 항공기 테러에 대하여 기술하세요.

....

....

....

....

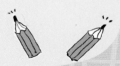

+ memo

AVIATION SECURITY PROCEDURE

제7장
보안 검색 기법

제1절

보안 검색 기본 개념

01
폭발물 검색

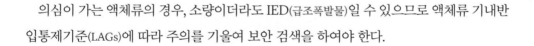

의심이 가는 액체류의 경우, 소량이더라도 IED(급조폭발물)일 수 있으므로 액체류 기내반
입통제기준(LAGs)에 따라 주의를 기울여 보안 검색을 하여야 한다.

02
금속탐지검색

금속은 문형 또는 휴대용 금속탐지기를 사용한다. 금속탐지기는 비금속과 폭발물 검색
에는 적용할 수 없으며 금속탐지기만을 사용하는 경우 전체승객의 10%에 대해 비금속, 폭
발물에 대한 무작위 추가 검색을 실시하여야 한다.

03
일반 X-Ray 장비를 이용한 검색

기내반입용 승객수하물의 경우 면밀한 조사가 가능하도록 5초 이상 이미지형상이 나타나야 하며 이미지형상 중 어두운 부분은 무기류 등을 은닉하였을수 있기 때문에 개봉을 통한 별도의 수 검색을 실시하여야 한다. 1차로 X-Ray 영상을 판독한 후 12초 이내 반입금지물품인지 확인이 어렵다면 2차 검색을 하여야 한다.

04
AT급 X-Ray 장비를 이용한 검색

액체류를 포함한 위험물 자동탐지기능을 갖춘 고성능 엑스레이의 경우 검색자의 편의에 있어 큰 장점이 있지만 그 처리속도가 일반엑스레이보다 느릴 수 있다.

효율적인 검색을 위해 양 장비의 사용 비율을 고려하여야 한다. 화물의 경우, 미국의 TSA 인증제품인 폭발물 감지시스템은 기존 X-Ray 시스템보다 높은 수준의 이미지를 제공하며 수검색(개봉검색)을 현저히 줄일 수 있다.

05
폭발물흔적탐지장비(ETD)를 이용한 검색

폭발물흔적탐지장비(ETD)는 수하물 속 IED* 및 폭발물을 직접적으로 탐지하거나 검색할 수 있는 장비는 아니며 X-Ray 검색장비의 보조적인 수단으로 사용되는 장비로 사용시기는 다음의 경우에 사용하여야 한다.

❶ X-Ray장비 검색 시 IED 폭발물 3대 구성요소가 있는 것으로 판독하였거나 판독이
불투명한 이미지 또는 위험물로 판독한 경우

❷ 노트북이나 전자장비 및 배터리가 포함된 물품 등 X-Ray장비로 효과적인 검색이 불
가능한 경우

❸ 가방의 이음새, 연결부분 및 일반 X-Ray로 검색하기에 부피가 크거나 지나치게 무거
운 가방 및 모양새가 일반적이지 않은 경우

* IED(Improvised Explosive Device : 급조폭발물)

베트남 전에서 미군의 불발탄을 재료로 제작된 급조폭탄에서 시작된 용어로 이라크전, 레바논 무장테러
단체인 "헤즈볼라", 체첸의 러시아 반군 등이 불법 적으로 제조, 폭발시키므로서 수많은 사상자가 발생함.

06

ICAO의 검색 최소요구사항(Annex17)

❶ 위험물임이 확인되면 과학적 분석을 수행해야 한다.

❷ 국가는 최소검색 요구사항을 수립해야 한다.

❸ 최소 검색 요구사항 수립 시 국제적 협력은 필수사항이다.

❹ 최소 검색 요구사항이 수립되면 주요 성능 기술에 대한 평가를 진행해야 한다.

그 평가기준은 다음의 사항을 고려해야 한다.

ⓐ 탐지율 : 시스템이 주어진 상황에서 특정 위협을 탐지를 할 수 있는 확률

ⓑ 허위탐지율 : 허위탐지(거짓경보)에는 두 가지 유형이 있다.

• 부정적 허위 : 시스템이 실제 위협물을 탐지하지 못하는 경우 (검색실패)

• 긍정적 허위 : 시스템이 비 위협물에 대해 경보를 올리는 경우 (운영 상 부담)

ⓒ 시스템 처리: 시스템의 처리율은 분당 여객처리, 시간당 수하물의 처리 등을 나타
내며 신속한 처리능력은 매우 중요하다.

ⓓ 기타 : 자동탐지, 다각현시, 검출이미지의 현시품질

제2절

승객 및 휴대물품 검색

01 보안 검색 절차

01 ── 문형금속탐지기 검색

승객이 무기, 총포류 및 휴대반입 금지품을 은익하기에 용이하다고 판단되는 물품은 X-ray 벨트 위에 올려놓도록 하여 정밀검사를 하고 승객이 착용하고 있는 보석류 등 귀중품은 몸에서 제거하여 투명 봉지에 담아 검색용 바구니에 넣어서 수 검색을 하고, 현금은 지갑에서 꺼내서 승객이 주머니에 보관하게 한 후 정상적인 보행으로 문형금속탐지기를 통과하도록 안내한다.

02 ── 휴대용 금속탐지기 검색

휴대용 금속탐지기를 이용하여 승객을 검색하는 경우는 승객이 문형금속탐지기를 통과할 때 경보음이 울리거나 보안 검색요원이 필요하다고 판단될 때 추가검색을 하거나 문형금속탐지기를 사용할 수 없는 경우에 사용한다.

휴대용탐지기를 이용한 검색순서는 머리에서부터 시작하여 승객의 신체둘레를 시계방향으로 몸 전체를 보안 검색한 후 보안 검색 탐지부분을 승객의 신체와 평행하게 하여 승객의 어깨에서부터 아래로 내리며, 1~3인치(3~8cm) 너비로 다시 발에서 어깨로 반복하여 검색을 실시한다. 필요한 경우는 승객을 반대로 돌려 세운 후에, 신체 후면에 대해 종전과 같은 방법으로 검색을 실시한다.

03 휴대용 금속탐지기를 이용하여 승객을 검색하는 과정에서 경보를 울렸을 때

휴대용 금속탐지기를 이용하여 승객에게 검색을 하는 과정에 경보를 울릴 때에는 경보가 울린 부분에 승객이 착용하고 있는 벨트나 장신구를 벗거나 꺼내어 바구니에 놓게 하고 정밀하게 확인하여 반입금지품 등이 은닉되어 있는지 최종 확인하여야 한다. 신체뿐 만 아니라 소지품에서 경보 원인이 확인될 때까지 철저하게 검색하되 모든 절차가 끝나기 전까지 휴대용 금속탐지기를 사용하여 처음 경보 발생하였던 위치를 중심으로 주변까지 집중하여 반복 검색을 실시하여야 한다.

02
수 검색 절차

01 유의 사항

수 검색방법은 승객의 신체 전부를 검색하는 방법과 검색과정에 경고음 발령 부위에 대하여 실시하는 부분 수 검색으로 구분된다. 수 검색의 방법은 보안 검색요원이 본인의 손 등 또는 손바닥을 이용하여 승객의 신체 부분에 대한 보안 검색을 실시하는 것을 말한다. 승객과 동일한 성별의 보안 검색요원에 의해 검색을 실시하며 검색 순서는 시계 방향으로 승객의 신체 위에서 아래로 실시하며, 매 보안 검색 시마다 빠지는 부분이 없이 중첩되도

록 똑같은 방법으로 실시한다.

02 신체 수 검색 대상

보안 검색과정에서 경고음이 발령되지만 그 원인을 찾지 못하거나, 승객 본인이 문형금속탐지기 또는 휴대용 금속탐지기로 보안 검색을 받는 것을 거부하는 경우에는 보안 검색 관련 규정에 따라 승객의 몸 전체를 손으로 검색하는 수 검색을 실시하여야 한다.

03 신체 전체 수 검색

검색대상 승객과 동성의 보안 검색요원은 승객에게 보안 검색에 대한 설명과 동시에 동의를 받고 검색을 하여야 한다. 먼저, 외투, 자켓, 모자 등은 벗게 하고 모든 소지품은 검색 바구니에 담도록 협조를 구하고 소지품은 육안검색과 X-ray장비 등을 이용하여 검색하여야 한다. 수 검색 순서는 머리부터 목, 가슴과 등 부분, 좌측과 우측 겨드랑이, 허리, 허벅지, 다리사이, 발목, 발, 발바닥, 신발 내부 등의 순으로 하여야 하며, 각 위치별로 오른쪽과 왼쪽을 번갈아가면서 신체 전면과 후면 전체를 검색하여야 한다.

수 검색 시 집중할 곳은 겨드랑이와 허리, 벨트부분, 다리사이, 발목, 발바닥, 신발내부 등이다. 간혹 복부나 다리 등 신체에 의료 또는 보조기구, 용품 등을 착용 하고 있는 경우도 있다. 이들 대부분은 몸이 불편한 경우이나 이를 악용하는 경우가 다수 발생하므로 해당 물품은 육안검사를 하거나 필요시 X-Ray 장비를 이용하여 검색하여야 한다.

04 신체 부위별 수 검색

❶ 머리가 짧은 승객의 목과 머리는 눈으로 검색이 가능하지만, 승객의 머리 숱이 많거나 길이가 긴 승객의 머릿속에 총포류 등 반입금지물품의 은익이 의심되는 경우에는 목과 머리 부분에 수 검색을 실시한다.

❷ 소매가 짧은 옷을 입고 있는 승객은 어깨와 팔을 옆으로 들어 올리도록 요청하여 소매 끝 부분만 검색을 하고, 긴팔의 옷을 입고 있는 승객은 몸 가까운 곳부터 먼 쪽으로 손가락 및 손바닥을 이용하여 검색한다.

❸ 가슴과 겨드랑이 및 등 부분은 승객의 팔을 올리도록 요청하여 손등을 이용하여 어깨에서부터 시작하여 허리까지 전체적으로 검색하고,

❹ 허리와 허벅지 및 다리는 엄지손가락을 이용하여 승객의 벨트와 허리 부분을, 좀 더 면밀한 검색이 필요한 경우는 허리를 구부려서 승객의 신체 하단, 다리와 발목 등을 검색한다.

05 수 검색 취약점

수 검색을 실시하기 위해서는 사전에 승객에게 동의를 구해야 되는 번거로움과 검색대상이 각종 전자·전기 제품인 경우에는 수 검색으로는 확인이 곤란하여 X-ray 또는 폭발물 탐지기 같은 장비를 이용해야만 하는 한계가 있다.

또한 수 검색을 담당하는 보안요원과 대상 승객 간의 감정적 대립과 위생문제가 발생할 수도 있다. 따라서 효율적인 검색을 위해서 X-ray와 금속탐지기를 이용 하는 복합적인 검색방법이 고려되어야 한다. 수 검색의 취약점을 해소하기 위해 대인검색 시 문형금속탐지기로 1차 검색을 하고 경보 또는 의심가는 경우, 2차로 휴대용금속탐지기 검색을 한다.

2차 검색 후 의심가거나 또는 이상은 없으나 외모 또는 행동 상 의심가는 경우 3차로 촉수검색을 실시하여야 한다.

소지품 등 휴대물품은 X-Ray장비로 1차 검색을 하고 폭발물 의심 물품이 있는 경우 2차로 ETD검사를 하며 그 외 위험품 또는 반입금지 물품이 있는 경우 2차로 개봉검색을 하고 1차 X-Ray 검색 후 이상이 없는 물품에 대해서도 반입금지 물품의 통과를 최소화하기 위하여 무작위 3차 개봉검색을 하여야 한다. 이러한 무작위 검색은 항공보안발령 등급에 따라 그 비율이 정해진다.

06 특별검색이 필요한 검색 대상

보안 검색과정에서 발생할 수 있는 상황에 대비하여 보안요원들에게 사전에 교육을 실시하여 안전하고 실효적인 보안 검색을 하도록 하여야 하며 고객서비스에도 차질이 없도록 하여야 할 것이다.

❶ 유모차에 있는 아기와 어린이에 대한 검색은 부모의 사전 동의가 필요하고 임신한 여성과 휠체어에 탄 승객 및 현재 치료 상태 있는 환자, 종교적인 이유로 수 검색 또는 소지품에 대한 보안 검색을 거부하는 승객에 대해서는 검색방법에 대해 설명하고 동의를 받아 검색을 실시하여야 한다.

❷ X-Ray 검색 시 손상을 줄 우려가 있는 골수, 혈액 등 인명 구조용 의료품과 유골 및 이식용 장기 그 밖에 국토교통부장관의 허가를 받은 물품에 대하여는 직접 개봉검색을 하거나 또는 내용물을 입증하는 서류를 확인하는 방법으로 보안 검색을 대신할 수 있다.

보안 검색 감독자는 상기의 물품을 운송하는 화주에게 물품의 내용을 증명하는 서류 및 운송자의 신원을 확인하는 방법 등을 통해 추가로 확인하여야 한다.

제3절

프로파일링(Passenger Profiling)

항공기 탑승 승객을 대상으로 실시되는 프로파일링은 항공기 탑승 수속 중인 승객을 대상으로 해당 국가에 대한 여행목적 등을 묻는 과정에서 느끼게 되는 항공보안 용의점 등을 파악하기 위하여 실시되는 면접 방법이며 면접 과정에서 항공보안 사고가 우려 되는 승객과 승객의 수하물에 대하여 정밀 보안 검색을 실시하는 일련의 과정이다.

01

관계기관 협조

항공기 탑승수속을 실시하는 승객에 대하여 과거에 그들이 항공보안사고와 관련하여 단체에 가입했거나 향후 보안사고 징후 가능성 등을 파악하는 것으로서 이상 징후 발견 시에는 해당 승객에 대하여 보안감시 활동을 강화하는 것이다. 그러나 개인의 범죄 사실과 관련된 기록은 항공사가 단독으로 수집하기가 어려운 것으로서 국가정보기관과 긴밀한 협력체제에서 이루어 질 수 있다.

01 프로파일링의 장점

항공기와 승객의 안전을 확보하기 위하여 보안 검색은 항공기에 탑승하는 모든 승객 및 승무원에게 동일한 방법과 절차대로 실시한다. 그렇지만 프로파일링 기법으로 보안 검색을 강화해야 되는 승객이 선별된다면 보안용의점이 없는 일반 승객에게는 집중적인 검색을 완화하고 집중대상 승객은 검색을 강화하는 차별성을 갖추어 인력 및 장비를 효율적으로 활용할 수 있다.

02 프로파일링의 발전과정

1969년 팔레스타인 해방 기구(PLO)소속의 테러리스트 단체가 스위스 취리히 공항에 주기중인 이스라엘의 항공기에 난입하여 항공기에 탑승 중인 승객과 승무원을 기관총 등으로 살상하는 테러를 감행하였다. 이 사건 이후에 이스라엘 정부는 자국 항공기에 보안 대책을 수립하여 항공기내 보안요원을 탑승시키고, 조종실 내 출입통제, 탑승객을 대상으로 프로파일링을 실시하여 사전에 위험 가능 승객을 발굴하고 사고를 미연에 방지하는 제도를 시행하였고 미국에서도 1974년부터 프로파일링제도를 운영하였다.

03 프로파일링의 기능

● 수동식 프로파일링

항공기 탑승수속을 하는 여행자를 대상으로 프로파일링 전문요원이 승객의 인적 사항과 여행목적 등을 질문하여 항공보안 위험이 있는 승객을 분류하여 이들에 대한 신체 및 휴대품에 정밀 검색을 하는 전통적인 방식으로, 일명 이스라엘 방식이라고도 불린다. 장점으로는 승객 개인별로 질문을 할 수 있어서 개별 승객에 대한 성향에 대하여 파악할 수 있고 또한, 검색 장비 등으로 발견할 수 없는 사람의 표정이나 심리상태 등을 분석하여 대

응할 수 있다. 그렇지만 승객 개인별로 프로파일링을 실시하기 위해서는 많은 전담요원이 필요하고 승객들로 최소한 탑승시간 3시간 이전에는 공항에 도착해야 되는 불편과 승객 개인의 면담결과를 프로파일러가 잘못 판단하는 오류도 발생 할 수 있는 단점도 있다.

⬤ 자동식 프로파일링

승객이 입력한 자료를 바탕으로 실시되는 자동식 프로파일링경우는 승객의 개별 전산 자료를 활용할 수 있어서 면접시간이나 비용이 크게 절감되고, 승객에 대한 보안 위험성 여부도 프로파일러의 주관적 판단이 아닌 입력된 전산 자료를 활용할 수 있어서 오류를 방지할 수 있다는 장점이 있다. 그러나 승객이 작성한 자료만을 근거로 범죄가능 여부를 판단해야 되므로 입력 자료의 진실 여부를 식별할 수 없다. 또한 해당 승객의 위탁화물에 대한 특별 검색은 가능하지만, 본인의 신체나 휴대품에 대한 검색에는 한계가 있으며, 특별 보안 검색도 중동 등, 주요 테러 위험 지역 출신 등을 대상으로 이뤄지고 있다는 비평이 제기되는 단점 또한 있다.

04 프로파일링 응용 사례

⬤ 이스라엘의 테러 방지

1986. 4. 17. 영국의 히드로 공항을 출발하여 이스라엘로 여행하려던 여자 승객의 프로파일링 면접 과정에서 수상한 점을 발견되어 여행객의 휴대품을 정밀 수색한 결과, 폭발물이 다수 발견되었다.

⬤ 미국의 실패 사례

미국의 보스턴 공항에서 아메리칸 항공을 탑승하려는 승객에 대한 프로파일링 면접 과정에서 2001. 9. 11. 뉴욕의 무역 센터와 위싱턴의 펜타곤에서 발생한 9.11 테러의 주모자인 빈 라덴의 행동대원 아타 등 3명이 추가 보안 검색 대상으로 분류되었지만, 추가 보안 검색을 실시하지 않고 용의자들이 항공기에 탑승한 후에 그들의 위탁 수하물을 탑재하는 등 결국 위험한 인물들을 놓쳐 항공역사상 초유의 9.11 항공테러가 발생하는 오류를 범하게 되었다.

05 ● 프로파일링 향후 전망

◉◉ 관련근거

- 서울 연합 뉴스에 보도된 국토교통부 보도자료 (2019.12.10.)
- 제8차 한미항공보안체계 상호인정 합의서

◉◉ 전 망

한국과 미국의 교통보안청(TSA)은 2019. 12. 4. -6.까지 미국의 마이애미에서 개최된 한미 항공보안 협력회의에서 대한민국의 항공기 보안 검색체계의 안전성이 인정되어 2020년부터는 미국행 항공여행 승객들에 대한 '보안 인터뷰와 추가 검색'등을 줄여 나가기로 했다. 미국은 2017. 6.부터 미국을 여행하는 전 세계 항공사를 대상으로 승객 및 휴대품에 대한 보안검색을 강화하고 이행 실태를 주기적으로 평가해왔다.

이로 인하여 항공사는 연간 200억원의 인건비 및 추가 비용을 절감하는 경영 개선의 효과를 기대할 수 있게 되었다.

위탁수하물 검색

01
수하물 위탁의 원칙

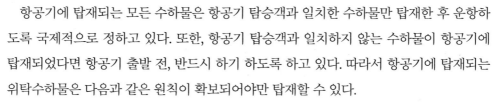

항공기에 탑재되는 모든 수하물은 항공기 탑승객과 일치한 수하물만 탑재한 후 운항하도록 국제적으로 정하고 있다. 또한, 항공기 탑승객과 일치하지 않는 수하물이 항공기에 탑재되었다면 항공기 출발 전, 반드시 하기 하도록 하고 있다. 따라서 항공기에 탑재되는 위탁수하물은 다음과 같은 원칙이 확보되어야만 탑재할 수 있다.

❶ 항공보안법규에서 정한 절차에 따라 보안 검색을 완료하지 않은 수하물은 항공기에 탑재할 수 없고 절대 탑재하여서는 안되며, 반드시 본인의 탑승권을 소지하고 있는 승객의 수하물만을 대상으로 보안 검색을 하여야 하며, 대리 수속이 허가된 항공사의 대리인만이 탑승 수속을 통해 수하물을 위탁할 수 있다.

❷ 국내선 또는 국제선 항공 승객의 위탁 수하물에 대한 검색은 X-ray 등 국토교통부에서 정한 항공보안 장비를 이용하여 보안 검색을 하여야 한다.

❸ 위탁수하물에 대한 보안 검색으로 인하여 전반적인 항공기 탑승수속 절차에 지장이 없도록 하여야 하며, 보안 검색은 모든 절차를 지키면서 탄력적으로 이루어 질 수 있도록 하여야 한다. 불가피한 경우, 탑승수속 전이나 탑승수속 중간 또는 수속 후에도 보안 검색을 실시할 수 있으며, 이상이 발견된 위탁수하물의 개봉검색은 반드시 화주의 입회와 동의하에 검색하여야 한다.

❹ 항공기에 탑재되는 모든 위탁수하물은 해당 항공기에 탑승하여 비행하는 승객의 수하물만 탑재하여야 한다. 그렇지만 항공기 탑승권을 발급받고 위탁 수하물은 탑재한 승객 중에서 불가피하게 여행이 취소되어 여객기 출발 전에 내리는 승객이 발생하는 경우, 해당 승객의 수하물은 반드시 하기 하여야 한다.

❺ 수하물 처리 실수 또는 지연으로 인해 화주와 분리된 위탁수하물은 추가적인 보안통제 없이는 절대 운송되어서는 안되며, 운송될 수도 없다.

02
위탁수하물의 검색

01 검색대상

위탁수하물은 항공사가 위탁받아 보내오는 탑승권을 소지한 승객의 위탁수하물만이 검색대상이다. 항공기를 탑승하지 않는 승객의 위탁수하물은 검색하여서는 안되며, 항공기에 탑재하였을 경우, 항공기 출발 전에 반드시 하기하여야 한다.

02 사용하는 검색장비

- ✅ 1차 검색 : EDS X-Ray
- ✅ 2차 검색 : 일반 X-Ray 또는 폭발물흔적탐지기(ETD)
- ✅ 3차 검색 : 개봉검사

03 검색절차

항공기 탑재 전에 X-Ray 검색장비를 사용하여 보안 검색을 하여야 하며, 다음에 해당하는 경우에는 위탁수하물을 개봉하여 검색하여야 한다. 검색 시 폭발물이나 위해물품이 있다고 의심되는 경우 또는 X-Ray 검색장비로 보안 검색을 할 수 없는 크기의 단일 위탁수하물인 경우, 폭발물 흔적탐지장비 등 필요한 검색장비 등을 추가하여 보안 검색을 하여야 한다.

- X-Ray 검색장비가 정상적으로 작동하지 아니한 경우
- 무기류 또는 위해물품이 숨겨져 있다고 의심되는 경우
- X-Ray 검색장비에 의한 검색결과 그 내용물을 판독할 수 없는 경우

| 위탁수하물 검색절차 |

① X-Ray 검색(판독)　　　② 폭발물탐지정비 검색　　　③ 폭발물흔적탐지 검색

환승 및 통과 승객의 위탁수하물과 별송 위탁수하물에 대해서도 동일한 방법으로 보안 검색을 실시하여야 한다. 환승객이 출발한 공항의 위탁수하물 보안 검색 수준이 환승공항의 수준과 같거나 더 엄격하고, 운송중인 위탁수하물에 적용한 보안통제가 외부 침입으로부터 충분히 보호받았다고 확신할 때에는 환승 공항에서의 보안 검색은 면제될 수도 있다.

| 공항 내 주요 지점별 보안 검색 장단점 비교 |

구 분	장 점	단 점
여객터미널 진입 지점	• 승객 입회 수하물 검색 • 화물 내용 즉시 확인 가능	• 승객 흐름 공간 미흡 • 검색을 마친 화물과 미 검색 화물 혼합 방지인력 소요
탑승수속 지점	• 개장검색 필요시 승객호출 가능 • 승객 입회 수하물 검색 • 감시와 봉인 불필요	• 오랜 탑승수속 시간 소요 • 인력·장비·예산 과다
탑승수속 후 지점	• 신속한 승객 처리 • 장비 및 인력 예산 절감	• 항공기 지연 또는 승객과 다른 항공편으로 수하물 배송 • 개장 검색 필요 시 승객 호출 곤란

04 수하물 검색 방법

X-ray 검색

구 분	보안 검색 결과 조치(영상 판단)	비 고
1단계	• 폭발물, 무기 등 위험성 없는 것으로 통과	
2단계	• 위험성 있는 것으로 판단 개봉검사 실시	
3단계	• 위험물 확신, 감독자 보고 • 관련 보안기관에 통보 및 화주 지속적 감시	

개봉 등 검색

구 분	내 용	비 고
검색시기	• 위해물품이나 수상한 물품이 발견되었을 때 • 보안 검색 장비가 없거나 작동하지 않을 때 • 가방 내부의 물품이 식별되지 않을 때	
검색방법	• 전면적인 개봉검색(X-ray 장비를 사용할 수 없거나 승객이 X-ray 검색을 원하지 않을 경우) • 제한적인 개봉검색(X-ray 판독자 위험성 크다고 판단시)	
전면 수하물 검색	• 시계방향으로 모든 수하물 검색하는 절차 준수 • 승객으로부터 개봉검색 허가	
제한된 수하물 수색	• 포장된 수하물 등을 포함 휴대수하물은 개봉검색 • 의심스러운 부분 정밀 검색	
요청하는 승객	• 승객이 컴퓨터, 전자장비, 오디오, 비디오의 X-ray 판독 시 위험하다고 판단한 경우	
카메라, 필름 및 카메라 가방	• 승객이 카메라 가방 개방 검색 요청한 경우	
전자제품	• 승객 요청 시 가방에 있는 전자제품을 꺼내 놓도록 한 후에 케이스를 X-ray에 통과 검색 • 전자제품 전원 켜고 작동	
밀수품	• 통제약품, 마약, 대량 현금 등 적발 시 관심 • 감독자에게 통보 • 관계기관에 용모 등 인상 착의 통보	

05 항공보안 검색장비

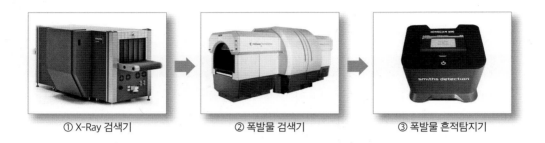

① X-Ray 검색기　　　　② 폭발물 검색기　　　　③ 폭발물 흔적탐지기

06 접수 및 보안 대책

구 분	절 차	비 고
접수방법	• 공항 내에 위치한 항공사 탑승수속대 • 도심항공터미널	
보안 대책	• 항공권, 여권 또는 승객 사진이 있는 신분증명서와 승객을 대조 • 위탁수하물에 잠금장치 • 위탁수하물 포장, 보관 등에 대한 보안 질문 • 이상 징후 발견 시 개봉검사 • 수하물이 탑승수속 지점으로부터 공항운송 차량에 실려서 공항까지 　가는 동안 보안유지 (시건 및 보안요원 탑승)	
처리방법	• 중환자 등 항공사에서 인정하는 경우는 대리 접수 • 항공사는 수하물이 도착지에서 승객에게 인도될 때까지 보안을 강화 • 승객 및 수하물 일치 여부 확인	

제7장 보안 검색 기법

항공보안개론 수행평가 퀴즈 Q

여러분들이 학습한 과정을 객관식 또는 주관식 문제로 구성하여 출제하였으니 복습을 겸한 평가 바랍니다.

성명 :   학번 :

1. X-ray 장비를 이용하는 검색 방법으로 적합하지 않은 항목은

　① 기내 반입 용 승객의 수하물 검색 실시
　② 5초 이상 이미지 형상 도출 관리
　③ X-ray 영상 판독이 15초 이상 지속 시는 2차 검색 실시
　④ 이미지가 어둡게 나타나는 물품을 개봉 검사

2. ICAO의 최소 검색 요구 사항이 아닌 것은?

　① 위험물임이 확인되면 과학적 분석 실시
　② 국가는 최소검색 요구 사항 실시 계획 수립
　③ 국가 계획 수립 시는 국제적인 협력은 필수
　④ 불가피한 경우 국제공조 회피

3. 문형금속 탐지기 절차로 부적합 한 것은?

　① 무기 총포류 등으로 의심되는 물품에 대한 검색
　② 보석 및 귀중품은 별도 바구니에 넣어서 수검색 실시
　③ 현금이 보관된 지갑을 확인하고 승객의 주머니에 보관 후 검색대 통과
　④ 승객이 검색거부 시 절차 생략 후 통과

항공보안개론

수행평가 퀴즈

4. 수검색 에 설명으로 부적합 한 것은?

　① 검색대를 통과하면서 경고음이 울린 승객 대상

　② 보안검색원의 손이나 손등을 이용하여 승객의 신체 검색

　③ 승객의 성별과 상관없이 남녀 검색원 모두 수검색 실시 가능

　④ 시계 방향으로 승객의 위에서 아래로 중첩되도록 반복 실시

5. 특별검색 대상 승객이 아닌 경우는?

　① 부모의 동의를 얻은 후에 유모차에 타고 있는 유아 또는 어린이

　② 임신한 여성과 휠체어에 탄 환자 승객

　③ X-ray 검색 시 손상 우려가 있는 골수, 혈액 등

　④ 외국인 이란 승객

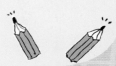

+ memo

AVIATION SECURITY PROCEDURE

제8장
항공기 보안

항공기 보안체계

항공기 보안책임은 항공운송사업자에게 있으며, 불법 방해 행위로부터 항공기를 보호하기 위해 항공기 탑승을 위한 발권부터 운항종료시까지 단계별 보안체계를 수립하여 시행하여야 한다.

| 비행 전 보안절차 |

① 본인확인, 보안질의   ② 기내 보안점검   ③ 항공기 출입통제

01

발권단계

항공기 탑승객의 신분증 또는 여권·비자 등 신원을 확인하고 위탁수하물이 본인 소유인지 여부를 질의, 확인하고 본인 신체 및 휴대물품 그리고 위탁수하물에 위해물품의 반입여부를 확인한 후 항공기 탑승권을 발권하여야 한다.

02
탑승단계

보안 검색을 마치고 출국 또는 출발 격리대합실에서 항공기에 탑승하기 전 탑승게이트에서 탑승권 재확인하고 탑승객과 항공기에 탑재한 위탁수하물의 수량이 일치하는지 확인하는 한편 항공기 출입문에서도 승무원이 최종 탑승권의 항공권을 확인하여야 한다.

또한, 탑승객이 항공기를 탑승하기 전에는 기내 보안점검을 실시하여 이상유무를 확인하고 항공기내로 비인가자의 출입을 철저하게 통제하여야 한다.

03
운항 중

항공기 탑승객이 탑승 전, 조종실 출입문은 시건하여 출입을 통제하고 특이한 승객 이 있는지 동향을 감시하며, 폭발물 발견 또는 난동승객 발생 등 비상상황 발생시 기내 비치된 보안 장비 운용 등을 활용하여 즉각적으로 대응하여야 한다.

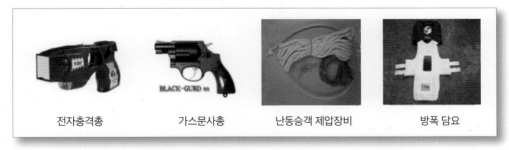

| 전자충격총 | 가스문사총 | 난동승객 제압장비 | 방폭 담요 |

※ 객실내 무기반입은 국토부 허가받은 기내보안요원 및 경호요원 등만 가능

04

운항 후

　승객이 모두 하기하고 항공기내에 휴대물품이 기내에 잔류하고 있는지 여부 등을 확인
하기 위한 기내 보안점검을 실시하여야 한다.

제2절

기내보안 활동

01

보안 점검

　객실 승무원들은 항공기 이륙 후에 내부가 보이지 않는 화장실과 승무원 휴게실과 커트룸 등을 대상으로 수시로 보안점검을 하고 이상한 사항이나 징후가 발견될 경우, 즉시 기장에게 보고하여야 한다.

　보안점검을 하는 목적은 테러범들이 범행 도구를 은닉할 수 있는 화장실 내의 티슈 보관함 등을 면밀하게 살펴보고 이상 징후의 발견 및 테러를 방지하고, 화재는 물론 승객의 안전사고를 방지할 수 있는 점검이며, 승무원 휴게실과 승객의 코트 등을 보관하는 장소도 수시로 확인하여 항공기 안전을 확보하는 노력을 기울여야 한다.

02 기내보안요원

01 ─◦ 기내보안요원의 정의

항공기내 테러 방지와 질서 유지를 위해 테러진압 등 전문교육을 받고 항공기내에서 불법행위를 방지하는 직무를 수행하는 항공보안전문 요원(사법경찰 또는 항공사가 지명하는 사람)을 말한다.

02 ─◦ 기내보안요원의 임무

기내보안요원의 임무는 다음과 같다.

❶ 승객 및 위탁 수하물, 우편물 등을 탑재하기 전, 항공기 객실 등에 대한 보안점검 및 수색을 한다.

❷ 최초 출발공항 또는 중간 경유지 공항에서 항공기에 탑승 및 탑재하는 승객과 휴대수하물에 대하여 의심스러운 경우, 수색 및 보안점검을 하여야 한다.

❸ 운항 중에는 항공기 객실 내 보안순찰을 실시하여야 한다.

❹ 운항 중 또는 경유지에 있는 동안 객실내 보안감독을 수행하여야 한다.

❺ 항공기 불법 점거 또는 파괴 행위시 이를 제지한다.

❻ 객실 내 폭발의심물체가 발견된 경우, 최소 위험 폭발물 위치 사용절차에 따른 직무를 수행하여야 한다.

❼ 불법행위 발생 시 녹화 및 불법행위 승객은 도착지 공항 경찰관서에 인도하는 등 승객의 안전 및 항공기 보안에 필요한 직무를 수행하여야 한다.

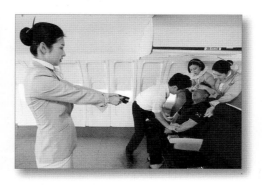

03 기내 보안요원의 업무 범위

객실 승무원 또는 기타 기내 고유 안전업무를 담당하는 승무원의 임무를 수행 하여 기내 보안요원의 업무를 벗어나서는 안된다.

04 권한 및 법적 책임

❶ 기내보안요원은 항공기안으로 무기를 휴대하고 탑승할 수 있다.

❷ 기내보안요원은 법적으로 부여된 임무를 수행하여야 하고, 이 경우 항공기 내 보안요원을 포함한 일반 객실승무원은 사법경찰의 직무도 수행하여야 한다.

❸ 객실 내 불법행위 및 항공안전을 해치는 범죄행위 등을 녹화할 수 있으며, 그 행위를 저지시키기 위한 필요 조치를 취할 수 있다.

❹ 항공기 내에서 불법행위가 발생한 경우 신속하게 대응하기 위하여 일반 객실 승무원에게 임무를 부여하여야 하며, 항공기 내 주변 승객에게 협조 요청 등 필요한 조치를 요구할 수 있다.

❺ 객실 내 거동 수상한 행동을 하거나 보안을 위반한 경우, 기내보안요원이 운항승무원에게 긴밀하게 알릴 수 있어야 한다.

❻ 항공기 내에서 불법행위를 행한 자 및 항공안전을 해치는 범죄자를 현행범으로 체포(물리적으로 신체를 속박한 경우에 해당)한 때에는 현행 범인 체포서를 작성하여야 하고 피의사실의 요지, 체포의 이유와 변호인을 선임할 수 있음을 말하고 변명할 기회를 준 후 피 체포자로부터 피의사실 확인을 받아야 한다.

❼ 항공운송사업자는 기내 현행범으로 체포된 범죄자에 대해 규정에 따라 현행 범인체포서 및 확인서를 작성할 경우, 원본은 도착공항 경찰관서에 피체포자와 함께 인계하고 사본은 사건 종료일부터 1년 이상 보존하여야 한다.

❽ 기내보안요원은 기밀을 엄수하여 피의자·피해자 기타 관계인의 명예를 훼손하지 아니하도록 하여야 한다.

03
보안요원의 선발 및 교육

01 선발 기준

한정된 공간인 항공기 내에서 대테러 업무를 수행하는 보안요원의 임무는 여러 국적의 다양한 성향의 승객들인 점을 감안하여 이들 선발과정은 엄격한 절차와 다음과 같은 기준이 요구된다.

❶ 용의자 관찰 및 체포, 조사 능력

❷ 용의자를 비무장 상태로 제어할 수 있는 무술 능력

❸ 용의자를 체포, 구금 능력

❹ 지속적인 무술 연마 가능자

❺ 용의자를 제압할 수 있는 심리적 안정 상태

02 기내 보안요원의 교육

기내보안요원에 대한 교육훈련 프로그램에는 불법행위 유형별 위협수준에 따른 현실적 시나리오 및 훈련기법을 적용하여 교육을 하여야 하며, 다음의 내용을 교육 훈련과정에 포함하여야 한다.

❶ 항공기내 불법행위자에 대한 강력대응, 경찰인계 절차 및 구금기법

❷ 비무장 공격 및 방어 기술

❸ 관찰 및 감시

❹ 탑재된 무기의 사용방법 등 무기훈련

❺ 불법행위 유형별 대응절차 및 조치사항

❻ 최소 폭발물 위험위치 숙지, 승무원의 임무와 책임, 항공기 성능 및 객실 장비 등 일반적 교육

❼ 테러 정세 및 국가 대테러 활동체계

❽ 운항승무원과 항공기내보안요원간 객실 내 상황 또는 관련 정보의 신중한 전달 방법 또는 방식

그 외 다른 체약국들의 공역과 해역에 대한 권리·의무의 관계는 물론 공항에 대한 기본적 내용도 교육과정에 포함하여야 한다.

❶ 외국 영공 및 해역에서 권리·의무 관계

❷ 공항 및 항공사 운영 기법

❸ CIQ(세관, 법무부, 검역소)

❹ 승객, 수하물, 우편물의 탑재

❺ 위해 및 금지 물품의 식별 및 제재

❻ 비행계획과 대체공항에 대한 개념

03 배치 방법

기내보안요원을 일반 승객들이 알 수 있도록 공개적으로 배치하는 것은 범죄를 차단하는 예방적 측면의 효과도 있지만 신분이 노출되어 테러범들의 표적이 될 수 있다. 그 반면에 승객처럼 가장하여 일반 객실 승무원이나 항공보안요원처럼 보이지 않도록 신분을 위장하여 비밀리에 배치하는 방법도 있다. 양측 모두가 장단점을 갖고 있지만 두 가지 모두 민간항공에 안전을 위하여 불법행위를 차단하는데 그 목적을 두고 있다.

제3절

기내 불법행위와 보안활동

01
정의 및 처벌 근거

01 · 정의

　기내 불법행위란 항공기 내에서 다른 사람을 폭행하거나 폭행·협박 등 안전 운항을 위협하는 행위, 성적 수치심을 일으키는 행위, 흡연행위, 폭언·고성방가 등 소란행위, 승무원의 정당한 직무를 방해하거나 항공기 안전에 위협을 주는 일체의 행위를 말한다.

02 · 처벌 근거

❶ 불법행위자는 경찰에 의무적으로 인계하여 처벌하고
❷ 항공사업자 : 경찰에 미인계시는 과태료 1,000만원 부과하며,

❸ 기내에서 불법행위를 하는 폭언 및 폭행자는 1.000만원 이하 벌금을 기장의 업무를 방해하는 자는 5년 이하 징역 또는 5,000만원 이하 벌금을 처하도록 하고 있다.

02
불법행위 금지

01 관련 근거

항공보안법 제23조(승객의 협조의무)에 항공기 내에 있는 승객은 항공기와 승객의 안전한 운항과 여행을 위하여 항공기 보안이나 안전운항을 저해하는 행위를 하여서는 안된다 라고 규정하고 있다.

02 안전운항을 저해하는 불법행위

❶ 폭언, 고성방가 등 소란행위
❷ 흡연(흡연구역에서의 흡연은 제외한다)
❸ 술을 마시거나 약물을 복용하고 다른 사람에게 위해를 주는 행위
❹ 다른 사람에게 성적(性的) 수치심을 일으키는 행위
❺ 운항 중인 항공기의 안전을 저해하는 전자기기를 사용하는 행위
❻ 기장의 승낙 없이 조종실 출입을 기도하는 행위
❼ 기장 등 의 업무를 위계 또는 위력으로써 방해하는 행위
❽ 승객은 항공기 내에서 다른 사람을 폭행하거나 항공기의 안전운항을 저해 하는 폭행·협박·위계행위 또는 출입문·탈출구·기기의 조작을 하는 행위
❾ 승객은 항공기가 착륙한 후 항공기에서 내리지 아니하고 항공기를 점거 하거나 항공

기 내에서 농성하는 행위

⓾ 항공기 내의 승객은 항공기의 보안이나 운항을 저해하는 행위를 금지하는 기장 등의 정당한 직무상 지시에 따르지 않는 행위

⓫ 항공사는 다음에 해당하는 사람에 대해 탑승을 거절할 수 있다.

　✅ 제15조 또는 제17조에 따른 보안 검색을 거부하는 사람

　✅ 음주로 인하여 소란행위를 하거나 할 우려가 있는 사람

　✅ 항공보안에 관한 업무를 담당하는 국내외 국가기관 또는 국제기구 등으로 부터 항공기 안전운항을 해칠 우려가 있어 탑승을 거절할 것을 요청 받거나 통보받은 사람

　✅ 그 밖에 항공기 안전운항을 해칠 우려가 있어 국토교통부장관이 정하는 사람

⓬ 누구든지 공항에서 보안 검색 업무를 수행 중인 보안요원 또는 공항 보호 구역에서 출입을 통제하는 사람의 업무를 방해하거나 폭행 등 신체에 위해를 주는 행위를 하여서는 안된다.

03 불법행위 예방 노력

안전운항을 저해하는 불법행위를 예방하기 위해 항공사는 법적 규제로 승객의 불편을 줄일 수 있는 방안을 마련하여야 하며, 기장 등은 승객이 항공기 내에서 불법행위에 해당하는 행위를 하거나 할 우려가 있는 경우, 이를 중지하게 하거나 하지말 것을 경고하는 등의 예방 노력도 시행하여야 한다. 아울러 항공기가 이륙 하기 전, 승객에게 협조 의무를 영상물 상영 또는 방송 등을 통해 안내하여 항공기 안전운항에 협조하도록 노력하여야 한다 (항공보안법 제23조).

03

기장 등의 권한

　기장이나 기장으로부터 권한을 위임받은 승무원 또는 항공기 탑승 관련 업무를 지원하는 항공사 직원 중, 기장의 지원요청을 받은 사람은 다음의 행위를 하려는 승객에게 그 행위를 저지하기 위한 조치를 수행할 수 있다.(항공보안법 제22조)

❶ 항공기 보안을 해치는 행위

❷ 인명이나 재산에 위해를 주는 행위

❸ 항공기 내의 질서를 어지럽히거나 규율을 위반하는 행위

　항공기 내에 있는 사람은 항공기 안전을 해치는 행위를 저지하기 위한 조치에 관하여 기장 등의 요청이 있으면 협조하여야 하며, 기장 등은 항공기 안전을 저해하는 행위를 한 사람을 체포한 경우, 항공기가 착륙하였을 때에는 체포된 사람을 계속 탑승하는 것에 동의하거나 항공기에서 내리게 할 수 없는 사유가 있는 경우를 제외하고는 체포 상태로 이륙하여서는 안된다.

　또한, 기장으로부터 권한을 위임받은 승무원 또는 승객의 항공기 탑승관련 업무를 지원하는 항공사 직원 중 기장의 지원 요청을 받은 사람은 항공기 안전을 저해하는 행위를 저지하기 위한 조치를 할 때에는 기장의 지휘를 받아야 한다.

제4절

기내식 및 물품 보안 대책

여객기에 탑재되는 기내식 및 비품은 장거리 여행 중에 승객 및 승무원들에게 제공되는 식사 및 소모품들이다. 따라서 제작 및 운반, 탑재과정에 테러범이나 불순한 의도를 가진 범법자들에게 이용당하지 않도록 세밀한 주의와 철저한 보안 대책이 필요하다.

01

보안 대책

❶ 항공기에 탑재되는 모든 물품에 대하여 휴대용 금속탐지기 또는 X-ray 장비를 이용하여 검색하여야 한다.

❷ 기내식은 최초 구입, 운송, 조리 장 도착 등 전 과정에 투명한 위생 절차와 검역 절차를 거쳐 승무원과 승객이 오염된 식사로 인한 사고를 당하지 않도 록 철저한 보안 대책을 수립하여 시행하여야 한다.

❸ 위탁수하물과 등 모든 탑재물이 지정한 항공편에 정확하게 탑재되고 있는지 확인하는 항공사 보안프로그램을 수립하여 시행하여야 한다.

02

기내식 보안

❶ 교육 훈련

항공사가 독립적으로 또는 선정된 협력 회사로부터 기내식을 제공받고 있지만 모든 제작 과정은 국가에서 제작한 항공보안프로그램 절차를 준수하도록 담당 직원들을 교육하여야 한다.

❷ 모든 물품의 반입 및 반출에 교육된 보안 검색요원으로부터 보안 검색 장비를 활용하여 철저한 보안 검색절차를 준수할 수 있도록 인원 및 장비의 관리에 만전을 기해야 한다.

❸ 직원 관리 및 채용

보안 검색요원 및 기내식 담당자를 채용할 때는 국가기관으로부터 검증받은 신원조회 결과를 활용한다.

❹ 기내식 제조 장소 접근 통제

제조 건물은 입구부터 인원과 차량의 출입절차 및 각종일지의 작성을 통해 철저히 통제하여 보안사고가 발생하지 않도록 하여야 하며, 기내식 제작에 참여하는 직원은 상의를 착용하고 상의 좌우측 중에 신분확인이 쉽도록 신분증을 패용하여야 한다. 아울러 직원의 탈의실 및 휴게실은 기내식 제조 장소 밖에 설치하고 제조 장소 진·출입 시에는 반드시 보안 검색을 받도록 하여야 한다.

❺ 기내식 식자재 및 조리기구 보안

식자재 및 조리기구 반입 시에 항공보안 위해 물품의 은익 여부를 파악하기 위하여 물품 상자를 개봉하여 내용물을 확인하고 식자재에 위험 물품이 없다는 공인 보안 기관의 확인서가 있는 경우에는 검색을 생략할 수 있다는 절차를 따르지만, 없는 경우는 개봉하거나 보안 장비를 사용하여 보안 검색을 하여야 한다. 또한, 식자재 이외의 기내식 제조에 사용되는 조리기구를 반입할 때는 개봉 또는 분해하여 검색하여야 한다.

❻ 기내 물품 및 저장품 보안

기내에서 물품 운반용으로 사용하는 카트 및 주방 용품은 기내로 반입과정 에서 보안 절차를 준수하여 개봉검사를 실시한다.

보안성 절차를 거치지 않은 업체가 납품한 물건의 경우는 개봉 검색 또는 수 검색을 실시하여야 한다.

⊘ 휴대 전화

⊘ 기내 편의품(칫솔, 치약, 생수 등)

⊘ 여객용 담요, 베개 등

❼ 기내식 운송 및 물품 탑재

기내식이나 물품은 보안이 설정된 밀폐된 장소에서부터 항공기에 탑재되는 과정에 테러범 등이 접근 할 수 없도록 보안절차를 준수하여 운송되고 항공 기에 탑재되어 승객과 승무원들에게 안전하게 배식되어야 한다.

기내식 탑재

❽ 기내 면세품 세관 통제

면세물품(양주, 향수 및 고가품)은 세관 공무원이 통제하는 보세구역에 보관 하고 있다가 국제선 항공기에 순차적으로 탑재된다. 항공기가 목적지 공항에 도착한 후 에는 판매실적을 세관에 보관하고 이들 물품에 대하여 철저한 관리 감독을 받는다.

제8장 항공기 보안

여러분들이 학습한 과정을 객관식 또는 주관식 문제로 구성하여 출제하였으니 복습을 겸한 평가 바랍니다.

성명 :   학번 :

1. 기내 안전운항을 저해하는 것이 아닌 것은?

　① 폭언·고성방가 등 소란행위
　② 음주 또는 약물 복용 후 타인을 위협하는 행위
　③ 기장의 승인 없이 조종실 출입을 시도 하는 행위
　④ 기내 음식물 과다 섭취자

2. 다음에서 항공기의 운항 중 보안으로서 부적합한 항목은?

　① 항공기 탑승객 탑승 전 조종실출입문 시건 확인
　② 특이한 승객의 동향 감시
　③ 폭발물 발견 또는 난동 승객 발생 시 기내 보안 장비 활용 제압
　④ 흡연자 방치

3. 기내 보안요원의 권한 및 법적 책임이 아닌 것은?

　① 항공기내 무기 휴대 근무
　② 객실 내 항공안전 저해 행위 녹화 및 저지
　③ 항공기내 불법 행위자 체포
　④ 기내 불법 행위자 신원 공개

4. 다음에서 기내 보안 요원 선발 기준으로서 부적합한 항목은?

　① 용의자 관찰 및 체포 조사 능력

　② 용의자를 비무장 상태로 제어 할 수 있는 능력

　③ 지속적인 무술 연마 가능자

　④ 심리상태가 불안정한 자

5. 항공권 발급 절차로서 부적합한 항목은?

　① 여권과 탑승권 발급 대상 승객 동일 여부 확인

　② 본인 소유 이외 타인 위탁 화물 탁송 확인

　③ 여행 대상 국가 발급 입국 사증 확인

　④ 무제한 위착 화물 중량 허용

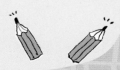

+ memo

AVIATION SECURITY PROCEDURE

제9장
국가보안
목표시설

제1절

공항경비보안

국가보안목표시설이란 테러집단의 공격을 받았을 때 국가경제와 국방안보 등에 심각한 상황을 초래할 수 있는 시설을 말하며, 정부기관, 방송국, 발전소, 공항, 주요 연구소, 교통시설, 상수원 등 경비나 보안이 요구되는 곳이다. 국가보안목표시설의 지정은 국가보안목표시설 관리지침에 따라 지정되며, 관련 규정에 따라 관리 운영된다.

국가정보원에서 지정하는 국가보안목표시설과는 달리 통합방위법에 따라 국방부에서 지정하는 국가중요시설은 국가중요시설 방호지침에 따라 관리, 운영하여야 하며, 시설에 대한 경비·방호는 시설주 책임하에 이루어지도록 되어 있고 경찰이나 군은 정기적으로 경비 방호 상태에 대한 지도 감독을 하고 있다.

01

항공보안협의회

공항을 운영하기 위해서는 주무부서인 국토교통부와 세관·법무부·검역소 및 국정원과 안보지원사 등 정부기관과 공항 운영주체인 공항공사 그리고 항공사 등 다양한 조직 간에 긴밀한 협조와 노력을 필요로 한다. 이들의 공통적인 목표는 항공기 및 탑승객과 승무원의 안전과 원활한 공항 운영이다. 그러나 공항은 항상 테러범의 공격대상이 되기도 하고 뜻하지 않게 항공기 사고의 발생 및 처리의 주체가 되기도 한다. 이에 따라 비 정상 운영 시 효율적인 공항 운영을 위하여 항공보안협의회를 조직하여 운영하고 있다.

01 임무 및 구성

❶ 항공안전 및 보안계획 수립
❷ 공항 시설의 안전 및 보안
❸ 공항 비상 계획
❹ 기타 보안관련 사항

02 회의 구성

- 해당 공항에 근무하는 직원으로서 위원장 포함 10인 이내

03 기관별 임무

❶ 국가 기관
   - 항공범죄 관련 정보의 수집
   - 각종 정보의 분석과 관련 기관 전파 및 대응 전략 수립
❷ 공항 공사
   - 공항방호 보안 계획 수립 및 전파
   - 공항 보안기관과 협력 체계 구축 및 대응
   - 보호 구역 출입자 통제 시스템 구축 및 운영
❸ 항공사
   - 승객과 승무원 및 항공기 보호
   - 주기중인 항공기 경비와 출입통제
   - 화물 터미널의 보안 대책

02

테러 대책 협의회

국가정보원의 국가보안목표관리지침에 따라서 공항 내에서의 경비보안 활동 및 출입국 보안 업무를 원활하게 운영하기 위하여 대테러 대책협의회를 구성하여 운영한다.

01 주요 임무

❶ 공항 시설의 경비 • 보안 및 대테러 사항
❷ 공항 상주 지원 출입증 발급 업무
❸ 블랙리스트 및 여권 위·변조자 및 관련 업무
❹ 총기 폭발물의 소지 등 항공기 안전관련 업무
❺ 보안 검색요원 및 장비의 운영관련 업무 지휘·감독
❻ 종합상황실 구성 및 운영
❼ 출입국 및 경비보안에 관하여 상주기관 간 협의가 필요한 사항

02 구성

❶ 위원장 : 국가정보원 해당 공항 보안실장
❷ 위원 : 공항공사와 국토부 공항 출장소 직원 및 정부기관 직원

제2절

국가보안목표시설 보호

01

소유주(시설주)의 책임과 의무

01 ● 시설주의 책무

시설의 소유주는 국가보안목표시설에 대한 경비보안에 대한 책임을 갖고, 그 실행 계획을 수립·시행하여야 하는 책무를 갖고 있다.

시설주에게 부여된 책무의 이행 여부를 지도하기 위해 그 시설의 관리 감독기관장 및 국가정보원장은 국가보안목표시설에 대한 보안지침을 수립, 경비보안 대책을 지도 조정 역할을 하고 있다. 또한, 국가보안목표시설에 대한 파괴 점거 등 긴급 사태에 대비하여 관할 경찰서장 및 지역 군부대장은 해당시설에 대해 방호지원 계획을 수립·지원하고 있다.

02 ● 경비 운영 계획

국가보안목표인 시설물을 보호하기 위하여 경비인력의 교육계획 및 근무방법, 조직편성과 운영 또한, 인력과 장비가 근무할 수 있는 초소의 설치 및 운영계획 등을 수립·시행

하여야 한다. 시설주가 수립하는 경비보안계획에는 '국가경비 요소 확보기준'을 준수하여 경비인력 및 보안 장비 등을 운영하고 동 시설은 청원경찰 또는 관련법에 따라 특수경비원을 배치하여야 한다. 국가보안목표 시설물에 대한 경비보안을 경비업체에 의뢰하여 운영하는 경우에도 경비업체의 근무사항 등의 관리감독을 철저히 이행하여야 하며, 시설주가 경비 보안계획을 수립할 때는 감독기관과 협의하여 조정을 받아야 하고 관할지역 군부대 및 경찰 등과 긴밀하게 공조하여 상황발생 때에는 지원을 받아야 한다.

03 경비 상황실 운영

시설주는 국가보안목표시설의 효율적인 관리 운영을 위하여 경비상황실을 설치·운영하여야 한다. 정·부책임자를 임명하여 24시간 지속적으로 운영되어야 하며, 신속한 상황 수집 및 전파를 위하여 CCTV 및 유무선 통신체계를 구축하고 상황발생시 신속한 출동을 위한 5분 대기조 등 초동 출동 반을 편성 운영하며 책임자가 무기고 열쇠를 보관하고 필요 시는 지급 및 회수에 만전을 기하여야 한다.

02 보호구역 설정 및 운영

국가보안목표 시설에 안전을 강화하기 위하여 특정 구역 및 기능에 따라서 보호구역을 설정하여 운영한다.

01 제한 지역

국가 기밀 및 국유재산의 보호를 위하여 울타리를 설치하고 경비인력이 출입을 통제하는 구역이다. 공항에서는 활주로·유도로·계류장이 있는 에어사이드 지역과 사전에 출입이 허가된 사람을 제외한 자의 출입을 통제하는 통신소 등이 있다.

02 제한 구역

　출입이 허가되지 않은 사람의 접근을 막기 위하여, 방문자가 출입할 때는 해당 시설 근무자로부터 안내를 받고 이동해야 되는 구역이다. 제한구역은 제한지역 보다 좀 더 세부적으로 지정된 장소이다. 공항에서는 출입국 수속이 끝난 보세 구역인 격리대합실과 계류장 내 연료 저장시설 등이다.

03 통제 구역

　국가의 비밀, 국가보안목표 시설 및 자재가 보관된 곳으로서 비인가자의 출입이 엄격하게 금지된 곳이다. 공항에서는 관제탑과 접근관제소, 경비종합상황실 등이다.

03 보호구역

01 공항 내의 시설

❶ 보안 검색 완료 지역
❷ 출입국 사열대
❸ 세관 검사대
❹ 관제탑 등 관제시설
❺ 항공안전 시설

02 공항 외곽 시설

❶ 항공등화 및 Radar 등
❷ 항행안전시설 (ILS, VOR, PAPI)
❸ 기상 관측 장비 등

03 보호구역 지정 및 변경

공항운영자는 항공보안법 제12조에 따라서 보호 구역 지정 및 변경, 취소를 위하여 다음 절차를 거쳐야 한다.

❶ 보안 검색이 완료된 구역, 활주로, 계류장 등 공항시설 보호를 위하여 필요한 구역을 국토교통부장관의 승인을 받아 보호구역으로 지정한다.
❷ 필요한 경우, 국토교통부장관의 승인을 받아 임시로 보호구역을 지정할 수 있다.
❸ 보호구역의 지정기준 및 지정취소에 관하여 필요한 사항은 국토교통부령으로 정하고 있다.

04
보호구역 통제

항공보안법으로 지정 된 보호구역을 외부 침입자로부터 방호하기 위하여 일반 출입지역과 분리하여 보안통제계획을 수립하여 시행하여야 한다.

01 제한지역

일반지역과 항공기 운항지역을 차단하기 위하여 에어사이드(Air side)와 랜드사이드

(Land side) 사이에 울타리 등을 설치하여 구분하고 무단 침입을 방지하기 위하여 식별이 용이하도록 안내판을 부착하여 경고하여야 한다.

또한, 출입문에 경비원을 배치, 차량 및 인원에 대해 보안통제를 하고 출입문과 경계울타리 지역에 과학화감시 카메라 등을 설치하여 보호구역 경비를 강화하고 동 지역으로 출입이 가능한 정기 출입증을 패용하고 있는 직원에 한해 보안출입구에서 보안통제를 거친 후 보안구역의 출입을 허가하여야 한다.

02 제한구역

해당 지역으로 출입이 필요한 인원 및 장비에 대해서는 사전에 출입증을 발급하고 외부인의 출입을 통제하고, 제한구역으로 들어가는 인원 및 장비에 대해서 보안 검색을 하며, 일반인의 출입을 통제하는 안내판을 부착하여야 한다. 또한, CCTV 등 보안 장비를 설치하고 경비상황실에서 현장을 수시로 확인 감시하도록 하여야 한다.

제한구역 사진

03 통제 구역

보안구역 내에서 최고의 관리가 필요한 지역으로 원칙적으로 상시출입이 허용된 사람과 관리자를 제외하고는 출입이 되지 않는 구역이다. 동 구역으로 출입할 필요가 있는 사람은 사전에 관련 부서의 허가를 받고 출입초소에 비치된 일지에 인적사항 및 목적을 기록하고 안내를 받아서 출입할 수 있다. 통제구역에 대한 보안 대책으로

❶ 무단으로 사람과 장비가 출입할 수 있도록 출입문에 자동 잠금 장치와 인터폰 등을 설치한다.

통제구역 사진

❷ 외부에서 동 지역을 관찰하거나 위험물 등을 던질 수 없도록 보안울타리를 설치하여야 한다.

❸ 상주 출입자의 출입을 인가하고 출입을 확인하기 위하여 자동카드 장비를 설치·운영하여야 한다.

05
보호구역 출입 절차

통합방위법에 따른 국가중요시설 경비보안 가급 지역으로 분류된 공항에는 일반인들이 아무런 제재없이 접근할 수 있는 일반지역보다 출입이 엄격하게 통제되어 있는 구역이 많고 세분화되어 있다. 그러나 업무상 특정 구역에 수시로 출입을 하여야 하는 인원 및 차량에 대해서는 출입 당사자로부터 소정의 서류를 제출받아 이를 심사한 후에 동 지역을 출입할 수 있는 상시 출입증을 발급한다.

발급받은 인원 출입증은 출입자의 겉 옷 왼쪽 윗부분에 부착하여 보안요원과 감독자 등이 식별하기 용이하도록 하여야 하며, 차량출입증도 차량의 전면 좌측 유리창에 식별이 용이하도록 부착하고 출입하여야 한다.

01 ─ 출입증 발급 절차

❶ **출입증 발급 기관**
출입증 발급에 필요한 모든 절차 및 요건은 정부의 보안책임기관에서 결정 하여 정부로부터 공항운영을 위탁받은 공항공사에서 발급한다.

❷ **출입구역 구분 및 지정**
에어사이드·관제탑·항공기 접근로·출입국 보세구역(CIQ)등으로 세부구역을 설정하고 지정한다.

❸ 출입증 발급 신청

출입증 발급 신청은 소속기관장의 명의로 신청되어야하며, 해당자가 동 지역에서 상시적으로 수행하는 업무의 내용을 소정의 서식에 기록하여야 하고, 회사 내에서의 직책을 고려하여 비 정기적으로 출입하는 사람의 출입을 위하여 상시 출입증을 신청하여서는 아니된다.

❹ 신원 조회 및 평가

출입증 신청자의 과거의 경력이나 범죄 사실 등을 확인하여 신청자가 동 지역에서 업무를 수행하여도 항공보안에 영향이 없는지 등을 면밀하게 평가하여 발급 여부를 결정하여야 한다.

❺ 신청서와 신원조회 결과를 평가하여 적합성이 확정되면 출입증을 발부한다. 출입지역은 신청자의 업무내용에 국한된 지역에 한하며 해당지역을 확정하여 지정한 숫자 또는 영문 알파벳 등으로 표기된 지역만을 출입한다.

02 출입증 발급

● 인원 출입증

• 정규 출입증

공항의 시설 주(공항공사 사장)는 공항의 보호구역에서 상시 근무하는 업체 및 정부 기관원들에게 공항 정규 출입증을 발급하여야 한다. 출입증 신청자의 발급신청서에 부착되는 사진은 최근 3개월 이내에 촬영된 것을 원칙으로 한다.

시설주는 관련기관에 신원조사를 의뢰하여 마친 후에 출입증을 발급할 수 있으나 세관 보호구역에 근무하는 신청자에 한해서는 발급 이전에 당해 세관장과 협의하여야 한다.

출입증에는 소지자의 성명과 본인이 출입할 수 있도록 특정된 지역을 암호화한 영문 알파벳 또는 아라비아 숫자를 표기하는 공항별 별도의 양식을 사용하여야 한다.

• 임시 출입증

공항 상주 기관의 장은 문서로서 시설 주에서 해당 기관의 업무 목적으로 사용할 수 있도록 임시 출입증의 발급을 요청 할 수 있다. 또한, 임시출입증 사용 사유가 발생 할 때는 해당 기관의 정규 출입증 소지자가 이들을 안내하여야 하며, 관리대장에 사용내 역을 철저히 기록 유지하여야 한다.

그러나 임시출입증이 불법으로 사용된 경우는 해당기관에 발급된 임시 출입증을 회 수토록 하고 담당자에 대한 처벌을 요구 할 수 있다. 한국에 공관을 가지고 있는 외국 공관의 외교관이 공문으로 공항의 임시출입증의 발급을 요청하는 경우에도 확인 후 에 발급한다.

◐◑ 차량 및 장비 출입증

보호구역에 정기적으로 출입하여 업무를 수행하는 차량에 대해서는 정기 출입증을 발 급한다. 차량출입증은 차량 전면 유리창 상단에 고정으로 부착하여 검문소 근무자 및 관리 자가 쉽게 식별 할 수 있도록 하여야 한다. 차량 출입증에는 차량 등록번호와 소속회사명 등을 기록하고 기타 사항은 해당 공항의 양식대로 발급하고, 유효기간은 1년 이내로, 자동 출입 통제시스템은 3년 이내로 한다. 차량 출입증은 어떠한 경우라도 타 차량에 대여할 수 없으며 차량 검문소를 통과할 때는 검색 장비 등을 이용하여 검색하여야 하며 차량 운전자 에 대해서도 항공기 탑승객과 동일하게 보안 검색을 철저히 하여야 한다.

◐◑ 출입증 관리 감독

• 출입증은 보안제한구역과 에어사이드 지역 내에서 상시 근무하는 사람의 출입을 원 활하게 지원하기 위하여 발급되는 신분증이다. 따라서 이 지역에 출입이 허가되지 않 은 사람에 대해서는 엄격하게 출입을 통제하여야 한다.

• 출입증은 본인의 항상 단단하게 패용하여 분실하지 않도록 조치하고 혹시 분실되는 경우는 즉시 발급 기관에 통보하여야 한다. 또한 타인이 출입증을 취득하였더라도 타 인은 사용할 수 없다.

- 출입증을 타인에게 양도하거나 목적 외로 사용하는 경우는 소속기관에 통보하여 징계하도록 한다.
- 초소 경비원은 보호구역 근무자가 출입을 하는 경우에 본인의 출입증 여부를 확인하고 혹시 타인의 출입증을 패용한 경우에는 즉시 적발하여 출입을 금지하고 보고계통에 따라 보고를 한다.

03 보호구역 출입통제

보호구역의 출입자를 통제하는 방법은 출입초소를 설치하고 경비원을 배치하는 방법과 외곽 담장 설치와 첨단 과학 장비를 설치하여 통제하는 방법 등이 있다.

❶ 경비 인력 배치

일반 출발대합실에서 항공기에 탑승하는 보세구역으로 진입하는 승객에 대해서는 여권과 탑승권을 확인하고, 보세구역 내에서 근무하는 직원에 대해서는 해당 구역 출입증 소지 여부를 확인하고 출입을 허용한다.

또한, 이동지역 등으로 진입하고자 하는 차량장비 및 인력에 대해서는 정규 출입증 또는 임시 출입증 소지 여부를 확인하고 보안 검색 장비를 이용하여 검색하고 운전자에 대해서도 개인 출입증 소지와 대인 검색도 엄격하게 실시하여야 한다.

❷ 물리적인 시설 활용

- 공항 보호구역에 진입할 수 없도록 외곽 울타리를 설치하여 일반인의 접근 및 출입을 통제한다. 외곽 울타리에는 보안규정에 적합한 길이의 장력 울타리와 CCTV 등을 설치하여 외부인의 침입시도 시, 즉시 경고음을 발령하여 경비 상황실에서 인지하여 초동대응 팀의 출동과 유관기관의 협조 요청 등을 단계적으로 발령한다. 이동지역에서 외부로 연결되는 하수로, 지하 배관 등은 강력한 철조망을 설치하여 외부로의 출입을 차단한다.

여객터미널 또는 화물터미널과 같이 일반 지역에서 이동지역으로 출입할 수 있는 지

점에는 초소를 설치하여 출입자 및 차량과 장비에 대해 보안 검색 장비를 이용하여 검문·검색을 하여야 한다.

- **보안등** : 외곽에 설치되어 있는 CCTV 감시 체계나 초소에 근무하고 있는 경비원 등에게 근무환경에 유리한 조명효과를 주거나 보호구역에 침입하려고 시도하는 사람들에게 시각적인 불안감을 조성하는 효과를 주는 방법이다.

  그러나 역설적으로 경비원들이 침입자를 발견하기 전에 침입자가 조명을 이용하여 보호구역에 침투하지 못하도록 세부적인 방범 계획을 수립하여 운영하여야 한다.

❸ 첨단장비 출입 통제

- 보호구역에 출입하는 인원에 대한 신상정보를 전자카드에 입력하여 출입 할 때마다 전자 단말기에 출입카드를 인식시켜서 출입구의 문을 열리도록 하는 장치이다. 초기 설치비용이 많이 투입되지만 장기적으로는 인건비와 검색장비의 구입 및 운영비가 절감되는 장점이 있다.

- 생체 인식시스템은 출입자에 대한 정보를 출입구에 있는 단말기에 개인별 안면인식 또는 지문 등의 정보를 입력하여 본인이 출입구를 이용할 때마다 단말기에 안면인식 또는 지문을 확인하고 출입문을 통과하는 보안체계이다.

- 홍채 및 지문 인식 : 보안구역에 정규출입증을 발급 받은 인원에 대하여 사전에 홍채 및 지문 정보를 보안시스템에 구축하여 출입할 때마다 자동으로 출입잠금 장치를 해제하는 기능이다. 이는 사람마다 안구의 홍채 또는 지문이 다른 특징을 이용하는 첨단 보안통제 제도이다.

지문 인식기

제3절

여객 및 화물터미널 보안

01
여객터미널 보안

여객터미널의 일반지역은 경비인력의 통제없이 불특정 다수인들이 출입할 수 있는 곳으로 테러 행위의 표적이 되기도 한다. 따라서 항공기 이용객의 안전에 위협이 되는 테러 시도가 있을 경우는 신속한 진압 작전이 수행되어서 인명과 재산의 피해가 없도록 철저한 공항보안 계획이 수립·시행되어야 한다.

❶ 감시체계 강화
여객터미널 내외에서 불법행위가 발생되지 않도록 CCTV 등을 활용한 보안감시 장비를 설치 및 운영하여 범죄 예방 활동 및 사건 발생 시 증거를 확보할 수 있도록 대비하여야 한다. 또한, 경찰 또는 청원경찰, 특수경비원으로 순찰 병력을 편성, 24시간 화장실 및 쓰레기 통 등 폭발물 등을 은익 할 수 있는 장소를 중점적으로 순찰을 강화하여야 한다.

❷ 무주 수하물 신고
공항당국은 대합실 내에 주인없는 수하물이 방치된 것을 발견한 경우, 안내카운터에 신고하여 줄 것을 당부하는 안내문을 공항에 부착하며 공익 안내방송도 같은 취지로 하도록 한다. 그러나 계속하여 소유주가 나타나지 않는 경우는 경찰 또는 보안부서에 신고하

여 무주물에 폭발물이 은닉되었더라도 사람과 재산에 피해가 없도록 폭발물 처리반(EOD : Expiosive Ordnance Disposal)에게 인도, 처리하도록 하여야 한다.

❸ 미 수거 수하물

항공기가 도착한 후에 모든 승객이 위탁수하물을 수거하여 세관검사를 마쳐야 되지만, 일부는 소유자에 의해 회수되지 않은 채로 방치되어 있는 경우, 항공사와 협의하여 소유자에게 연락하여 회수토록 하여야 한다. 그러나 소유자에게 연락이 닿지 않은 경우는 위탁수하물을 보안부서에서 수거하여 폭발물 방지 시설에 보관한 후에 관련 절차에 의해서 처리하여야 한다.

02

화물터미널 보안

❶ 화물터미널 보안

화물터미널에는 항공기에 탑재하기 위한 부피가 큰 화물을 운반하는 차량들이 빈번하게 출입하고 있지만, 일반 여객들과 다르게 화물 차량과 운전자를 검색하는 것은 다소 번거롭다. 그러나 화물터미널에 근무하는 직원들에게 주기적으로 보안교육을 실시하고 시설보안을 위하여 작업장에 적정수량의 CCTV를 설치하여 작업장을 관리하고 도보순찰 또한 강화하여야 한다.

❷ 계류장 보안

계류장에는 항공기의 원활한 운항을 위하여 다양한 종류의 지상 장비들이 바쁘게 활동하는 지역이다. 조그마한 과실로도 항공기가 충돌할 수 있으므로 규정 속도와 절차를 따르도록 교육하여야 한다. 계류장에서 근무하는 많은 인력들이 랜드사이드와 에어사이드를 연결하는 출입구를 이용하게 된다. 따라서 이 지역에 초소를 설치하고 보안요원과 CCTV 등 보안 검색 장비를 설치하여 인원 및 차량을 차질없이 검색하여야 한다.

제4절

공항 주요시설의 수색

공항은 국가 주요시설로서 테러가 발생할 시는 국민과 항공기의 안전은 물론 국가의 신인도에 지대한 영향을 미치게 된다. 따라서 테러에 만전을 기할 수 있는 체계적인 관리 시스템을 구축하여야 한다.

01
유의 사항

❶ 공항 건물을 수색해야 될 상황이 발생 했을 때는 해당 지역에 일반인 접근 금지 안내판을 설치하여 발생할 수 있는 폭발사고 등에 대비하기 위함이다.

❷ 공항의 여객터미널 또는 화물터미널, 항공기 등을 수색하기 위해서는 사전에 보안요원들에게 지형지물에 대한 교육이 필요하다. 따라서 주기적으로 공항 수색 교육이 실시되고 있는 대원을 제외하고는 세부계획을 수립하여 교육을 실시한 후에 투입하여야 한다.

❸ 수색을 실시하면서 발견 된 경우는 임의로 만지거나 분해하지 말고 책임자에게 보고 후 후속 조치를 실시하도록 한다.

❹ 위험물의 발견 시간과 장소와 특징 등을 기록하여 보관한 후에 경찰 또는 폭발물 처리요원(EOD)이 도착하면 제공하여 원활한 수색이 진행되도록 협조한다.

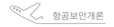
❺ 발견된 물품이 사람을 해치거나 시설을 파괴할 목적이 있는 위험물로 판단이 되는 경우에는 폭발물 처리 절차에 따라야 한다.

02

수색 절차

❶ 항공기 내부를 수색하는 경우, 항공기 객실선반(Overhead Bin), 옷 보관소, 화장실, 의자 뒤 잡지 보관함 등을 집중 수색하여야 한다.

❷ 수색 중에 의심되는 물품이 발견되면 마음대로 처리하지 말고 일반인의 접근을 통제한 후에 상황실에 보고 후 지시에 따라 수행하여야 한다.

❸ 통제실은 경찰 또는 폭발물 처리반과 신속하게 협조하여 사람의 시설의 피해를 방지하여야 한다.

❹ 공항터미널 내부를 수색할 때는 외곽은 끝자리부터 외곽 창문은 안에서 바깥 쪽으로 수색하고 출입문에서 마치도록 한다.

❺ 수색하는 과정에 의심이 가는 부분은 재수색을 실시하고 수색방법은 반대 방향으로 겹치도록 실시한다.

제5절

거동 수상자 검문검색

01
근거 및 적용

01 ─ 근거

경찰관 직무집행법(제13조 1항)에 따라서 '경찰관은 수상한 거동 기타 주위의 사정을 합리적으로 판단하여 어떠한 죄를 범하였거나 범하려고 있다고 의심할 만한 상당한 범죄행위에 관하여 그 사실을 안다고 인정되는 자를 정지시켜서 질문할 수 있다'.

02 ─ 적용

공항에서 긴급 상황발생 시에는 공항 터미널내외에서 이동 및 머무르는 인원에 대하여 검문검색을 실시할 수 있다.

02
검문 절차

❶ 거수자에게 접근 후 정중하게 인사
❷ 본인의 소속과 성명 밝힘
❸ 공항 내 긴급 상황발생으로 인한 검문검색 실시 사유 설명
❹ 신분증 제시 요구 및 신원 확인 (경찰청 전산 자료 활용)
❺ 공항 방문 목적 등 질문
❻ 의심 시는 소지품 검사 및 파출소 동행 요청
❼ 혐의 없을 때는 사과 인사 후에 돌아옴

03
불심 검문 후 조치

01 ━ 현장 대응

　거동수상자와 대치할 때는 야간은 6보, 주간은 3보 이상 떨어져서 거동수상자가 물리력을 사용하거나 도주하지 못하도록 설득하는 것이 좋다. 불가피한 경우에는 가스총이나 물리력으로 제압할 수 있도록 준비하고, 거동수상자가 도주하지 못하도록 대치 병력 외에 지원자는 상황실에 연락하여 상황을 보고하고 추가 지원 인력을 요청하여 거동수상자의 도주로를 차단하여야 한다.

02 · 현장 대응

　현행범은 범죄를 실행 중이거나 실행 직후 인자를 지칭한다. 형사 소송법상 범죄를 저지른 사람은 체포하기 위해서는 법원이 발급한 체포영장이 필요하지만 현행 범인에 대해서는 일반인도 체포가 가능하다. 따라서 범행 현장을 목격한 일반인이나 공항 경비원은 체포할 수 있다.

03 · 현행범 체포 시 유의 사항

❶ 현행범을 체포한 후에 즉시 경찰에 인계하여야 한다.

❷ 경범죄에 해당하는 범인에 대해서는 현장에서 체포하지 않고 신분을 확인한 후에 주거가 일정한 경우에는 귀가시켜야 한다.

❸ 범죄 목적으로 소지하고 있던 무기 등은 본인으로부터 분리시켜서 2차사고 (자살 및 증거 인멸) 등을 방지하여야 한다.

+ memo

제9장 국가보안목표시설

여러분들이 학습한 과정을 객관식 또는 주관식 문제로 구성하여 출제하였으니 복습을 겸한 평가 바랍니다.

성명 :　　　　　　　　　학번 :

1. 다음에서 항공보안협의회원이 아닌 것은?

　① 국토교통부　　　　　　② CIQ(세관·법무부·검역소)
　③ 공항공사　　　　　　　④ 여행사

2. 다음에서 보호통제구역이 아닌 것은?

　① 제한 지역　　　　　　　② 제한 구역
　③ 통제 구역　　　　　　　④ 터미널 지역

3. 다음에서 공항출입증의 종류가 아닌 것은?

　① 정규 출입증
　② 임시출입증
　③ 차량 및 장비 출입증
　④ 활주로 출입증

항공보안개론
수행평가 퀴즈

4. 주요시설 수색중점 사항이 아닌 것은?

① 항공기내부 객실선반, 옷 보관소, 의자 뒤
② 의심물건 발견 시 일반인 접근 통제
③ 경찰 또는 폭발물 처리반과 신속하게 협의
④ 수색자 자체 판단 처리

5. 거동수상자 검문 절차가 아닌 것은?

① 검문 전에 정중한 인사
② 본인의 소속과 성명 소개
③ 신분증 제시 요구
④ 혐의 불문 강제 연행 시도

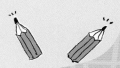

+ memo

AVIATION SECURITY PROCEDURE

부록
용어정리

1. 음성문자(Phonetic Alphabets)

승객의 이름을 전화, 무선 또는 워키토키 등의 통신장비를 사용하여 송신할 때
오류를 방지하기 위하여 ICAO에서 제정한 표준 음성문자를 사용하지만,
대 다수 항공사들은 항공사 버전 음성문자를 사용하고 있다.

구 분	ICAO	Airline
A	Alpha	Able
B	Bravo	Baby or Baker
C	Charlie	Charlie
D	Delta	David or Dog
E	Echo	Easy
F	Foxtrot	Father
G	Golf	George
H	Hotel	How
I	India	Item
J	Juliet	Jack
K	Kilo	King
L	Lima	London
M	Mike	Mother
N	November	Nancy
O	Oscar	Opal
P	Papa	Peter
Q	Quebec	Queen
R	Romeo	Roger
S	Sierra	Sugar
T	Tango	Tommy
U	Uniform	Uncle
V	Victor	Victor
W	Whiskey	William
X	X-ray	X-ray
Y	Yankee	Yoke
Z	Zulu	Zebra

2. 항공 용어 및 해설

A

ABC World Airways Guide   영국의 ABC Travel Guide Ltd.가 월간으로 발행하는 것으로 항공
사의 시간표 및 두 도시 간의 항공편 및 기타 정보가 수록된 정기노선의 시간표

Acceptance of Baggage   수하물의 운송조건

Accompanied Baggage   동반수하물. 승객이 탑승한 항공기로 동시에 운송되는 수하물

Actual Time of Arrival(ATA)   실제 도착시간

Actual Time of Departure(ATD)   실제 출발시간

Adult   성인. 만 12세 이상의 여객

Adult Fare   성인운임. 만 12세 이상의 승객에게 적용되는 성인요금

Advance Passenger Information(API)   사전여객 정보

Advance Seating Product(ASP)   사전좌석 배정제도. 항공편의 예약 시 승객이 원하는 좌석
을 미리 예약해 주는 제도

Advice Flight Status(AVS)   항공사와 예약시스템 간의 좌석상태의 응답코드

Aeroport De Paris(ADP)   파리공항공단

Affinity Charter Prorata Charter   여행 이외의 목적을 가진 단체로 최소 비행 전 6개월 전에
구성된 전세비행의 일종

Air Bridge   탑승교. 탑승구에서 항공기까지 연결해 주는 승객탑승용 터널형 통로

Air Bus   에어버스. 유럽항공사들의 컨소시엄으로 제작된 운송용 항공기

Air Coach   에어코치. 요금이 저렴한 근거리 통근용 비행기

Aircraft   항공기. 비행기, 비행선, 활공기 등 민간항공에 사용할 수 있는 기기

Aircraft Carrier   항공모함. 항공기를 탑재, 이·착륙시킬 수 있는 시설과 장비를 구비한 함선

Aircraft Maintenance   항공기 정비

Aircrew   항공승무원

Air Field   비행장

Air Freedom   하늘의 자유

Air Freighter   화물기

Airline   항공사

Airline Code   항공사 코드

Airline Terminal   항공사 터미널. 탑승권 판매, 수하물 처리, 공항까지의 교통편 등을 제공하는
공항시설

Airline Ticketing Request(ATR)   항공권을 Agent 자체의 발권을 불가하며 해당 항공사에 직
접 발권을 의뢰함

Air man   비행사

Airplane   비행기. 추진용 동력장치와 고정된 날개를 가진 항공기

Airport   공항

Airport Revenue   공항수익

Airport Surveilance Radar   공항감시 레이더

Airport Terminal   공항터미널

Air Route   항공로. 항공사가 항공수송을 수행하는 공로

Air Show   에어쇼. 비행진행구간에 따라 비행속도, 비행고도, 외기온도, 잔여 비행 시간, 목적지 현지시간 등의 비행정보를 스크린을 통해 안내하는 프로그램

Air Shuttle   에어 셔틀. 운항시간표를 별도로 짜지 않고 여객이 많은 노선에서 승객이 일정 수에 달하면 출발하며 연속 운항도 가능함

Air Side   계류장 지역. 정부통제기관이 관할하는 공항통제지역

Air Traffic   항공교통

Air Traffic Control Holding(ATC Holding)   공항의 혼잡 등의 이유로 관제탑의 지시에 의해 항공기가 지상에서 대기하거나 공중에서 선회하는 것

Air Traffic Control Service   항공교통관제업무. 항공기와 항공기 및 장애물 간의 충돌방지 등의 목적으로 수행하는 업무

Air Traffic Control Unit   항공관제소, 접근관제소, 관제탑 등 항공교통관제업무를 수행하는 기관

Air Traffic Management(ATM)   항공교통관리

Air Transportation   항공수송

Air Transportation Business   항공수송사업

Airway   항로

Air Way Bill(AWB)   항공화물운송장. 화물운송을 위한 화주와 운송인 간의 계약증서

Airworthiness   감항. 항공기가 안전하게 비행할 수 있는 능력

Airworthiness Certificate   감항 증명서

Alternative Reservation   예비예약. 승객이 원하는 날짜의 항공편 이외의 예약

Apron   계류장. 일명 Ramp. 승객, 우편물, 화물 등을 하기하거나 급유, 주기, 정비를 위한 항공기를 수용하기 위한 비행장 내의 구역

Audio Response System(ARS)   국제선·국내선 당일의 정상운항 여부 및 좌석 현황을 전화로 알려주는 음성응답 서비스

Authorization(AUTH)   항공사에서 항공권에 대해 할인이 주어질 경우 할인의 내역과 성격을 코드화한 것

Automatic Landing System   자동착륙장치

Automatic Ticket Machine(ATM)   자동발권기

Available Seat Kilometer(ASK)   유효좌석 킬로미터. 항공사의 여객 수송력의 단위로서 좌석 수와 수송거리를 곱한 값으로 1좌석이 1km 비행할 경우를 1좌석 킬로미터라 함

Available Ton-Kilometer(ATM)   유효 톤 마일. 여객·화물·우편물에 대한 가용 총톤 수에 수용능력이 비행한 마일 수를 곱한 값

B

Baby Meal(BBML)   유아식

Baggage   수하물. 항공기에 탑재한 여객 및 승무원의 수하물

Baggage Claim Area   수하물 수취소

Baggage Claim Tag   위탁수하물의 구별을 위해 항공사가 발행하는 수하물 증표

Baggage Pooling   수하물 합산. 2명 이상의 여객이 동일편, 동일 목적지의 여정일 경우, 무료 수하물 허용량은 전체 합으로 적용

Billing Settlement Plan(BSP)   항공사와 여행사 간의 항공권의 판매대금을 은행에서 대행하는 제도

Birthday Cake(BDCK)　생일축하 케이크

Blocked-Off Charters　블록오프차터. 정기편과 동일 또는 유사한 경로와 시간 으로 구성되어 운항편 전체가 부정기 판매를 위해 지정된 경우

Block Time　항공기가 움직이기 시작하여 다음 목적지에 착륙하여 정지할 때까지의 시간

Boarding Pass　항공기 탑승권

Booking Passenger(BKG)　예약승객

Break Even Load Factor　손익분기이용률. 항공사의 수입과 비용의 균등을 나타 내는 단위로 여객의 경우에는 손익분기중량이용률(Break Even Weight Load Factor)이 사용된다.

C

Cabin　캐빈, 객실. 승객이 탑승하는 항공기의 공간

Cabin Attendant　비행승무원이 아닌 승무원

Cabin Baggage(CBBG) Unchecked, Hand Baggage.　여객이 직접 보관하고 있는 수하물

Cabin Crew　객실승무원. 객실 내 업무를 담당하는 승무원으로서 Stewardess · Steward · Purser 등

Cabotage　카보타지. 국내 운항을 자국기에 한정하는 운송권의 제한

Cancellation　결항. 기상불량이나 항공기 고장 등의 여러 요인으로 사전 계획된 운항이 취소된 경우

Cargo　화물

Cargo Aircraft　화물기

Captain　조종사

Cargo Charter Flight　화물전세기

Cargo Terminal　화물터미널

Cargo Manifest　화물적재 목록

Carrier　운송사업자

Catering　항공기내식. 기내식 음료 및 기내 용품을 공급하는 업무로서 항공사가 직접 운영하는 경우도 있으나, 대부분은 Catering 전문회사에 위탁하고 있음

Catering Company　기내식 사업소

Charter Flight　전세편. 공표된 스케줄에 따라 특정구간을 정기적으로 운항하는 정기편과는 달리 운항구간이나 운항시기, 운항스케줄 등이 부정기적인 항공 운항편

Check-In　탑승수속

Check Flight　점검비행. 항공기의 작동 여부를 위한 항공기 시험비행

Checked Baggage　위탁수하물. 항공사에 등록된 수화물

Child(CHD)　소아

Child Fare　소아운임. 만 2세 이상 12세 미만 승객에게 적용되는 항공요금

City Terminal　공항 외의 시내에서 이용할 수 있는 공항 터미널

Child Meal(CHML)　어린이용 식사

Civil Aeronautics Board(CBA)　미국의 민간항공 위원회

Civil Aviation Of Singapore(CAAS)　싱가포르 민항청

C·I·Q　Customs(세관), Immigration(출입국), Quarantine(검역)을 의미하며 정부기관에 의한 출입국 심사

Cockpit Crew　운항승무원, 조종실 승무원, 기장·부기장·항공기관사

Code Sharing　공동운항. 노선확장을 위한 항공사 간의 제휴방식으로 항공사 간에 특정구간의 좌석을 일정부분 공동으로 사용하는 방법

Combination Aircraft Combi.　화객 혼용기(콤비) 객실의 일부까지 화물 탑재용으로 사용하는 항공기

Commercial Aircraft　상용항공기. 여객·화물·항공측량·보도취재·광고선전 등과 같이 영리사업용 항공기

Commercial Air Transport Operation　유상으로 화객 및 우편물을 수송하는 항공운항

Commercial Document Delivery Business　상업 서류송달업. 유상으로 수·출입에 관한 서류 및 견본품을 항공기를 이용하여 송달하는 사업

Common Use Terminal Equipment(CUTE)　터미널 내에서 체크인 카운터와 단말기 등의 장비를 공동 사용하는 시스템

Communication Aircraft　커뮤터 항공기. 20~50인승의 단거리용 소형 항공기

Communication Navigation Surveillance/Air Traffic Management CNS/ATM　위성항행시스템. 인공위성을 이용한 통신, 항법 및 운항감시를 할 수 있는 획기적인 시스템

Complimentary Service　우대서비스. 통과승객에게 제공되는 서비스로서 중간기착(Stopover) 서비스의 일종

Computer Reservation System(CRS)　컴퓨터 예약시스템. 항공좌석의 예약과 발권, 운임, 호텔 등 기타 여행에 관한 종합서비스를 제공하는 컴퓨터를 통한 통신 시스템

Corporate Mileage Bonus System(CMBS)　1개 회사에 카드소지자가 10인 이상일 경우에 상용고객 우대제도의 개인별 혜택에 추가하여 소속 기업 및 단체에 혜택을 부여하는 제도

Concord　콩코드기. 마하 2.04로 비행할 수 있는 거리로서 영국과 프랑스가 제작 한 탑승 인원 100명의 최초의 초음속 제트여객기

Confirmation　확인. 항공사의 항공승객의 여정에 대해 행하는 예약의 확인

Conjunction Ticket　연결항공권

Connecting Flight　연결운항

Connecting Point　연결지점

Control Tower　관제탑

Co-Pilot　부조종사

Convention On Internatinal Civil Aviation　국제민간항공협약

Convertible Aircraft　화객 겸 목적용 항공기. 사용목적에 따라 이용할 수 있도록 설계·제조한 항공기

Creative Fare　수요창출용 특별운임. Night Travel Fare와 Excursion Fare 등과 같이 계절, 시간대, 노선 등에 따라 설정되는 운임

Curbside　하차장

Customer Management　고객관리

Customs　세관

Customs Airport　화물의 수·출입 및 외국무역기의 출·입항을 위한 국제공항

Dead Head　상용기가 여객과 화물을 수송하지 않고 비행하는 복귀비행

Delay　지연. 연·발착한 운항

Denied Boarding Compensation(DBC)　해당 항공편의 초과예약 등 자사의 사유로 탑승이 거절된 승객에 대한 보상제도

Departure Control System(DCS)　출국통제시스템

Departure Time　출발시간

D

Deportee(DEPO)　합법 및 불법을 막론하고 일단 입국한 승객이 일정기간이 경과 후에 주재국의 관계 당국에 의해 강제추방을 명령받은 승객

Deposit(DEPO)　연말연시 등 시즌에 무리한 좌석확보 경쟁으로 인한 실수요자의 피해를 방지하고 예약부도율의 최소화를 위해 해당 기간 그룹 좌석당 체결 하는 일정금액의 담보금

Designated Airline　지정항공사. 항공협정상 정기 국제항공업무 운영허가 및 취득한 항공

Destination　행선지, 목적지, Point Of Unlanding, Point Of Arrival, Point Of Disembarkation

Destination Airport　목적지 공항

Diabetic Meal(DBML)　당뇨병 환자용 식사

Direct Route　직행노선. 두 지점 사이에 운항되는 가장 짧은 노선

Direct Sales Channel　직접 판매경로. 항공사가 지점 및 영업소 등 자사조직을 통한 항공권 판매경로

Discount Fare　할인운임

Distances　거리. 국제선 항공편이 운항되는 공항 간의 최단거리(대권거리)

Diversion　목적지 변경. 목적지 공항의 사정으로 인하여 타 공항으로 운항하는 경우

Domestic　동일국가의 영토 내 공항에서 수행되는 노선

Domestic Flight　국내선 운항. 국내 구간만을 비행하는 운항편

Domestic Flight Stage　국내 비행구간. 한 국가에 등록된 항공사의 항공기가 해당 국가의 영토 내에 있는 제 지점 간의 운항

Domestic Passenger　국내선 여객

Domestic Scheduled Airline　국내 정기항공사

Double Booking Duplicate Reservation　중복예약. 동일한 승객이 동일 항공편에 두 번 이상 중복하여 예약을 하는 경우

Dry Charter　승무원은 포함하지 않고 항공기만 전세 내는 것

Duty-Free Shop　면세점

E

Ejection Seat　긴급 시 승무원 좌석과 함께 탈출하는 장치

Electronic Data Interchange(EDI)　전자서류교환

Embargo　항공사가 특정구간에서 특정여객 및 화물에 대하여 일정기간 동안운송을 제한하거나 거절하는 것

Embarkation/Disembarkation Card(E/D Card)　항공승객의 출입국신고서

Emigration Check　법무부 출국사열

Endorsement　배서. 항공사 간의 항공권에 대한 권리의 양도행위

Estimated Time Of Arrival(ETA)　항공기의 도착 예정시간

Estimated Time Of Departure(ETD)　항공기의 출발 예정시간

Estimated Time Of Enroute(ETE)　예정 비행시간

Excess Baggage(XBAG)　초과 수하물. 무료 수화물 허용량을 초과한 수하물

Excess Baggage Charge　무료 수하물량을 초과할 때 부과되는 수하물 요금

Excursion Fare　회유 운임

Extra　임시편

Extra Revenue Flight　임시유상비행. 초과 수송량을 수송하기 위한 운항

Fare Adjustment   운임 조정

Fare Construction Rule IATA   Construction Rule for Passenger Fare에 의한 여객 운임 계산의 규칙

Federal Aviation Administration(FAA)   미국연방항공국

Ferry Flight   공기비행. 정비 등 특정조건하에서 특수비행 허락하에 수행되는 비행으로 유상 탑재물을 탑재하지 않는 비행

Fifth Freedom Beyond Right   제5의 자유. 상대국과 제3국 간에 여객과 화물을 수송할 수 있는 자유

First Aid Kit   기내에 탑재되는 응급처치함

First Freedom   영공통과의 자유. 타국의 영공을 무착륙으로 횡단·비행할 수 있는 자유

Five Freedoms Of The Air   다섯 가지 하늘의 자유

Flag Carrier   국적기

Flight   항공편

Flight Attendant   객실승무원. 항공기에 탑승하여 승객을 안전하게 운송하는 승무원

Flight Coupon   탑승용 쿠폰

Flight Crew   운항승무원. 항공기에 탑승하여 비행에 관한 임무를 수행하는 승무원(조종사, 항공기관사, 통신사, 항법사)

Flight Distance   운항거리. 실제 비행거리

Flight Information Display System(FIDS)   운항 안내표지판

Flight Number   편명

Flight Stage   비행구간

Flight Stage Distance   구간거리. 이륙공항과 착륙공항 간의 거리

Flight Time   비행시간

Forth Freedom   제4의 자유. 상대국의 영역 내에서 여객과 화물을 싣고 자국으로 수송할 수 있는 자유

Free Baggage Allowance   무료 수하물 허용량. 여객운임 이외에 별도의 요금없이 운송할 수 있는 수하물의 허용량

Free Boarding System   자유탑승방식. 사전 좌석예약 없이 탑승 후, 여객이 자유롭게 좌석을 사용할 수 있는 탑승방식

Free Of Charge(FOC) Ticket   무료로 제공받은 티켓. 사전에 예약이 인정되지 않고 좌석이 있을 경우에만 탑승 가능한 SUBLO와 사전에 예약이 가능한 NO SUBLO로 구분됨

Frequent Flyer Program(FFP)   상용고객 우대제도

F

Galley   갤리. Oven·Hot Cup·Coffee Maker 등의 시설을 갖춘 기내식을 위한 조리실

Gap Surface Segment   승객의 여정 중 항공기 이외의 교통수단으로 여행하는 여정으로 현 지점과 다음의 탑승지점이 동일하지 않은 경우를 의미함

Gate   게이트

Gateway   관문. 항공기가 국내에서 최초로 출발 및 도착하는 곳

General Declaration(G/D)   항공기 입·출항보고서. 항공기가 출항허가를 받기위해 관계 기관에 제출하는 서류로 항공편의 일반적인 사항, 승무원의 명단, 비행상의 특기사항 등을 기재한 운항허가서

General Sales Agent(GSA)   항공사의 지점이 없는 지역에 항공사를 대행하는 총판 대리점

G

Global Indicator(GI)   정확한 운임을 적용하기 위하여 여행의 방향성을 지표화한 것으로 여정
　　지표라 함
Global Positioning System   위성 위치 측정시스템
Go Show Passenger(GSP)   만석(Fill)의 이유로 인해 예약할 수 없는 승객이 No Show가 생길
　　것을 기대하고 무작정 공항에 나와 탑승을 기다리는 여객
Government Transportation Request(GTR)   공무로 해외여행을 하는 공무원 및 이에 해
　　당하는 사람에 대한 서비스
Greenwich Mean Time(GMT)   표준시
Ground Crew   항공기를 수리하고 관리하는 지상요원
Ground Handling   지상조업
Ground Handling Company   지상조업사

H

Hand Carried Baggage   기내 반입 수하물, 휴대 수하물
Hanger   격납고. 항공기의 정비를 위해 사용되는 건물
Hindu Meal(HNML)   쇠고기를 먹지 않는 힌두교인을 위한 식사
Honey Moon Cake(HMCK)   결혼축하 케이크
Hub Airport   중추공항
Hub & Spoke System   허브 & 스포크 시스템. 효율적인 노선망 방식
Hydrant Fuel System   급유전 시스템
Hypersonic Transport(HST)   국초음속기. 마하 5 이상의 속도로 비행하는 수송기

I

Immigration   출입국
Inadmissible Passenger(INAD)   사증 미소지. 여권 유효기간 경과 등 입국자격 결격 사유로 인
　　해 여행목적지 또는 경유지 국가에서 입국 또는 상륙이 불허된 승객
Inbound   인바운드
Independent Charter   정기편이 아닌 항공기를 전세하는 것
Indirect Router   두 지점 간의 직항노선에 의한 운항 이외의 다른 노선
Infants(INF)   유아
Infant Fare   유아운임
Inflight Entertainment   기내 오락
Instrument Landing System(ILS)   계기착륙장치. 착륙항공기에 지향성 유도전파를 발사하
　　여 항공기가 활주로에 안전하게 착륙할 수 있도록 활주로 중심선 및 거리정보를 제공하는 시설
Intelligent Transportation System(ITS)   지능형 교통시스템
Intermediate Point   경유지. 항공기가 운송상 및 기술상의 목적으로 정기적으로 착륙하도록 지
　　정된 중간지점
Instrument Flight Rules(IFR)   계기비행. 항공기의 고도, 위치 및 항로의 측정을 계기에 의존
　　하는 비행
Intergrated Service Date Network(ISDN)   공항 내 전 통신망을 하나로 묶어 공항정보를
　　공유하는 시스템
Interline Baggage Tag   타사기 탑승여객의 위탁수하물에 부착하는 하물표
Interline Connection   연계연결

Interline Fare   2개 이상의 항공사 노선에 적용되는 운임
Interline Transfer   다른 항공사의 운항편으로 이어지는 여객, 수하물, 화물, 우편물의 환승, Off-
      line
International   국제선. 한 공항과 다른 국가의 공항 간에 수행되는 수송노선
International Air Carrier Association(IACA)   국제항공기업협회, Charter 전문 항공사 단체
International Airport   국제공항
International Air Transport Association(IATA)   국제항공운송협회. 세계 각국의 민간항
      공사의 단체
International Civil Aviation Conference   국제민간항공회의
International Civil Aviation Organization(ICAO)   국제민간항공기구
International Date Line   국제날짜선
International Flight   국제선 비행
International Flight Stage   국제선 비행구간
International Non-Scheduled Operator   국제부정기항공사. 국제선 항공수송을 부정기적
      으로 제공하는 항공사
International Passenger(baggage, cargo, mail)   국제여객(수하물, 화물, 우편물)
International Scheduled Airline   국제선 정기항공사
Invalid passenger   운송제한승객. 정신적·육체적 결함으로 타인의 도움이 필요한 승객
Involuntary Down   Grade(INV D/G) A/C Change 등으로 승객의 본의와 달리 Down Grade
      된 승객
Involuntary Up   Grade(INV U/G) 예약 및 체크인상의 문제로 상위 등급으로 UP Grade된 승객
Itinerary   항공승객의 전 여정

Joint Fare   결합운임. 둘 이상의 항공사가 통일된 운임을 공시하는 것
Joint Operation   항공협정상의 문제나 경쟁력 강화를 위하여 2개 이상의 항공사가 공동운항
Joint Rate Interline Rate   결합요율. 2개 이상의 항공사 노선의 화물운송에 적용되는 단일요
      금으로서 공시된 화물요율
Joint Service Flight   조인트 비행. 2개의 항공사가 지정된 코드로 각 소속국가에서 동시에 수
      행하는 비행
Jump Seat   점프 시트. 접개식의 보조석으로 승무원 좌석

J

Kosher Meal   유대교를 위한 기내식

K

Landing   착륙
Landing Fee   착륙료
Landing Permission   착륙허가
Landside   터미널지역
Large Aircraft   대형 항공기. 최대 이륙 중량 9톤(20,000lbs) 이상의 항공기

L

Late Cancellation   여행 일정의 변경으로 인하여 항공편의 출발일시에 임박하여 출발시간 몇 시간 이내의 취소

Late Show Passenger   고 쇼우 여객. 탑승수속 마감 후에 탑승하기 위해 나타나는 여객

Leased Aircraft   리스 항공기. 항공사의 공급력을 높이기 위하여 사용하는 임차 항공기

Load Factor   탑승률. 공급좌석에 대한 실제 탑승객의 비율

Load Sheet   기적확인서

Loading Bridge   탑승교. 공항터미널 빌딩에서 항공기까지를 잇는 통로

Local Time   현지 시간. 항공여행의 도착지의 현지 시간

Long Haul   장거리 운항구간

Lost And Found   유실물 취급소. 공항이나 역에 있는 유실물 취급소

Low Calorie(LCML)   비만체중 조절용 기내식

M

Machine Readable Travel Documents(MRTDs)   출입국 관련 서류의 기계판독

Market Segmentation   시장세분화

Maximum Certificated Take-Off Mass   최대 이륙중량

Maximum Flying Distance   최대 항속거리. 항공기가 이륙하여 착륙할 때까지 순항할 수 있는 총 비행거리

Maximum Payload Capacity   최대 허용탑재중량. 항공기의 최대 중량 한계탑 재량

Mega-Carrier   초대형 항공사

Mileage   마일리지

Mileage System   마일리지 시스템. 비행거리에 의한 여객운임 산출방법

Minimum Connection Time(MCT)   연결항공편을 이용하는 데 소요되는 최소한의 시간

Miscellaneous Charges Order(MCO)   제비용청구서. 운송인 또는 그 대리인에 의해 발행되는 증표로서 증표에 기재된 사람에게 여객 항공권의 발행, 적절한 서비스의 제공을 요청하는 증표

Mis-Connection   접속불능. 항공편의 지연 및 회항으로 예정된 항공편에 연결되지 못하는 것

Moslem Meal(MOML)   돼지고기를 먹지 않는 이슬람교인의 식사

Multi Mega Carrier   다국적 초대형 항공사

N

National Aeronautics and Space Administration(NASA)   미국항공우주국

National Flag Carrier   국적기. 국제항공에서 국가를 대표하는 항공사

Night Flight/flying   야간비행. 일몰에서 일출 간의 비행

Normal Fare All Year Fare   정상운임

Normal Rate   정상요율. 일반화물요율로 45kg 미만의 화물에 적용되는 요율

Non-Carrying Member Non-Participant Member   여객의 운송은 담당하지 않으나 그 여객의 예약수속을 한 항공사

Non-Revenue Flight   무상비행. 시험운항, 기술운항, Ferry 등 수익과 관련 없이 계획된 운항

Non-Revenue Passenger   무상여객. 무임 탑승여객

Non-Scheduled Airline   부정기 항공사

Non-Scheduled Air transport Operator   부정기 항공운송사업자

Non-Scheduled Freight   부정기 화물

Non-Scheduled Passenger   부정기 항공여객
Non-Scheduled Service   부정기 운송. 정기 운송 이외의 모든 유상 비행
Non-Stop   Flight 직항편
No Record(NOREC)   여객이 예약된 항공권을 제시했으나 예약을 받은 기록이나 좌석을 확인
    해준 근거가 없는 상태
No Show   접속불능 이외의 이유로 예정 탑승명단에 있으나 마감시간까지 공항에 나타나지 않
    는 경우
No Smoking Seat(NSST)   금연석
No Subject To Load(NO SUBLO)   무상 또는 할인요금을 지급한 승객으로 일반 승객과 같이
    동일한 권리가 부여되어 좌석예약이 가능함
Number of Flights   비행횟수

Obligatory Service   필수서비스. 항공사의 잘못으로 인하여 정상적인 운항을 못했을 경우에 제
    공되는 서비스
Official Airline Guide(OAG)   전 세계 항공사의 운항시간표 및 여행 관련 정보가 수록되어 있으
    며 세계판과 북미판이 월 단위로 발간되는 책자
Off Line   자사 항공편이 취항하지 않는 지점 및 구간
Off Season Late   비수기 운임. 비수기의 여객확보용 할인운임
On Line   자사 항공편이 취항하는 지점 및 구간(운항노선)
On-Line Connection   온라인 연결
On Line Fare   단일 항공사운임. 단일 항공사의 노선상 운송에 적용되는 운임
On The Job Training(OJT)   실무훈련
Open Skies Policy   항공자유화정책
Open Ticket   예약되어 있지 않은 항공권
Operation Cost   운항비. 비행기의 운항을 위한 경비
Operational Planning & Utilization System(OPUS)   항공기상. 특정 비행편의 출·도착
    정보 및 항공편의 진행사항, 항공기별 비행계획 등 항공기의 통제 업무를 데이터베이스화한
    시스템
Origin   시발지점. 여정상의 맨 처음 지점으로서 여객과 화물이 해당 여정 시초에 항공기 탑승 및 탑
    재하는 지점, Point Of Loading, Point Of Departure, Point Of Embarkation
Origin Airport   출발공항. 운항이 처음 시작되는
Origination/Terminating Passenger   출발·도착여객. 해당 공항에서 여정을 출발 또는 도착
    하는 여객
Origination Flight   시작비행
Outbound   아웃바운드
Out-Bound Carrier   입국 또는 통과상륙이 거절되었거나 추방을 명령한 국가로 부터 추방자를
    수송한 항공사
Outsourcing   아웃소싱. 외부화
Over Booking   초과예약. 특정 해당 항공편에 판매 가능한 좌석 수보다 예약자의 수가 더 많은
    상태
Over Load   초과탑재. 항공기의 최대 중량을 초과하여 운항하는 상태
Over Sale   초과판매. 특정 해당 항공편에 실제 공급좌석 수보다 더 많은 좌석을 판매한 경우

O

P

Participating Carrier   연계수송의 경우 전체 구간 중 일부분을 담당할 항공사

Passenger   항공여객, 승객

Passenger   Aircraft 여객기

Passenger Coupon   승객용 쿠폰

Passenger Name Record(PNR)   예약된 승객의 예약기록

Passenger-Kilometers   여객 킬로미터. 각 비행구간의 유상여객 수에 해당 구간의 비행거리를 곱한 값

Passenger Load Factor   여객탑승률. 유효좌석 킬로미터에 대한 유상여객 킬로미터의 백분율

Passenger Manifest   탑승자 명부

Passenger Traffic & Sales Manual(PTSM)   대한항공의 여객영업, 운송, 판매에 관한 규정집

Passport   여권

Payload   탑재량

Preflight Briefing   비행 전 브리핑. 임무, 목적, 요령 등에 대하여 비행 전에 설명하는 것

Preflight Check Preflight Inspection   비행 전 점검. 비행 전 조종사가 체크 리스트에 따라 기체, 엔진, 연료, 윤활유 등에 관한 점검

Preliminary Revenue Flight   예비유상비행. 새로운 항공서비스를 위한 사전 운항

Prepaid Ticket Advice(PTA)   항공요금 선불제도. 타 도시에 거주하고 있는 승객을 위하여 제3자가 항공운임을 사전에 지급하고 타 도시에 있는 승객에게 항공권을 발급하는 제도

Product Advancement   상품개선

Public Information Displays   공공안내시스템

Published Scheduled   공시스케줄. 기종·출발 및 도착시간을 정한 공식 운항시간 계획

Purser   사무장

Q

Quality Of Service Monitor(QSM)   모니터링제도

Quarantine   동식물 검역

R

Range   항속거리. 항공기에 탑재된 연료로 계속 비행할 수 있는 비행거리

Reconfirmation(RCFM)   항공승객이 여행도중에 어느 지점에서 72시간을 체류하는 경우 늦어도 해당 항공편 출발시간 72시간 전에 좌석예약을 재확인하는 제도

Refund   환급. 사용하지 않는 항공권에 대해서 전체 또는 부분의 운임을 반환하여 주는 것

Registrated Aircraft   등록항공기. 고유의 등록기호를 취득한 항공기

Regulation   항공규제

Removing Intermediaries   중간매개체 제거

Restricted Item(R/I)   승객의 휴대수하물 중 보안상 문제가 될 수 있는 Item은 기내반입이 허락되지 않는 품목

Return   회항

Revenue Flight   유상비행

Revenue Passenger Kilometer(RPK)   유상여객 킬로미터. 항공사의 수송량을 나타내는 것으로서 수송한 여객의 수와 수송한 거리를 곱한 값

Revenue Ton-Kilometer(RTR) 유상 톤 킬로미터. 여객을 일정기준에 의거 중량으로 환산하고 화물의 수송량을 합산한 것[여객·수하물의 평균적 중량 × 여객수 + 화물총량) × 수송거리]
Round Trip 왕복여행
Route 항공로
Runway 활주로. 항공기의 이·착륙을 위하여 비행장에 설치된 일정한 범위의 구역
Runway Visual Range(RVR) 활주로 가시거리. 조종사가 활주로 표면 표시, 등화등을 눈으로 볼 수 있는 최대거리

S

Safety Belt 안전벨트
Sales Report 항공권판매보고서
Scheduled Airline 정기항공사
Scheduled Air Transportation Business 정기항공운송사업
Scheduled Flight 정기편
Scheduled Passenger 정기여객
Seat Configuration 좌석배치
Seat-Kilometers Available 유효 좌석 킬로미터. 각 비행구간에서 판매 가능한 좌석 수를 구간거리로 곱한 값
Sector Booking 섹터예약. 여정 중에 여러 개의 항공사가 포함되어 있을 경우, 예약을 한 항공사에 전부하지 않고 해당 항공사에 별도로 예약하는 것
Security Check 보안 검사
Segment 항공편의 운항기간 중에 승객여정이 되는 모든 구간
Ship Pouch R/I 부서 간 전달서류 등을 넣는 가방. 출발 전 기내 사무장이 공항 서비스 직원에게 인수받아 목적지 공항에 인계함.
Short Haul 단거리 운송구간
Short Take Off And Landing(STOL) 단거리 이·착륙기
Simulated Flight 모의비행. 모의 조건하에서 실시하는 비행
Simulator 시뮬레이터. 항공기의 비행을 지상에서 모의 재현하여 연구개발이나 조종훈련 등에 사용할 수 있는 장치
Special Fare 특별운임
Stand By Go Show 예약 없이 체크인 카운터에 나타나서 좌석상황에 의해 좌석을 배정받는 여객
Stand-By Aircraft 예비기
State Of Registry 등록국. 항공기가 등록된 국가
Steward 남승무원
Stewardess 여승무원
Stop Over 중간기착. 여객이 출발지와 종착지 간의 중간지점에서 체류하는 것을 의미하며, 한 도시에 24시간 이상을 중간기착(체류)하는 것
Subject To Load(SUBLO) 사전 예약이 인정되지 않고 여분의 좌석이 있을 경우, 탑승할 수 있는 제도
Supersonic Transport(SST) 초음속 수송기. 마하 1.2~5의 운항속도로 비행하는 여객기

T

Take-Off 이륙

Take-Off Time 이륙시간

Taxiway(TWY) 유도로. 항공기의 지상유도를 위하여 육상비행장에 설치하는 통로

Technical Landing 기술착륙. 급유 및 정비 등 기술적 목적을 위한 착륙

Technical Landing Right 기술착륙의 자유. 수송 이외의 급유, 정비 같은 기술적 목적을 위하여 상대 국가에 착륙할 수 있는 자유

Terminating Flight 비행종료

Terminating Passenger 발착여객. 해당 공항에서 항공여행을 끝내거나 시작하는 여객

Test Flight 시험비행. 항공기의 성능을 확인하기 위한 실제 비행

The Airline Deregulation Act 항공규제완화법

The United State Of America Transportation Request(GTR) 미국 정부가 정부 기관, 운항관계자의 공용여행을 위한 후불취급으로 교통기관에 발권을 의뢰하기 위한 요구서 Third Freedom Set-Down Right. 자국의 영역 내에서 실은 여객 및 화물을 상대국으로 수송할 수 있는 자유

Through Check-In 전체 구간 통과수속. 환승항공편을 소지한 승객의 수하물을 최종 목적지까지 운송하는 수속 절차

Through Fare 승객의 출발지점과 최종 목적지까지의 합산 운임

Through Flight 하나 이상의 경유공항을 통과하는 운항

Through Passenger Local Boarding Passenger에 대하여 직행여객

Through Rate 전체 구간요율

Through Route 출발지와 목적지까지의 전체 노선의 합계

Ticket Point Mileage 승객이 여행하는 구간의 실제 거리

Ticket Time Limit(TKTL) 항공권 구입시한. 예약 시 일정시점까지 항공권을 구입하도록 하는 항공권 구입시한

Timatic 승객이 필요한 정보를 Update된 상황에서 신속히 제공할 목적으로 200여 개국의 여권, 비자, 검역 등 해당국 출입국에 필요한 각종 여행정보를 수록한 책자(Tim : Travel Information Manual)를 전산화한 것

Total Passenger Service System(TOPAS) 대한항공 예약 전산시스템의 고유명칭

Tonne-Kilometers Available 유효 톤킬로. 이용가능한 톤 수 × 운항구간의 거리

Transfer 환승. 여정상 여객이 중간지점에서 특정 항공사의 비행편으로부터 동일 항공사의 다른 비행편이나 타 항공사의 비행편으로 수송

Transfer Baggage 환승수화물

Transfer Passenger 환승여객

Transit 통과. 여객이 타 비행편으로 갈아타지 않고, 동일 비행편이 중간지점으로 착륙하였다가 계속 운송을 하는 상태

Transit Flight 통과비행

Transit Right 국제항공운송협정의 제1, 제2자유 통과권

Transit Station/Airport 통과공항, 경유지 공항

Transit Without Visa(TWOV) 항공기를 갈아타기 위하여 단시간 체재하는 경우 비자를 요구하지 않는 경우

Travel Information Manual(TIM) 해외여행 시에 필요한 정보로 여권, 비자, 예방 접종, 세관 등에 관하여 각국에서 요구하는 규정이 국가별로 수록되어 있는 항공여행정보 책자

Turn-Around Time　　운항회전시간. 항공기가 운항을 끝낸 후에 다음 운항을 위해 운항을 개시
　　　하는 데 소요되는 시간

U

Unaccompanied Baggage　　비동반 수하물
Unaccompanied Minor(UM)　　비동반 소아. 성인이 동반하지 않고 혼자 여행하는 생후 3개월
　　　이상 만 12세 미만의 유아나 소아
Unchecked Baggage　　비위탁수하물, 위탁수하물 이외의 수하물
Unchecked Air Transportation Business　　부정기 항공운송사업
Up-Grade　　국제선에서 하급 클래스의 요금지급으로 상급 클래스에 탑승되는 것으로서 공항 카
　　　운터에서 결정함.
Utility Aircraft　　보통 비행기. 연락기 등과 같은 일반 목적용 항공기

V

VFR Condition　　시행비행 규정하의 기상조건
Vegetarian Meal(VGML)　　종교상의 계율에 따라 육류를 먹지 않는 채식주의자
Vertical Take-Off And Landing Plane　　수직 이·착륙기
Very Important Passenger(VIP)　　특별한 주의가 필요한 대내외 귀빈
Virtual Airlines　　가상적 항공사
Visual Flight Rules(VFR)　　시계비행. 다른 비행기, 구름, 지표면 등을 조종사가 직접 눈으로 보
　　　면서 행하는 비행
V/Stol Aircraft　　Vtol와 Stol기의 양쪽 성능으로 설계된 비행기

W

Waiting List　　대기자 명단. 예약이 만석(Full)일 경우에 예약취소나 No Show를 기대하고 대기자
　　　로 등록하는 것
Weight & Balance　　항공기의 중량 및 중심위치를 실측 또는 산출하는 것
Weight & Balance Sheet　　항공기가 이·착륙할 때 항공기의 중심관계를 조사하기 위하여 중량
　　　배분을 기록한 표
Weight Charge　　중량에 기초하여 부과한 운임
Wheel Chair Passenger(WCHR)　　휠체어 승객

X

X-ray Inspection　　X선 검사. X선을 이용하여 항공기를 검사하는 것

Y

Yield Management　　수입극대화 관리

3. 항공사 코드

항공사	코 드		국 가
Aeroflot Russian Airlines	SU	AFL	Russian Federation
Aerlineas Argentinas	AR	ARG	Argentina
Aeromexico	AM	AMX	Mexico
Air Algerie	AH	DAH	Algeria
Air Canada	AC	ACA	Canada
Air China International	CA	CCA	China
Air India	AI	AIC	India
Air France	AF	AFR	France
Air Gabon	GN	AGN	Gabon
Air Jamaica	JM	AJM	Jamaica
Air Kazakstan	9Y	KZK	Kazakstan
Air Koryo	JS	KOR	Korea, North
Air Macau	NX	AMU	Macau, China
Air New Zealand	NZ	ANZ	New Zealand
Air Pacific	FJ	FJI	FiJi
Air Portugal	TP	TAP	Portugal
Air Senegal International	V7	SNG	Senegal
Air Tahiti	VT	VTA	French Polynesia
Alaska Airlines	AS	ASA	USA
Alitalia·Linee Aeree Italiane	AZ	AZA	Italy
All Nippon Airways	NH	ANA	Japan
Aloha Airlines	AQ	AAH	USA
American Airlines	AA	AAL	USA
American West Airlines	HP	AWE	USA
Ansett Australia	AN	AAA	Australia
Asiana Airlines	OZ	AAA	Korea, South
Atlas Air	5Y	–	USA
Austrian Airlines	OS	AUA	Austria
Bangkok Airways	PG	BKP	Thailand
Blue Oy	KF	BLF	Finland
Blue Panorama Airlines	BV	BPA	Italy
British Airways	BA	BAW	United Kingdom
Cathay Pacific Airways	CX	CPA	Hong Kong, China
Cebu Pacific Air	5J	CEB	Philippines
China Airlines	CI	CAL	Chinese Taipei
China Eastern Airlines	MU	CES	China
China Hainan Airlines	HU	CHH	China
China Northern Airlines	CJ	CBH	China
China Northwest Airlines	WH	CNW	China

항공사	코 드		국가
China Southern Airlines	CZ	CSN	China
China Southwest Airlines	SZ	CXN	China
China Yunnan Airlines	3Q	CYH	China
China Xiamen Airlines	MF	CXA	China
China Xinjiang Airlines	XO	CXJ	China
Continental Airlines	CO	COA	USA
Continental Micronesia	CS	CMI	Guam
Croatia Airlines	OU	CTN	Croatia
Czech Airlines	OK	CSA	Czech
Dalavia Far East Airways Khabarovsk	H8	KHB	Russian Federation
Delta Airlines	DL	DAL	USA
Deutsche Lufthansa AG	LH	DLH	Germany
Dragon Airways	KA	HDA	Hong Kong China
Egyptair	MS	MSR	Egypt
El Al Israel Airlines	LY	ELY	Israel
Emirates Airlines	EK	UAE	Arab Emirates
EVA Airlines	BR	EVA	Chinese Taipei
Falcon Air AB	IH	FCN	USA
FedEx	FX	FDX	USA
Garuda Indonesia	GA	GIA	Indonesia
Hainan Airlines	HU	CHH	China
Hong Kong Dragon Airlines	KA	HAD	Hong Kong, China
liberia-Lineas Aereas de Espana	IB	IBE	Spain and Canary Islands
Indian Airlines	IV	IAC	India
Iran Air	IR	IRA	Iran
Japan Airlines	JL	JAL	Japan
Japan Air System	JD	JAS	Japan
Jet Airways(India) Private	9W	JAI	India
Kenya Airways	KQ	KQA	Kenya
KLM Royal Dutch Airlines	KL	KLM	Netherlands
Korean Air	KE	KAL	Korea, South
Krasnoyarsk Airlines	7B	KJC	Krasnoyarsk
Kuwait Airways	KU	KAC	Kuwait
Kyrgyzstan Airlines	K2	KZK	Kyrgyzstan
Ladeco S.A. dba Ladeco Airlines	UC	LCO	Chile
LAM-Linhas Aereas de Mocambique	TM	LAM	Mozambique
Lauda Air Luftfahrt AG	NG	LDA	Austria
Lineas Aereas Costarricenses S.A	LR	LRC	Costa Rica
Lithuanian Airlines	TE	LIL	Lithuania
LOT-Polish Airlines	LO	LOT	Poland
LTU International Airways	LT	LTU	Germany
Maersk Air A.S	DM	DAN	Denmark
Mahan Airlines	W5	IRN	Iran
Malaysian Airline System Berhad	MH	MAS	Malaysia
Malev Hungarian Airlines	MA	MAH	Hungary
Malmo Aviation	6E	SCW	Sweden
Manx Airlines	JE	MNX	United Kingdom

항공사	코 드		국 가
Mexicana	MX	MXA	Mexico
Mongolian Airlines	OM	MGL	Mongolia
Montenegro Airlines	YM	MGX	Yugoslavia
Nigeria Airways	WT	NGA	Nigeria
Northwest Airlines	NW	NWA	USA
Olympic Airways	OA	OAL	Greece
Oman Aviation Services	WY	OAS	Oman
Orient Thai Airlines	OX	OEA	Thailand
Pakistan International Enterprise	PK	PIA	Pakistan
Philippine Airlines	PR	PAL	Philippines
Pulkovo Aviation Enterprise	FV	PLK	Russian Federation
Qantas Airways	QF	QFA	Australia
Red Sea Air	7R	ERS	Eritrea
Royal Jordanian	RJ	RJA	Jordan
Royal Swazi National Airways	ZC	RSN	Swaziland
Sat Airlines	HZ	SHU	Russian Federation
Saudi Arabian Airlines	SV	SVA	Saudi Arabia
Scandinavian Airlines System	SK	SAS	Sweden
Shandong Airlines	SC	CDG	China
Scandinavian Airlines System	SK	SAS	Sweden
Shandong Airlines	SC	CDG	China
Scandinavian Airlines System	SK	SAS	Sweden
Shandong Airlines	SC	CDG	China
Shenzhen Airlines	ZH	-	China
Siberia Airlines	S7	SBI	Russian Federation
Singapore Airlines	SQ	SIA	Singapore
Skyways AB	JZ	SKX	Sweden
Solomon Airlines	IE	SOL	Solomon Islands
South African Airways	SA	SAA	South Africa
SriLankan Airlines	UL	ALK	Sri Lanka
Swissair	SR	SWR	Switzerland
Thai Airways	TG	THA	Thailand
TNT Airways S.A.	3V	TAY	Belgium
Turkish Airlines	TK	THY	Turkey
United Airlines	UA	UAL	USA
US Airways	US	USA	USA
Uzbekistan Airways	HY	UZB	Uzbekistan
Varig	RG	VRG	Brazil
VASP	VP	VSP	Brazil
Viernam Airways	VN	HVN	Vietnam
Virgin Atlantic Airways	VS	VIR	United Kindom
Vladivostok Air	XF	VLK	Vladivostok
Xiamen Airlines	MF	CXA	China
Yemenia-Yemen Airways	IY	IYE	Yemen
Zambian Airways	Q3	MAZ	Zambia

4. 도시(공항) 코드

코 드	도시 / 공항명	국가
AAT	Altay	China
ABA	Abakan	Russian
ABD	Abadan	Iran
ACD	Acandi	Colombia
ACY	Atlantic City Int'l	USA
ADD	Addis Ababa Bole	Ethiopia
ADS	Dallas Addison	USA
ADX	St. Andrews Leuchars	UK
AEP	Buenos Aires Newbery	Argentina
AEX	Alexandria Int'l	USA
AFA	San Rafael	Argentina
AFW	Dallas Fort Worth Alliance	USA
AGC	Pittsburgh Allegheny	USA
AHN	Athens	USA
AKD	Akola	India
AKJ*	Asahikawa	Japan
AKL*	Auckland	New Zealand
AKX	Aktyubinsk	Kazakhstan
AKY	Sittwe Civil	Myanmar
ALA*	Alma Ata	Kazakhstan
ALO	Waterloo Municipal	USA
ALX	Alexander City Russsell	Egypt
AMM	Amman Queen Alia	Jordan
AMS*	Amesterdam Schiphol	Netherlands
ANC*	Anchorage	USA
AOJ*	Aomori	Japan
ATL*	Atlanta Hartsfield	USA
AUH*	Abu Dhabi Int'l	Arab Emirates
AUS	Austin Bergstrom	USA
AXT*	Akita	Japan
AZN	Andizhan	Uzbekistan
BAH	Bahrain Int'l	Bahrain
BAK	Baku	Azerbaijan
BAS	Balalae	Solomon Islands
BAX	Barnaul	Russian Federation
BBU	Bucharest Baneasa	Romania
BCN	Barcelona	Spain
BCX	Belorecx	Russian Federation

코 드	도시 / 공항명	국가
BGW	Baghdad Al Mithana	Iraq
BIE	Beatrice	USA
BKA	Moscow Bykovo	Russian Federation
BKI*	Kota Kinabalu	Malaysia
BKK*	Bangkok Int'l	Thailand
BLL	Billund	Denmark
BNA	Nashvile Metro	USA
BNE*	Brisbane Int'l	Australia
BOM*	Bombay	India
BOS*	Boston Logan	USA
BPU	Beppu	Japan
BQS	Blagoveschensk	Russian Federation
BRU	Brussels	Belgium
BST	Bost	Afghanistan
BTH	Batam/Batu Besar	Indonesia
BTL	Battle Creek Kellogg	USA
BWI	Baltimore Int'l	USA
BWN	B. Seri Begawan Brunei	Brunei Darussalam
CAH	Ca Mau	Vietnam
CAI*	Cairo Int'l	Egypt
CAN*	Guangrhou Baiyun	China
CCD	Los Angeles Century City	USA
CCK	Cocos-Keeling Is	Cocos Island
CCU	Calcutta	India
CDB	Cold Bay	USA
CDG*	Paris De Gaulle	France
CEB*	Cebu Int'l	Philippines
CEI	Chiang Rai	Thailand
CEJ	Chernigov	Ukraine
CEK	Chel Yabinsk	Russian Federation
CGK*	Jakarta Soekarno	Indonesia
CGN*	Cologne/Bonn Koeln	Germany
CGO*	Zhengzhou	China
CGQ*	Changchun	China
CHC	Christchurch Int'l	New Zealand
CJU*	Cheju	Korea, South
CKG*	Chongqing	China
CLT	Charlotte Douglas	USA
CMB	Colombo Katunayake	Sri Lanka
CMH	Columbus Int'l	USA
CNS	Cairns	Australia
CNX*	Chiang Mai Int'l	Thailand
CPH	Copenhagen	Denmark
CPM	Compton	USA
CPT	Cape Town D.F. Malan	South Africa
CRK*	Luzon Is Clark Fld	Philippines

코드	도시 / 공항명	국가
CRZ	Chardzhou	Turkmenistan
CSX*	Changsha	China
CTS*	Sapporo Chitose	Japan
CTU*	Chengdu	China
CVG	Cincinnati Cin N. Knty	USA
CYI	Chiayi	Taiwan
CYM	Chatham	USA
CZX	Changzhou	China
DAC	Dhaka Zia Int'l	Bangladesh
CTU*	Chengdu	China
CVG	Cincinnati Cin N. Knty	USA
CYI	Chiayi	Taiwan
CYM	Chatham	USA
CZX	Changzhou	China
DAC	Dhaka Zia Int'l	Bangladesh
DAD*	Da Nang	Vietnam
DEL*	Delhi Gandhi	India
DEN	Denver Stapleton	USA
DFW*	Dallas Int'l	USA
DHA	Dhahran	Saudi Arabia
DJE	Djerba Melita	Tunisia
DLC*	Dalian	China
DMA	Tucson Davis Monthan AFB	USA
DMB	Dzhambul	Kazakhstan
DME	Moscow Domodedovo	Russian Federation
DOH*	Doha	Qatar
DPS*	Denpasar Bali Ngurah Ral	Indonesia
DRW	Darwin	Australia
DTW*	Detroit Wayne Co	USA
DVO	Davao Mati	Philippines
DWN	Oklahoma City Downtown Airpark	USA
DXB*	Dubai Int'l	Arab Emirates
EDF	Anchorage Elmendorf Afb	USA
EIL	Fairbanks Eielson Afb	USA
ESB	Ankara Esenboga	Turkey
EVN	Yerevan	USA
EWR*	New York NY/Newark	USA
FAL	Fairbanks Int'l	USA
FCO*	Roma Da Vinci	Italy
FEG	Fergana	Uzbekistan
FKJ	Fukui	Japan
FKS*	Fukushima	Japan
FNJ	Pyongyang Sunan	Korea, North
FRA*	Frankfurt Int'l	Germany
FRU*	Bishkek	Kyrgyzstan
FUK*	Fukuoka	Japan

코드	도시 / 공항명	국가
GAJ	Yamagata Junmachi	Japan
GDA	Gounda	Central African
GDN	Gdansk Rebiechowo	Poland
GDX	Magadan	Russian Federation
GIG	Rio De Janeiro Int'l	Brazil
GMP*	Gimpo Int'l	Korea, South
GRU*	Sao Paulo Guarulhos	Brazil
GUA	Guatemala City La Aurora	Guatemala
GUM*	Guam Agana	Guam
HAM	Hamburg Fuhisbuettel	Germany
HAN*	Hanoi Noibai	Vietnam
HEL*	Helsinki Vantaa	Finland
HFE*	Hefei Luogang Int'l	China
HGH*	Hangzhou	China
HIJ*	Hiroshima	Japan
HIN	Chinju Sacheon	Korea, South
HKD*	Hakodate	Japan
HKG*	Hong Kong Int'l	Hong Kong
HKT*	Phuket Int'l	Thailand
HND*	Tokyo Haneda	Japan
HNL*	Honolulu Int'l	USA
HOU	Houston Hobby	USA
HRB*	Harbin	China
HTA	Chita	Russian Federation
IAD*	Washington Dulles	USA
IAH*	Houston George Bush Int'l	USA
ICN*	Incheon Int'l	Korea, South
IEV	Kiev Zhulhany	Ukraine
IKT*	Irkutsk Int'l	Russia
INB	Indianapolis Int'l	USA
INC*	Yinchuan Helanshan	Yinchuan
ISD	Islamabad/Rawalpindi Int'l	Pakistan
IST*	Istanbul Ataturk	Turkey
IZO	Izumo	Japan
JED*	Jeddai King Abdul	Saudi Arabia
JFK*	New York NY/Newark Kennedy	USA
JHB	Johor Bahru Sultan Ism	Malaysia
JIB	Djibouti Ambouli	Djibouti
JKT	Jakarta Soekarno	Indonesia
JMU*	Jiamusi	China
KAG	Kangnung	Korea, South
KBV*	Krabi	Thailand
KCH	Kuching	Malaysia
KCZ	Kochi	Japan
KHH*	Kaohsiung Int'l	Taiwan
KHI	Karachi	Pakistan

코 드	도시 / 공항명	국가
KHV*	Khabarovsk Novy	Russian Federation
KIJ*	Nigata	Japan
KIV	Kishinev	Moldova
KIX*	Kansai Int'l	Japan
KJA	Krasnoyarsk	Russian Federation
KKJ*	Kita Kyushu	Japan
HKD*	Hakodate	Japan
HKG*	Hong Kong Int'l	Hong Kong
HKT*	Phuket Int'l	Thailand
HND*	Tokyo Haneda	Japan
HNL*	Honolulu Int'l	USA
HOU	Houston Hobby	USA
HRB*	Harbin	China
HTA	Chita	Russian Federation
IAD*	Washington Dulles	USA
IAH	Houston George Bush Int'l	USA
ICN*	Incheon Int'l	Korea, South
IEV	Kiev Zhulhany	Ukraine
IKT*	Irkutsk Int'l	Russia
INB	Indianapolis Int'l	USA
INC*	Yinchuan Helanshan	Yinchuan
ISD	Islamabad/Rawalpindi Int'l	Pakistan
IST*	Istanbul Ataturk	Turkey
IZO	Izumo	Japan
JED*	Jeddah King Abdul	Saudi Arabia
JFK*	New York NY/Newark Kennedy	USA
JHB	Johor Bahru Sultan Ism	Malaysia
JIB	Djibouti Soekarno	Djibouti
JKT	Jakarta Soekarno	Indonesia
JFK*	New York NY/Newark Kennedy	USA
JHB	Johor Bahru Sultan Ism	Malaysia
JIB	Djibouti Soekarno	Djibouti
JKT	Jakarta Soekarno	Indonesia
JMU*	Jiamusi	China
KAG	Kangnung	Korea, South
KBV*	Krabi	Thailand
KCH	Kuching	Malaysia
KCZ	Kochi	Japan
KHH*	Kaohsiung Int'l	Taiwan
KHI	Karachi	Pakistan
KHV*	Khabarovsk Novy	Russian Federation
KIJ*	Nigata	Japan
KIV	Kishinev	Moldova
KIX*	Kansai Int'l	Japan
KJA	Kransnoyarsk	Russian Federation
KKJ*	Kita Kyushu	Japan

코 드	도시 / 공항명	국가
KLO*	Kalibo	Philippiness
KMG*	Kunming	China
KMI*	Miyazaki	Japan
KMJ*	Kumamoto	Japan
KMQ*	Komatsu	Japan
KNJ	Kindamba	Congo
KOJ*	Kagoshima	Japan
KPO	Pohang	Korea, South
KTM*	Kathmandu Tribhuvan	Nepal
KUA	Kuantan	Malaysia
KUF	Samara	Japan
KUL*	Kuala Lumpur Subang Int'l	Malaysia
KUN	Kaunas	Lithuania
KUV	Kunsan	Korea, South
KWL	Kuwait Int'l	Kuwait
KWJ	Kangju	Korea, South
KWL*	Guilin	China
KXK	Komsomolsk Na Amure	Russian Federation
KZK	Kompong Thom	Cambodia
KZN	Kazan	Russian Federation
LAD	Luanda Fevereiro	Angola
LAH	Labuha	Indonesia
LAO	Laoag	Philippiness
LAS*	Las Vegas Mccarran	USA
LAX*	Los Angeles Int'l	USA
LBG	Paris Le Bourget	France
LCK	Columbus Ricknbackr	USA
LED*	St. Petersburg Pulkovo	Russian Federation
LGB	Long Beach Municipal	USA
LGK	Langkawi	Malaysia
LGW*	London Gatwick	UK
LHR*	London Heathrow	UK
LIS	Lisbon Lisboa	Portugal
LON	London Heathrow	UK
LUX	Luxembourg Findel	Luxembourg
MAA	Madras Menmbarkam	India
MAD*	Madrid Barajas	Spain
MAJ	Majuro Int'l	Marshall Islands
MBB	Marble Bar	Australia
MBE	Monbetsu	Japan
MCO	Orlando Int'l	USA
MCX	Makhachkala	Russian Federation
MDC	Manado Samrtulngi	Indonesia
MBE	Monbetsu	Japan
MCO	Orlando Int'l	USA
MCX	Makhachkala	Russian Federation

코 드	도시 / 공항명	국가
MDC	Manado Samrtulngi	Indonesia
MDG*	Mudanjiang	China
MDW	Chicago Midway	USA
MEB	Melbourne Essendon	Australia
MEL*	Melbourne Tulamarine	Australia
MEM	Memphis Int'l	USA
MFM*	Macau	Macau
MGQ	Mogadishu Int'l	Somalia
MIA	Miami Int'l	USA
MIC	Minneapolis Crystal	USA
MII	Marilia G Vidigal	Brazil
MKE	Milwaukee G Mitchell	USA
MLE*	Male Int'l	Maldives
MMB	Memanbetsu	Japan
MMJ	Matsumoto	Japan
MMK	Murmansk Monkey	Russian Federation
MNL*	Manila Ninoy Int'l	Philippines
MNS	Mansa	Zambia
MQF	Magnitogorsk	Russian Federation
MRG	Mareeba	Australia
MSP	Minneapolis Int'l	USA
MSQ	Minsk	Belarus
MSY	New Orleans Int'l	USA
MTJ	Montrose	USA
MUC*	Munich	Germany
MWX*	Muan Int'l	Korea, South
MXP*	Milan Malpensa	Italy
MYJ*	Matsuyama	Japan
NAL	Nalchik	Russian Federation
NAN*	Nadi Int'l	Fiji
NBO*	Jomo Kenyatta Int'l	Kenya
NGB*	Ningbo	China
NGO*	Ngoya Komaki	Japan
NGS*	Nagasaki	Japan
NKG*	Nanjing	China
NMA*	Namangan	Uzbekistan
NMG	San Miguel	Panama
NOU*	La Tontouta Int'l	New Caledonia
NOP	Mactan Island Nab	Philippines
NOZ	Novokuznetsk	Russian Federation
NPT*	Newport	USA
NRT*	Tokyo Narita	Japan
NVY	Neyveli	India
OAK	Oakland Int'l	USA
OBO	Obihiro	Japan
ODM	Oakland	USA

코 드	도시 / 공항명	국가
OIT*	Oita	Japan
OKA*	Okinawa Naha Fld	Japan
OKD	Sapporo Okadama	Japan
OKI	Oki Island	Japan
OKJ*	Okayama	Japan
OKO	Tokyo Yokota Afb	Japan
ONG	Mornington Is	Australia
ONT	Ontario Int'l	USA
ORD*	Chicago O'hare	USA
OSA*	Osaka Int'l	Japan
OSL*	Oslo	Norway
OSS	Osh	Kyrgyzstan
OVB*	Novosibirsk Tolmachevo	Russian Federation
PAR	Paris De Gaulle	France
PDX	Portland Int'l	USA
PEC	Pelican	USA
PEE	Perm	Russian Federation
PEK*	Beijing Capital	China
PEN*	Penang Int'l	Malaysia
PHL	Philandelphia Pa/Wilmton Int'l	USA
PKC	Petropavlovsk-Kamchatsky Apt	Russian Federation
PNE	Philadelphia Pa/Wilmton No. Phil	USA
PNH*	Phnom Penh	Cambodia
POM	Port Moresby Jackson	Papua New Guinea
PPT	Papeete Faaa	French Polynesia
PRG*	Ruzyne	Czech Republic
PUS*	Pusan Kimhae	Korea, South
PVG*	Pu Dong	China
QPG	Singapore Paya Lebar	Singapore
RAM	Ramingining	Australia
REP*	Angkor Int'l	Cambodia
RGN*	Yangon Mingaladon	Myanmar
ROR*	Koror Airai	Palau
RSU	Yosu	Korea, South
RUH*	Riyadh K. Khaled	Saudi Arabia
SAN	San Diego Lindberg	USA
SAT	San Antonio Int'l	USA
SCW	Syktyvkar	Russian Federation
SDA	Baghdad Saddam	Iraq
SDJ*	Sendai	Japan
SDN	Sandance	Norway
SEA*	Seattle/Tacoma Sea/Tac	USA
SFO*	San Francisco Int'l	USA
SGN*	Ho Chi Minh Son Nhut	Vietnam
SHA*	Shanghai Hongqiao	China
SHD	Shenandoah Valley Airport	USA

코 드	도시 / 공항명	국가
SHE*	Shenyang	China
SHJ	Sharjah	USA
SHM	Nanki Shirahama	Japan
SHO	Sokcho Solak	Korea, South
SIA*	Xi An Xiguan	China
SIN*	Singapore Changi	Singapore
SIY	Montague	USA
SJW*	Shijiazhuang	China
SNK	Snyder	USA
SNN	Shannon	Ireland
SOF	Sofia Int'l	Bulgaria
SPL	Schiphol	Netherlands
SPN*	Saipan Int'l	Northern Mariana Islands
STL	St. Louis Int'l	USA
STN	London Stansted	UK
SVO*	Moscow Sheremetye	Russian Federation
SVX	Ekaterinburg	Russian Federation
SYD*	Sydney Kingsford	Australia
SYO	Shonai	Japan
SYX*	Sanya	China
SZX*	Shenzhen	China
TAE*	Taegu	Korea, South
TAK*	Takamatsu	Japan
TAO*	Qingdao	China
TAS*	Tashkent	Uzbekistan
THR*	Tehran Mehrabad	Iran
TIJ	Tijuana	Mexico
TIP	Tripoli Int'l	Libya
TJM	Tyumen	Russian Federation
TKC	Tiko	Cameroon
TKS	Tokushima	Japan
TLS	Toulouse Blangnac	France
TLV*	Tel Aviv-Yafo Ben Gurion	Israel
TNA*	Jinan	China
TNN	Tainan	Taiwan
TOY*	Toyama	Japan
TPE*	Taipei Shek	Taiwan
TSA*	Taipei Songshan	Taipei
TSE	Tselinograd	Kazakhstan
TSN*	Tianjin	China
TTJ	Tottori	Japan
TUN	Tunis Carthage	Tunisia
TYN	Taiyuan	China
TYO	Tokyo Narita	Japan
TXN*	Huangshan Tunxi Int'l	China
UAM	Guam Anderson Afb	Guam

코 드	도시 / 공항명	국가
UBJ	Ube Yamaguchi	Japan
UFA	Ufa	Russian Federation
ULM	New Ulm	USA
ULN*	Ulan Bator	Mongolia
ULY	Ulyanovsk	Russian Federation
URC*	Urumqi	China
USN	Ulsan	Korea, South
UTP	Utapao	Thailand
UUD	Ulan-Ude	Russian Federation
UUS*	Yuzhno-Sakhalinsk	Russian Federation
VLE*	Vienna Schwechat	Australia
VTE*	Watty Int'l	Laos
VVO*	Vladivostok	Russian Federation
WAW	Warsaw Okecie	Poland
WKJ	Wakkanai	Japan
WNZ*	Wenzhou Int'l	China
WUH*	Wuhan	China
XIY*	Xi An Xianyang	China
XMN*	Xiamen Int'l	China
YCN	Cochrane	Canada
YEC	Yechon	Korea, South
YEG	Edmonton Int'l	Canada
YGJ*	Yonago	Japan
YKS	Yakutsk	Russian Federation
YMS	Yurimaguas	Peru
YMX	Montreal Mirabel	Canada
YNJ*	Yanji	China
YNT*	Yantai Laishan	China
ZAG*	Pleso	Croatia
YVR*	Bancouver Int'l	Croatia
YWG	Winnipeg Int'l	Croatia
YXX	Abbotsford	Croatia
YYC	Calgary Int'l	Croatia
YYZ*	Toronto Pearson	Croatia
YNY*	Yangyang Int'l	Korea, South
ZRH*	Zurich	Switzerland
YYC	Calgary Int'l	Croatia
YYZ*	Toronto Pearson	Croatia
YNY*	Yangyang Int'l	Korea, South
ZRH*	Zurich	Switzerland

5. 국내외 항공 관련 기관 및 단체

구 분		명 칭	홈페이지
정부 및 산하 기관	국가기관	국토교통부물류혁신본부	molit.go.kr
		항공안전본부	casa.go.kr
		서울지방항공청	sraa.molit.kr
		부산지방항공청	braa.mdit.go.kr
		항공교통센터	acc.molit.go.kr
		항공철도사고조사위원회	araib.molit.go.kr
		항행표준관리센터	fio.go.kr
		항공기상청	kama.kma.go.kr
		외교부	mofa.go.kr
		산업통상자원부	motie.go.kr
		인천국제공항공사	airport.kr
		한국공항공사	airport.co.kr
		한국관광공사	visitkorea.or.kr
정부 및 산하 기관	기관 및 단체	교통안전공단	ts2020.kr
		한국항공진흥협회	airtransport.or.kr
		한국항공우주산업진흥협회	aerospace.or.kr
		한국항공우주기술협회	korea.or.kr
	정보 관련 기관	국가대중교통정보센터	tago.go.kr
		항공정보포털시스템	airportal.go.kr
		항공물류정보시스템	aircis.kr

구분		명칭	홈페이지
민간 항공 당국	독일	Civil Aviation Authority	lba.de
	영국	Civil Aviation Authority	caa.co.kr
	노르웨이	Civil Aviation Authority	luftfartstilsynet.no
	스위스	Federal Office for Civil Aviation(FOCA)	aviation.admin.ch
	프랑스	Bureau d Enquetes et d Analyess Pour la Securite de l Aviation Civile	bea-fr.org
	호주	Civil Aviation Safety Authority	casa.gov.au
	뉴질랜드	Civil Aviation Authority	caa.govt.nz
	피지	Civil Aviation Authority	caaf.org.fj
	일본	Ministry of Land, Infrastrastructure & Transport	mlit.go.jp
	중국	Civil Aviation Administration of China	caac.gov.cn
	말레이시아	Department of Civil Aviation	dca.gov.my
	싱가포르	Civil Aviation Authority of Singapore	caas.gov.sg
민간 항공 당국	인도	Ministry of Civil Aviation	civilaviation.nic.in
	대만	Civil Aeronautics Administration	caa.gov.tw
	태국	Department of Civil Aviation	aviation.go.th
	필리핀	Air Transportation Office(ATO)	ato.gov.ph
	캄보디아	Ministry of Public Works and Transport	mpwt.gov.kh
	홍콩	Civil Aviation Department	cad.gov.hk
	러시아	State Civil Aviation Authority	favt.ru
	미국	Federal Aviation Administration(FAA)	laa.gov
	캐나다	Transport Canada	tc.gc.ca

6. 항공보안법상 용어 정의

1. "운항중"이란 승객이 탑승한 후 항공기의 모든 문이 닫힌 때부터 내리기 위하여 항공기 문을 열 때까지를 말한다.

2. "공항운영자"란 「항공사업법」제2조제34호에 따른 공항운영자를 말한다.

3. "항공운송사업자"란 「항공사업법」제7조에 따라 면허를 받은 국내항공운송 사업자 및 국제항공운송사업자, 같은 법 제10조에 따라 등록을 한 소형항공 운송사업자 및 허가를 받은 외국인 국제항공운송업자를 말한다.

4. "항공기취급업체"란 「항공사업법」제44조에 따라 항공기취급업을 등록한 업체를 말한다.

5. "항공기정비업체"란 「항공사업법」제42조에 따라 항공기정비업을 등록한 업체를 말한다.

6. "공항상주업체"란 공항에서 영업할 목적으로 공항운영자와 시설이용 계약을 맺은 개인 또는 법인을 말한다.

7. "항공기내보안요원"이란 항공기 내의 불법 방해 행위를 방지하는 직무를 담당 하는 사법경찰관리 또는 그 직무를 위하여 항공운송사업자가 지명하는 사람 을 말한다.

8. "불법 방해 행위"란 항공기의 안전운항을 저해할 우려가 있거나 운항을 불가능 하게 하는 행위로서 다음 각 목의 행위를 말한다.
   가. 지상에 있거나 운항중인 항공기를 납치하거나 납치를 시도하는 행위
   나. 항공기 또는 공항에서 사람을 인질로 삼는 행위
   다. 항공기, 공항 및 항행안전시설을 파괴하거나 손상시키는 행위
   라. 항공기, 항행안전시설 및 제12조에 따른 보호구역(이하 "보호구역"이라 한다)에 무단 침입하거나 운영을 방해하는 행위
   마. 범죄의 목적으로 항공기 또는 보호구역 내로 제21조에 따른 무기 등 위해물품을 반입하는 행위

바. 지상에 있거나 운항중인 항공기의 안전을 위협하는 거짓 정보를 제공하는 행위 또는 공항 및 공항시설 내에 있는 승객, 승무원, 지상근무자의 안전 을 위협하는 거짓 정보를 제공하는 행위

사. 사람을 사상(死傷)에 이르게 하거나 재산 또는 환경에 심각한 손상을 입힐 목적으로 항공기를 이용하는 행위

아. 그 밖에 이 법에 따라 처벌받는 행위

9. "보안 검색"이란 불법 방해 행위를 하는 데에 사용될 수 있는 무기 또는 폭발물 등 위험성이 있는 물건들을 탐지 및 수색하기 위한 행위를 말한다.

10. "항공보안 검색요원"이란 승객, 휴대물품, 위탁수하물, 항공화물 또는 보호 구역에 출입하려고 하는 사람 등에 대하여 보안 검색을 하는 사람을 말한다.

11. "장비운영자"란 제15조 부터 제17조까지 및 제17조의2에 따라 보안 검색을 실시하기 위하여 항공보안 장비를 설치·운영하는 공항운영자, 항공운송사업자, 화물터미널운영자, 상용화주 및 그 밖에 국토교통부령으로 정하는 자를 말한다.

7. 항공보안교육 관련 용어의 정의

1. "보안 검색(Security Screening)"이란 불법 방해 행위를 하는데 사용될 수 있는 무기 또는 폭발물 등 위험성이 있는 물품을 탐지 및 수색하기 위한 행위를 말한다.

2. "불법 방해 행위(Act of unlawful Interference)"란 항공기의 안전운항을 저해할 우려가 있거나 운항을 불가능하게 하는 행위로서 「항공보안법」(이하 "법" 이라 한다) 제2조제8호에 따른 행위를 말한다.

3. "공항운영자 자체 보안계획(Airport security programme)"이란 공항시설과 항공기의 안전운항을 위해 공항운영자가 국토교통부장관으로부터 승인을 받아 관리·운영하는 보안계획을 말한다.

4. "항공운송사업자 자체 보안계획(Airline security programme)"이란 항공기의 안전운항을 위해 항공운송사업자가 국토교통부장관에게 승인을 받아 관리·운영하는 보안계획을 말한다.

5. "공항보안책임자"란 공항안전 및 보안업무 등에 대한 지도·감독업무를 총괄 수행하는 자로서 공항운영자가 지정한 자를 말한다.

6. "공항보안감독자"란 공항안전 및 보안업무 등에 대한 지도·감독업무를 수행 하는 자로서 공항보안책임자의 추천을 받아 공항운영자가 지정한 자를 말한다.

7. "항공사보안책임자"란 항공사 안전 및 보안업무 등에 대한 지도·감독업무를 수행하는 자로서 항공운송사업자가 지정한 자를 말한다.

8. "항공사보안감독자"란 항공사 안전 및 보안업무 등에 대한 지도·감독업무를 수행하는 자로서 항공사보안책임자의 추천을 받아 항공운송사업자가 지정한 자를 말한다.

9. "보안 검색감독자 또는 항공경비감독자"란 보안 검색요원 또는 항공경비요원의 업무수행실태 등을 감독하는 자로서 공항운영자 및 항공운송사업자가 지정 한 자를 말한다.

10. "항공보안교관"이란 이 지침에 따라 항공전문교육기관 및 보안 검색교육기관 에서 교육·강의를 담당하는 자를 말한다.

11. "사내보안교관"란 이 지침에 따라 공항운영자등이 자체 보안교육계획에 의 하여 보안교육을 실시하는 사내직원을 말한다.

12. "보안 검색요원"이란 불법 방해 행위를 하는데 사용될 수 있는 무기 또는 폭발 물 등 위험성이 있는 물품을 탐지 및 수색하기 위한 보안 검색 업무를 수행 하는 자를 말한다.

13. "항공경비요원"이란 공항 내의 공항시설 또는 항공사의 중요시설, 항공기 등을 보호하고, 보호구역의 출입을 통제하는 업무와 승객 아닌 자 및 물품 등에 대한 검색 또는 신원확인 업무를 수행하는 자를 말한다.

14. "폭발물처리요원"이란 폭발물의 발견 또는 신고 접수 시 초동 조치를 취하 고, 폭발물 해체 작업 수행을 위하여 공항운영자등이 지정한 자를 말한다.

15. "폭발물 위협분석관"이란 폭발물의 위협분석을 위하여 공항보안책임자나 항공사 보안책임자의 추천을 받아 공항운영자나 항공운송사업자가 지정한 자를 말한다.

16. "그 밖의 관련조직"이란 항공보안 교육훈련과 관련된 항공교통 관제 조직, 항공기 취급업체, 화물터미널 운영업체, 기내식 운영업체, 청소 업체, 그 밖에 이 지침에서 교육훈련을 시행하여야 하는 항공보안 교육훈련 관련 조직을 말한다.

17. "항공안전보안 장비 유지보수요원"이란 「항공안전보안 장비 종류, 성능 및 운영기준」 제8조에 따라 검색장비를 관리·유지하기 위하여 보안 검색장비 운용자가 지정한 자를 말한다.

8. 항공보안수준관리 관련 용어의 정의

1. "항공보안감독관"이란 「항공안전 및 보안에 관한 법률」(이하 "항공보안법" 이라 한다) 제33조 제1항에 따라 항공보안에 관한 점검 업무를 수행하도록 국토교통부 장관이 지정한 소속 공무원을 말한다.

2. "점검활동"이란 항공보안감독관 등이 보안업무의 효율성 증대를 위하여 항공 보안법 제10조에 따라 자체 보안계획을 수립하는 공항운영자, 항공운송사업자 등에 대하여 실시하는 제3호, 제3호의2, 제4호 및 제5호를 말한다.

3. "현장조사(Survey)"란 민간항공에 대한 항공기납치(Hijacking), 파괴행위(Sabotage) 및 테러공격(Terrorist attack) 등의 불법 방해 행위(Acts of unlawful interference)를 방지하기 위하여 그 취약성을 분석하고, 보호대책을 수립하기 위하여 공항 별로 공항운영자, 항공사 등에 대한 항공보안 업무 운영실태 등을 조사하는 것을 말한다.

3의2. "보안평가(Audit)"란 공항운영자 및 항공운송사업자 등이 수립한 자체 보안계획의 이행여부와 실제 이행능력 등을 확인하기 위하여 점검하는 것을 말한다.

3의3. "해외공항 보안평가"란 국적 항공기가 취항하는 해외공항 및 외국적 항공 기가 우리나라 공항에 도착하기 전 마지막으로 출발하는 공항을 대상으로 보안운영 체계 및 수준을 확인하는 것을 말한다.

4. "보안점검(Inspection)"이란 민간항공보안에 대한 보안 대책 및 통제절차 등이 적절히 수행되고 있는지를 확인하기 위하여 공항, 항공기 및 공항운영자 등에 대하여 점검하는 것을 말한다.

5. "불시평가(Test)"란 보안업무 수준이 적절하게 유지되고 있는 지를 확인하기 위하여 공항, 항공기 및 공항운영자 등에 대한 보안 대책 및 통제절차 수행 능력 등을 불시에 확인하는 것을 말한다.

6. "확인서"란 점검 활동시 나타난 위반 사항을 서면으로 증명하기 위하여 작성 하는 서류를 말한다.

7. "시정조치"란 점검활동시 나타난 현장에서의 개선이 필요한 사항을 시정할 수 있도록 강구하는 제반조치를 말한다.

8. "공항운영자"란「인천국제공항공사법」,「한국공항공사법」등 관련 법률에 따라 공항운영의 권한을 부여받은 자 또는 그 권한을 부여받은 자로부터 공항운영의 권한을 위탁·이전받은 자를 말한다.

9. "항공운송사업자"(이하"항공사"라 한다)란「항공법」제112조에 따라 면허 를 받은 국내항공 운송사업자 및 국제항공운송사업자, 같은 법 제132조에 따 라 등록을 한 소형항공운송사업자 및 같은 법 제147에 따라 허가를 받은 외국인 국제항공운송사업자를 말한다.

10. "항공기취급업체"란「항공법」제137조에 따라 항공기 취급업을 등록한 업체로 공항에서 항공기의 정비·급유·하역 및 기타 지상조업을 담당하는 업체를 말한다.

11. "공항상주업체"란 공항에서 영업을 행할 목적으로 공항운영자와 시설이용 계약을 맺은 개인 또는 법인과 공항내 민자시설주를 말한다.

12. "보안 검색"이란 불법 방해 행위를 하는 데에 사용될 수 있는 무기 또는 폭발 물 등 위험성이 있는 물건들을 탐지 및 수색하기 위한 행위를 말한다.

13. "관계기관"이란 항공보안을 담당하는 정부 각 부처 또는 기관을 말한다.

14. "점검용시험물품"이란 검색장비의 정상작동 여부를 점검하거나 검사(檢査) 하기 위하여 국토교통부장관의 인증을 받았거나 장비 제작사에서 해당 장비 의 성능 점검을 목적으로 제작한 물품을 말한다.

9. 참고문헌

◆ 참고문헌

- 논 문

- USOAP를 통한 항공안전표준 실효성 제고에 관한 연구 / 석사 논문 / 한국외국어 대학교 대학원 / 유인환(2012.6)
- 항공테러예방 및 대응간화를 위한 항공보안법 개선 연구 / 박사 논문 / 한국항공 대학교 대학원 / 이주형(2018.8)
- '공항종사자의 항공보안 및 국가항공보안계획 인식과 항공보안사고 인식, 항공보안사고 태도와의 관계' 관한 연구 / 박사 논문 / 경운대학교 대학원 / 김정하(2016.2)
- 최근 항공테러사고와 테러 예방 대책 / 한국항공 운항학회 / 유인환(2016)
- 공공서비스 산출 과정에서 발생하는 격차 해소 방안 / 박사 / 서정만(2004)

◆ 참고도서

- 국외 도서

- American Psychological Association. (2010). Publication manual of the American Psychological Association (6th ed.). Washington, DC: Author.
- Haybron, D. M. (2008). Philosophy and the science of subjective well-being. In M. Eid & R. J. Larsen (Eds.), The science of subjective well-being (pp.17-43). New York, NY: Guilford Press.
- Light, M. A., & Light, I. H. (2008). The geographic expansion of Mexican immigration in the United States and its implications for local law enforcement. Law Enforcement Executive Forum Journal, 8(1), 73-82.
- Shotton, M. A. (1989). Computer addiction? A study of computer dependency. London, England: Taylor & Francis.
- Reference. (n.d.). In Merriam-Webster's online dictionary (11th ed.). Retrieved from http://www.m-w.com/dictionary/reference.
- Collin C. Law & Mary R. Doerflein, Introduction to AIRLINE GROUND SERVICE.

- 국내 도서

- 항공안전 및 보안 - 북넷 / 이종호(2017.2)
- 항공운송서비스 개론 - 한올출판사 / 서정만(2015.10)
- 항공보안론 - 대왕사 / 유문기(2019.2)
- 항공보안개론 - 진영사 / 고광남, 장경태, 소대섭(2019.2)

◆ 포털 사이트

- 국가법령정보센터 www.law.go.kr/
- 항공정보포탈사이트http://www.airportal.go.kr/
- 위키백과, 항공위키, 나무위키
- 한국공항공사(http://www.airport.co.kr)
- 인천국제공항공사(http://www.airport.kr)
- 한국항공진흥협회(www.airtransport.or.kr)
- 대한항공(kr.koreanair.com)
- 아시아나 항공(www.flyasiana.com)
- IATA(www.iatatravelcentre.com)
- ICAO(www.icao.int)

저자 소개

서정만

호남대학교 행정학 박사
국방대학교 안전보장대학원
한국공항공사(1980~2013)
- 홍보실장
- 안전보안실장
- 경영정보실장
- 여수공항 공항장

현) 경복대학교 항공서비스과 교수(2014~)

해외 연수과정
- 캐나다 IAMTI(I'ntl Aviation Management Training Institute)
  - Advanced Management Course graduate(1992)
- 싱가폴 정부 초청 FELAC(Forum for East Asia - Latin America Cooperation)
  - Civil Aviation Security Course graduate(2009)

수상 경력
대통령 표창 수상(2013)

저서
항공운송서비스개론 초판(2016), 2판(2018), 3판(2019), 한올출판사

정인수

한국항공대학교 정보통신공학 석사

국토교통부(1987~1990)

한국공항공사(1990~2020)
- 보안계획팀·안전보안실 보안차장
- 한국공항공사 항공보안전문인력 활동
- ICAO 항공보안교육센터 전임교관
  (보안검색, 경비방호, 보안장비)

현) 경운대학교 항공보안경호학부 교수
산업자원부 신기술평가위원
항공안전기술원 항공보안장비 인증심사위원

항공보안개론

초판 1쇄 인쇄 2020년 8월 5일
초판 1쇄 발행 2020년 8월 10일

지은이   서정만·정인수
펴낸이   임 순 재

펴낸곳   (주)한올출판사
등 록   제11-403호
주 소   서울특별시 마포구 모래내로 83(성산동, 한올빌딩 3층)
전 화   (02)376-4298(대표)
팩 스   (02)302-8073
홈페이지   www.hanol.co.kr
e-메일   hanol@hanol.co.kr

ISBN 979-11-5685-965-9